全国教育科学"十二五"规划2015年度课题国家一般项
发展与促进研究"（BBA150044）

U0612379

认知灵活性与
高效阅读

齐 冰 ◇ 著

科学出版社
北 京

内 容 简 介

阅读引领人生。本书聚焦于认知灵活性与高效阅读的关系，首先从词语、句子和语篇三个层面探讨了认知灵活性与高效阅读的关系；其次从多元视角探讨了认知灵活性与数学问题解决、模式理解的关系，以及性别刻板印象与阅读、高中生审辩思维的发展及阅读干预等问题；最后提出了认知灵活性的培养策略。

本书能够为日常阅读和阅读教学实践提供重要启示，可供心理学、教育学专业本科生和研究生，幼儿园、大中小学教师，教育科研工作者，以及关注阅读与发展的广大读者参阅。

图书在版编目（CIP）数据

认知灵活性与高效阅读 / 齐冰著. —北京：科学出版社，2021.12
ISBN 978-7-03-070827-4

Ⅰ. ①认… Ⅱ. ①齐… Ⅲ. ①读书方法 Ⅳ.①G792

中国版本图书馆 CIP 数据核字（2021）第 259958 号

责任编辑：朱丽娜 冯雅萌 ／责任校对：杨 然
责任印制：苏铁锁 ／封面设计：润一文化

科 学 出 版 社 出版
北京东黄城根北街 16 号
邮政编码：100717
http://www.sciencep.com
北京凌奇印刷有限责任公司 印刷
科学出版社发行 各地新华书店经销

＊

2021 年 12 月第 一 版 开本：720×1000 B5
2021 年 12 月第一次印刷 印张：14 1/2
字数：235 000

POD定价： 99.00元
（如有印装质量问题，我社负责调换）

前　　言

　　阅读引领人生。在瞬息万变的时代背景和社会需求下，人们必须具备灵活高效的阅读能力，学会摒弃预设的固有思维方式以应对各种机遇与挑战。如何促进高效阅读，提升灵活认知？这是我承担的国家社会科学教育学一般课题"阅读领域中认知灵活性的发展与促进研究"关注的核心问题。目前这个课题已完成，本书系统整理了有关研究成果，以期为阅读教学实践和人们的日常工作、学习与生活提供一些启示。

　　高效阅读者能更灵活地加工正字法、语音、语义、语法等多种表征，并且能基于阅读目标更好地监控和调整阅读策略。本书围绕认知灵活性与高效阅读的关系这一主题展开。第一章阐述了认知灵活性的含义、理论和研究方法，并梳理了认知灵活性与高效阅读关系的研究现状。第二章探究了认知灵活性与词语理解的关系，包括语言灵活性和语义分类灵活性。第三章对认知灵活性与句子理解的关系进行了实证研究，包括大学生认知灵活性在句子理解中的作用研究，以及4—6年级小学儿童认知灵活性与句子理解的关系及干预研究。第四章对认知灵活性与语篇理解的关系进行了实证研究，包括3—5年级儿童认知灵活性、阅读理解与学业成绩关系的研究，3年级儿童语音-语义灵活性（graphophonological-semantic flexibility，GSF）与阅读能力的关系及干预研究，听障儿童语音-语义灵活性在阅读理解中的作用及干预研究。第五章从多元视角探讨了认知灵活性与阅读的关系，包括认知灵活性与数学问题解决、认知灵活性与模式理解、性别刻板印象与阅读、高中生审辩思维的发展及阅读干预研究。第六章探讨了认知灵活性的培养，包括认知灵活性的影响因素、认知灵活性的多样化培养、在阅读中培养认知灵活性。

河北大学社会科学处以及教育学院的各位领导和老师对本书研究给予了大量支持与帮助。我的学生魏庆珠、王靖、杨欣桐、王欣然、李雨薇、李秋莹等在实证研究中做出了重要贡献。保定市前进小学的于光校长和潘丽英老师，保定市外国语学校的鹿建永副校长、吴娜娜副校长和闫丽花老师对本书干预研究给予了大力支持。我的爱人、父母还有可爱的女儿始终不遗余力地支持我，使我能够心无旁骛地专心治学。本书在出版过程中还得到了责任编辑朱丽娜老师和文案编辑冯雅萌老师的悉心修正。在此，对大家的辛勤付出深表谢意！

最后，限于本人学识水平，书中难免存在不足之处，请广大同行和各位读者不吝指正。衷心希望本书的出版能给读者带来有益的启示！

齐 冰

2020 年 12 月于河北大学毓秀园

目　　录

第一章　绪　　论

一年级博士生小张最近为准备结课论文搜集资料。此刻，她正在图书馆查阅最新专业杂志。她快速浏览着杂志目录和论文摘要，不一会儿就找到了30多篇相关论文。就在她准备告一段落的时候，一个有趣的论文题目跃入眼帘。"太有意思了！我也可以做一个类似的研究。"她这样想着就放慢了阅读速度，一字一句地认真研读起来。"这真是一篇少有的好论文"，她拿出笔记本，边看边做笔记。"咦，这个词在这句话里好像不是它原来的意思？"她看看上下文，"可能是这个意思吧？"就在她沉浸其中时，电话铃突然响起，原来是学院通知她立即去参加紧急会议。尽管有些不舍，她还是马上停止阅读，快步走出了图书馆。

认知灵活性对阅读的促进作用在小张的阅读活动中得到了良好体现。阅读是包括编码、注意分配、抑制无关信息、调控阅读策略等多种认知过程共同作用的复杂任务。认知灵活性在其中起到重要作用。以小张为例，首先，灵活加工语音、语义、语法等多种文字表征的能力使她可以流畅阅读；其次，语言灵活性帮助她在遇到歧义词时能够根据上下文语境灵活地推断其意义；再次，动机灵活性有助于她及时调整阅读动机，由为课程论文搜集资料转换为借鉴研究思路；此外，策略灵活性使她将快速略读策略调整为深入研读策略；最后，一般领域认知灵活性促使她迅速完成由阅读任务到开会任务的转换。那么，什么是认知灵活性？我们可以从哪些角度理解认知灵活性？认知灵活性的理论模型有哪些？如何测查认知灵活性？认知灵活性与阅读之间存在怎样的关系？我们将在第一章回答这些问题。

第一节　认知灵活性概述

一、认知灵活性的定义

我们每个人身边总会有几个特别灵活和不那么灵活的人。尽管认知灵活性的含义在直觉上似乎很容易理解，但对于究竟什么是"认知灵活性"，研究者却仍未达成共识。即使让专家对认知灵活性下定义，也可能会呈现各种各样的答案。这些观点主要包括转换能力观、过程属性观、系统属性观、创造要素观和人格特质观五种角度。

（一）转换能力观

转换能力观认为，认知灵活性是在不同任务间快速转换时进行心理重组的能力（Braem et al.，2018）。高水平的认知灵活性使人们可以游刃有余地穿梭于不同任务之间。例如，突然被同学问作业电话打断的小学生很可能会立即停止阅读故事书，转而接听电话。在这个过程中，小学生必须立即抑制阅读的心理图式并转换到接电话的心理图式，还要快速将工作记忆中与故事书有关的内容转换为与作业有关的内容，以便更好地应对新情境。

上例中涉及执行功能的三个子成分——抑制控制、工作记忆和认知灵活性。相对而言，工作记忆和抑制控制发展较早，认知灵活性是在二者基础上发展起来的（Diamond，2013）。因此，认知灵活性常被看作依赖于工作记忆和抑制控制的混合成分（Dajani et al.，2015；Nigg，2017）。具体而言，认知灵活性包含目标设定和转换加工两个不同成分。其中，目标设定受工作记忆的调节，转换加工则受抑制控制的影响（Chevalier et al.，2009）。在不断变化的情境中，个体必须首先注意到那些变化要素才能辨别出情境变化，然后根据情境变化设定新目标。在确定先前策略已不适合新情境目标后，个体必须接受新信息、抑制先前反应并重组新策略，最终完成在不同情境中的灵活转换。

（二）过程属性观

与转换能力观不同，过程属性观认为认知灵活性是特定心理过程的属性。认知灵活性只有在诸如分类灵活性（categorical flexibility）、语言灵活性（linguistic flexibility）、联想灵活性（associative flexibility）、认知-情感灵活性（cognitive-affective flexibility）等具体心理过程中才能得到明确界定。

1. 分类灵活性

分类灵活性指在特定物体相互冲突的类别表征之间转换，并根据情境选择恰当类别表征的能力（Blaye et al.，2009；Maintenant et al.，2011）。分类涉及个体按照一定标准把物体归入某个类别的过程（宋娟等，2008）。对同一事物的分类可以基于不同角度。例如，香蕉是长的（知觉），是水果（分类学），是去超市要买的东西（主题范畴）。分类灵活性反映了个体灵活组织和协调涉及同一对象不同分类系统的能力，因而是认知灵活性的良好体现（Nguyen，2007）。

2. 语言灵活性

语言灵活性指个体在语言加工过程中的灵活性。它有助于促进语言理解和沟通，是经济合作与发展组织（Organisation for Economic Co-operation and Development，OECD）界定的核心素养之一（郭文娟等，2017）。语言灵活性体现在语言理解过程中。我们可以同时加工书面文字的语音、语义等多种表征，可以根据已有知识去推断陌生词语的意义，可以在新情境中获得已知词语的新颖含义，可以灵活使用语法去理解句子意义，还可以灵活调整语篇阅读策略等（Naigles et al.，2009）。例如，在"When I left the audition, I felt like I was walking on clouds!"这一句子中，当语音和语义线索不足以对"walking"和"clouds"进行解码时，语言灵活性水平高的个体能更好地理解此类比喻性语言（Roberts et al.，2015）。

3. 联想灵活性

联想灵活性指个体在相关概念间流畅转换的能力（Benedek et al.，2012）。它是创造行为中产生新想法的基础，是一种无意识的自发产生过程，产生于个体在不知不觉中轻松激活的联想网络。例如，一个典型的联想灵活性任务要求个体对给定概念（如"夏天"）产生联想词链，每一个联想词都与之前的词相关（如夏天、海滩、沙子、城堡、骑士、马匹、种族……）。个体产生的联想词链越长，涉及的概念越多样化、越不同寻常，就表明其联想灵活性水平越高。

4. 认知-情感灵活性

认知-情感灵活性指个体根据目标和情境在不同情绪刺激加工方式间转换的能力（Mărcuş et al.，2015）。它不仅有助于个体做出适宜情境的情绪反应，还能促使个体在情境变化时从消极情绪反应中更快恢复过来。认知-情感灵活性高的个体更善于采用认知重评策略，即转换视角对消极情境进行积极解释。例如，一位准备充分、信心满满的小学生本打算在主持队会时大放异彩，结果到学校却意外发现队会课被临时取消了，并且由于本班老师生病还不得不面对陌生的代课老师。不过，这位小学生很快调整了最初失望甚至生气的情绪，转而开心享受代课老师的风趣幽默和新鲜感。

（三）系统属性观

转换能力观是基于执行功能角度，过程属性观则是基于具体心理过程角度，两种观点都有各自的支持证据。系统属性观是将这两种观点联系起来的综合性观点，认为认知灵活性并非仅仅是一种转换能力或某种认知过程的属性，而是认知系统的总体属性（Ionescu，2012，2017，2019）。如图1-1所示，一方面，在认知水平（A）上，不同机制或认知成分（如执行功能、注意机制、表征、知觉、任务参数与目标的协调、冲突监控、先前知识等）发生着交互作用；另一方面，在个体水平（B）上，认知的感觉运动机制和发展中的情境发生着交互作用，当认知机制运行良好并对环境应对自如时，认知灵活性就会自然产生。

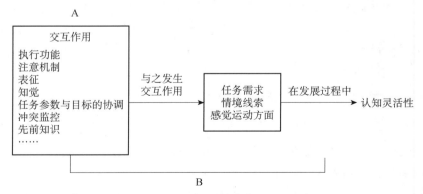

图1-1   产生认知灵活性的两种交互作用

资料来源：Ionescu T. 2012. Exploring the nature of cognitive flexibility. New Ideas in Psychology，30（2）：190-200

（四）创造要素观

不同于以上三种观点，创造要素观强调认知灵活性是创造性的核心要素（Ritter et al.，2012）。认知灵活个体能够更敏感地考虑情境因素，并且有意识地突破特定限制，"跳出来思考"，打破常规产生更多新联结来解决问题，因而更具创造性（许为卫等，2019；de Dreu et al.，2011）。

创造力的双通道模型为上述观点提供了理论依据。该模型认为，认知持久性和认知灵活性是创造性认知的两条关键路径（de Dreu et al.，2008）。认知持久性涉及认知加工深度，创意来自持续深入地系统探究；而认知灵活性涉及认知加工广度，新异想法来自不断变化的角度。在不同认知图式间灵活转换视角有助于个体全面考虑情境和手头信息，充分表征问题或任务，最终适应性地解决问题或执行任务（Lu et al.，2019）。

（五）人格特质观

人格特质观强调认知灵活性是在特定情境下选择和实施当前任务最优策略的能力（Battig，1979）。例如，假设一名大学生想要在图书馆自习室阅读外文文献，但是他到达图书馆后才发现电脑电量不足，高认知灵活个体更可能拥有有效解决问题的多种方式并且更善于选定最优策略。计划 A 可能是向图书馆中的某人借用电脑充电器，计划 B 可能是使用图书馆中的电脑而不是自己的电脑，计划 C 可能是返回宿舍去取充电器，计划 D 可能是改变学习计划转而放松一天，计划 E……能够思考并提出可行的备份计划总是有帮助的。

基于社会认知加工角度，Martin 等（1995）进一步强调了认知灵活性的动机情感因素，提出认知灵活性包含三方面含义：①选择意识。认知灵活个体在任何情境下都有一种做出有效选择的意识。在调整行为之前，个体会意识到存在多种备选方案并形成相应的行动脚本。相反，认知不灵活个体在最初计划失败或需调整时通常看不到可供选择的替代方案，因而难以改变行为，还可能会更加焦虑。②灵活意愿。认知灵活个体具有愿意灵活适应的内部动机。③灵活效能。认知灵活个体对自己实施有效行动的能力拥有自信。

综上，认知灵活性是一个高度依赖情境的多维概念。为了便于理解，我们可以简单地将认知灵活性理解为转变思维以适应新刺激的能力。但是在不同的适应情境中，个体会表现出不同侧面的认知灵活性，这些侧面并不一定均衡发展。转换能力观视角下表现良好的个体可能并不拥有灵活的人格特质。正如本章开始的例子，能够立即停止阅读去参加紧急会议的小张在面对突如其来的困境时（如电脑中毒导致资料全部丢失）可能就不会很快找到有效应对策略。可见，尽管认知灵活性统一定义的缺乏不利于理论建构和不同研究结果之间的比较，但是严格的概念界定也可能会限制人们对认知灵活性在各种适应行为中不同作用的理解（Gabrys et al.，2018）。因此，研究者最好采用多维视角在特定情境中给予认知灵活性某种特定含义。

此外，值得注意的是，无论是转换能力观、过程属性观、系统属性观、创造要素观还是人格特质观，都强调认知灵活性的积极作用。但是，认知越灵活就一定越好吗？答案并非总是肯定的。尽管认知灵活性有助于个体在多种可能选择之间灵活转换，但这也会增加认知表征之间的无益干扰。换言之，更高效策略的发现可被看作个体探究替代方案的一种奖励，但在结果未知的情况下付出时间和资源必然会有风险（Hommel et al.，2017）。实际上，认知灵活性只是认知控制的一个方面（Zaehringer et al.，2018）。根据元控制状态模型（metacontrol state model，MSM），认知控制源于认知持久性和认知灵活性这两种相互冲突的元控制状态之间的竞争（Hommel，2015）。我们应依赖于固有习惯还是即刻建立新的行动计划？我们应坚持当前意图还是放弃它以获得更好的机会？我们应只关注相关信息还是也考虑虽不相关但可能有趣的信息？认知持久性和认知灵活性之间冲突的解决取决于我们所处的文化、特定的情境乃至自身的身心状态等多种因素。

二、认知灵活性的分类

认知灵活性的含义如此广泛以至于在不同情境中常被给予不同界定和分类（Morra et al.，2018）。以下介绍五种常用的分类方法。

（一）一般领域认知灵活性和特殊领域认知灵活性

根据是否涉及具体的认知领域，认知灵活性可分为一般领域认知灵活性（general domain cognitive flexibility）和特殊领域认知灵活性（specific domain cognitive flexibility）。一般领域认知灵活性指在各个认知领域中都普遍表现出来的灵活性。特殊领域认知灵活性指在某些特殊认知领域中表现出来的灵活性。对于特殊领域认知灵活性，研究者已经在阅读（Cartwright，2002）、数学（Liu et al.，2018a；Scheibling-Sève et al.，2017）、绘画（Adi-Japha et al.，2010；Panesi et al.，2016）、音乐（Slama et al.，2017；Herrero et al.，2020）等领域开展了大量研究。其中，阅读领域的认知灵活性包括语音-语义灵活性（Cartwright，2002，2007）、语法-语义灵活性（Cartwright et al.，2017a）、正字法灵活性（Fong et al.，2020）、阅读策略灵活性（Janssen et al.，2012）等。

（二）响应灵活性和自发灵活性

根据是否涉及反馈，认知灵活性可分为响应灵活性（reactive flexibility）和自发灵活性（spontaneous flexibility）（Eslinger et al.，1993）。响应灵活性指根据环境反馈改变方案的能力。它有助于个体转换认知和行为以应对不断变化的任务和情境需求。例如，儿童在猜谜语时会根据正误反馈来调整思路。自发灵活性指在相对非结构化情境中对问题产生多种想法和反应的能力。例如，作家在写作中可以自由自在地创作。与响应灵活性相比，自发灵活性是一种更高水平的灵活性。它涉及以发散方式自由转换心理定式、远离老套常见反应的能力，能显著预测创造性任务表现（Arán-Filippetti et al.，2020）。

（三）转换认知灵活性和同时认知灵活性

根据是否同时注意刺激的不同维度，认知灵活性可分为转换认知灵活性（switching cognitive flexibility）和同时认知灵活性（concurrent cognitive flexibility）（Podjarny et al.，2017）。转换认知灵活性指在不同维度之间序列转换的能力。它要求抑制刺激的先前相关维度并转换到当前相关维度，因而对抑制控制的需求较高。例如，在维度变化卡片分类（dimensional change card sorting，DCCS）任务中，儿童完成图片（如蓝色兔子）的形状任务（兔子）时必须要抑制其颜色表征（蓝色）。

同时认知灵活性指同时协调两个或更多维度的能力，涉及交叉分类能力。生活中，我们常常要同时考虑事物的多个方面。例如，乳糖不耐受儿童对冰激凌形成"奶制品"和"零食"的双重表征将有助于其做出明智抉择（Nguyen，

2007）。与转换认知灵活性相比，同时认知灵活性对工作记忆的需求相对较大，但对抑制控制的需求相对较小。这是因为完成同时认知灵活性任务并不需要以压抑某一维度作为选择另一维度的代价，但是干扰刺激会导致个体对抑制控制的需求增加。例如，如果我们想要在一个装满不同颜色的蜡笔、记号笔、铅笔的盒子中找到一支红色记号笔，我们只需同时协调目标的颜色和形状；但如果盒子里也有红色蜡笔或铅笔，我们就要付出更大的抑制努力以防拿错。

（四）演绎灵活性和归纳灵活性

根据是否存在外显规则，认知灵活性可分为演绎灵活性（deductive flexibility）和归纳灵活性（inductive flexibility）（Jacques et al.，2005）。演绎灵活性是根据外显规则完成不同任务的能力，常用测验如维度变化卡片分类测验、连线测验（trail making test，TMT）等。这些范式都提供了解决任务的所有必要信息，个体只需严格遵循特定规则，将其应用在每一次任务中即可。与之相反，归纳灵活性是根据自己归纳出的内隐规则完成不同任务的能力，常用测验如威斯康星卡片分类测验（Wisconsin card sorting test，WCST）等。相对而言，归纳灵活性任务比演绎灵活性任务更难。这是因为归纳灵活性任务中没有外显规则的指示，个体必须自己（根据反馈）发现在不同任务之间转换的新规则。

（五）潜在灵活性和实际灵活性

灵活的认知并不一定带来灵活的行为。大多数人都有过在正确答案公布后才感慨"我本来知道答案"的经历。根据是否表现出灵活的外显行为，认知灵活性可分为潜在灵活性（potential flexibility）和实际灵活性（practical flexibility）（Xu et al.，2017；Liu et al.，2018a）。潜在灵活性指个体产生多种策略（包含标准策略和创新策略）的能力。潜在灵活性高意味着学习者不仅充分了解了多种策略，而且知道哪种是最优策略。实际灵活性指采用最优创新策略解决特定问题的能力。实际灵活性高意味着个体能够将潜在灵活性通过外显行为表现出来。潜在灵活性比实际灵活性发展得更早，并且前者对后者有促进作用。

第二节 认知灵活性的理论

了解认知灵活性如何产生有助于我们更好地理解认知灵活性的概念及其实践应用。目前对于认知灵活性的理论解释主要包括以下几种：建构主义视角的认知灵活性理论（cognitive flexibility theory，CFT）、认识论信念理论及迁移、元认知和灵活性的交互作用模型；执行功能视角的任务转换理论；行为主义视角的联结学习理论和调节匹配/认知灵活性假说（regulatory fit/cognitive flexibility hypothesis）；其他视角的认知灵活性的元能力模型（meta-competency model of cognitive flexibility）和变化性-稳定性-灵活性模式（variability-stability-flexibility pattern）。

一、建构主义视角

（一）认知灵活性理论

建构主义认为学习发生在对知识的积极建构过程中。基于此，认知灵活性理论提出认知灵活性是个体自发重构知识的能力，是对不断变化的情境的适应性反应（Spiro et al.，1990）。该理论将任务区分为结构良好任务和结构不良任务。结构良好任务仅需固有知识即可完成，而结构不良任务涉及概念间的多重关系。高水平的认知灵活性有助于个体对结构不良任务形成多重表征，在情境变化时快速重构知识以找到解决方案。

如何培养认知灵活性？认知灵活性理论认为关键在于提升表征灵活性。首先，学习者要避免过度简化和概括化，注意学习材料的复杂性和不规则性。更为重要的是，学习者要有意识地对概念形成多重表征，学会以不同方式看待嵌入不同概念框架中的相同概念，并学会如何将一种表征转换为信息等同的另一种表征。知识不是孤立存在的，学习者只有在许多主题相关情境（视角）及其后续的应用中去理解抽象知识（如模式、主题、原理等），才能建立多重表征。例如，对于抽象的桥梁建造工程学概念，学习者就要特别注重在多样化情境中去理解相关概念在不同地理环境中的应用。同样，教师也要将学习看作样例和概念的多方向、多角度内部连接物，着重培养学生集结多种多样知识源来适应特定知识应用情境的能力，而非寻找预设计划来满足某一特定情境的要求（Spiro et al., 1988）。

（二）认识论信念理论

认识论信念是关于知识本质和认识过程的信念。认识论信念理论认为复杂的认识论信念是拥有灵活认知的前提。个体的认识论信念越复杂，就越有可能拥有多元视角，找到多种问题解决方案。此外，认识论信念复杂的个体对情境的敏感性更高，因而更容易对学习情境特征的差异性做出判断（Stahl，2011）。

认识论信念是如何发展的？总体上，随着个体从儿童到青少年再到成人，其认识论信念经历了从绝对主义到多元主义再到评价主义的发展过程。绝对主义者将知识视为绝对的知识，强调认识的基础是事实和专业知识，并高度肯定自己的信念。多元主义者具有"激进的主观性"，侧重于情感和观点而不是事实。多元主义者眼中的专家常常意见相左并且前后矛盾，因而不具有确定性。评价主义者尽管也否认确定知识的可能性，但其眼中的自己不如专家专业。发展和完善理论的有效方法是通过比较来评估不同观点的相对贡献。不过值得注意的是，认识论信念存在很大的个体差异。例如，不少成年人对日常生活现象的因果信念仍不能持有多种可能解释，且对自己的观点缺乏批判性评估（Sodian et al., 2011）。

认知灵活性是如何产生的？认识论信念包容系统衍生的认知灵活性模型（图 1-2）描绘了认知灵活性和认知不灵活的产生过程（Schommer-Aikins，2011）。根据这一模型，认知灵活性涉及适应性的几个方面：第一，看到变化的潜在需求或益处；第二，在考虑多种可能选择后做出改变；第三，监控改变的效果；第四，认定变化不会恒久不变。认知灵活个体能够预见不止一种解决方案、视角和知识来源，并能够且警觉地（有意或无意）注意到改变的需求和愿望。

如图 1-2（a）所示，关于知识结构、知识来源和认识方式的信念会影响个体从多方来源建构复杂多元知识表征的能力。相信知识是复杂的、注重经验证据和理性思考的个体更可能持有知识的多元视角、多重方案和多方来源的观点。关联认识者关注他人视角并且相信存在（自己视角以外的）更多他人视角。当遇到不同观点的人时，关联认识者会站在他人视角努力了解他人为何拥有不同观点。单独认识者则一开始就唱反调，试图用批判的眼光去看待别人的观点。这是因为单独认识者相信知识是高度复杂的、初步的、渐进的，只有经过基于新角度、新方案的质疑才有可能接受别人的观点。

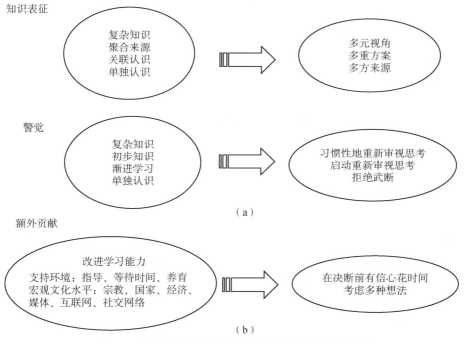

图 1-2　认识论信念包容系统衍生的认知灵活性模型

资料来源：Schommer-Aikins M. 2011. Spontaneous cognitive flexibility and an encompassing system of epistemological beliefs//Elen J，Stahl E，Bromme R，et al. Links Between Beliefs and Cognitive Flexibility：Lessons Learned（pp. 61-77）. Dordrecht：Springer

如图 1-2（b）所示，额外贡献包括对自己能力的信念和环境因素（如学业、家庭和文化）。任何阻碍都可能会导致学习者无法表现出认知灵活性。例如，即使学习者具备了所有认知灵活的条件，如果教学环境没有给出充分的反思时间，或者评价方式只要求简单、特定的答案，认知灵活的学习者就会按照要求的方式做出反应。这并非意味着学习者不灵活，恰恰表明其足够灵活，能够适应即刻、单一、限定答案的环境要求。

该模型进一步解释了诸如认知僵化、认知犹豫、无动于衷等认知不灵活现象。如果学习者具有强烈的单独认知倾向但缺乏联结认识作为平衡，其就会一味质疑，拒绝接受他人观点，从而导致认知僵化；相反，如果学习者拥有强烈的联结认识但缺乏单独认识作为平衡，其就会因任何他人的不同观点而改变自己，从而导致认知犹豫。如果没有建立复杂的知识表征或者感到不知所措，学习者即使身处有助于提升认知灵活性的丰富复杂教学环境，也会无动于衷。

（三）迁移、元认知和灵活性的交互作用模型

迁移、元认知和灵活性的交互作用模型（图1-3）认为，迁移、元认知和灵活性三者相互影响、相互促进（Clerc et al.，2016）。迁移是以灵活方式在新的、不同但相似任务中重新应用知识的能力。迁移有助于发展个体的元认知（意识到学习任务和迁移任务之间的相似性和差异性）和灵活性（在学习任务和迁移任务之间来回转换认知以分析相似性和差异性）。迁移包括策略迁移和类比迁移。策略迁移与情境效应和程序性知识有关。策略迁移需要个体在不同任务间来回转换注意以做出结构成分相同（尽管表面成分不同）的判断。程序性知识本身具有僵化性的特点，陈述性知识具有表征灵活性的特点，因此，个体只有将策略知识表征为陈述性知识，才能利用其灵活性促进知识迁移。这个过程是通过元认知来实现的，其间，元认知也得以发展。类比迁移涉及语义编码。语义编码是认知灵活性的一种表达方式。类比迁移中，个体从不同角度以抽象形式解释情境，并选择最适合的策略。对情境的表征从依赖于特定领域转换到一般、抽象形式，这个抽象加工过程体现了灵活性的作用，灵活性也从中得以发展。

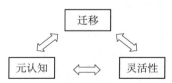

图1-3 迁移、元认知和灵活性的交互作用模型

资料来源：Clerc J，Clément É. 2016. Metacognition and cognitive flexibility in transfer of learning//Benson J. Metacognition：Theory，Performance and Current Research（pp. 17-42）. New York：Nova Sciences Publishers

二、执行功能视角：任务转换理论

与建构主义视角不同，执行功能视角将认知灵活性看作注意的重新定向，涉及脱离先前焦点（抑制控制）和主动维持当前焦点（工作记忆）的能力。在典型的任务转换范式（task switch paradigm）中，个体要对随机呈现的一位数（1、2、3、4、6、7、8、9）进行"奇偶判断"（A 任务）或"是否大于 5 的判断"（B 任务）（Allport et al.，1994）。转换任务（如"AABBAABB……"的画线部分）比重复任务（如"AABBAABB……"的画线部分）的反应时更长，正确率更低，两类任务的成绩差值被称为转换代价（Monsell，2003）。转换代价随准备时间（反应-刺激间距）延长而减小的现象被称为"准备效应"（Rogers et al.，1995）。准备效应反映了个体灵活应对情境变化能力的大小，堪称认知灵活性的标志（Koch et al.，2018）。

认知灵活性的认知机制可以通过准备效应来考察。对于准备效应的解释，目前主要有两种不同观点：任务定势重组理论和任务定势惯性理论。任务定势重组理论强调转换代价反映的是内源性的、自上而下的执行控制加工过程（Rogers et al.，1995）。个体执行转换任务时必须在工作记忆中增强对相关任务定势的激活，这种重组过程包含任务定势的更新和任务定势激活水平的重新调整，它们都需要耗费时间，因而准备时间的延长有利于任务定势重组，最终减小转换代价。不同于任务定势重组理论，任务定势惯性理论强调先前任务定势激活的延迟效应，认为转换代价反映了持续激活的、自下而上的自动控制加工过程（Allport et al.，1994）。准备时间的延长有利于先前任务定势的消散，因而减小了转换代价。鉴于上述两种观点都有各自的支持证据，我们认为仅仅从单一视角孤立地理解认知灵活性的产生机制是不明智的，应该采取整合视角综合考虑两种观点。实际上，上述两种观点并非完全相互排斥，而是相互补充的。自上而下的执行控制和自下而上的自动控制对于认知灵活性的产生都具有重要作用。

三、行为主义视角

(一) 联结学习理论

认知灵活性的传统观点强调自上而下的认知控制监控功能，而行为主义视角的联结学习理论则更为强调自下而上的认知控制基础。两种观点的共同之处在于它们都认为认知灵活性是一种灵活转换不同概念或任务定势的一般能力，并且都源于一种或多种控制功能；不同之处在于联结学习理论认为，控制表征具有情境特定性是因为其与更低水平的信息加工特征相联结。举例来说，如果你得到学校督导下周一要来听你课的通知，那一天你会格外用心以确保自己有高水平的教学表现，这体现的主要是自上而下的认知控制。此后，你在教学楼里偶遇这位督导时总是会莫名地提高"警惕"，这体现的就主要是自下而上的认知控制。

联结学习理论认为，高水平的心理重组能力可以经由简单刺激形成条件反射，并由环境中的情境特征触发（Braem et al., 2018）。通过学习，环境刺激可以绑定认知灵活性的加工过程，并且最终有助于自下而上（即使是无意识）地触发认知灵活性。依赖这些快速的联结学习过程，情境触发认知灵活性的控制策略可以更高效，个体可以付出更少努力。具体而言，认知灵活性是如何产生的呢？联结学习理论认为，刺激的多种属性是相互关联的，一些属性会共同出现在特定结果中，另一些属性则会共同出现在其他结果中。个体学会这些联结后就能在不同情境中将注意分配于不同的刺激属性，认知灵活性随即产生（Sloutsky et al., 2008）。

那么，到底是什么控制了认知灵活性？传统观点认为，认知灵活性是矫正低水平行为的独立监控的"执行"控制系统（Diamond, 2013）。联结学习理论则认为，认知灵活性会受到环境及奖赏的影响（Braem et al., 2018）。相对于低水平的刺激或反应表征，奖赏能强化更为抽象的控制表征。例如，有研究发现，转换奖赏组被试在自主任务转换阶段就选择了更多的转换任务（Braem, 2017）。

(二) 调节匹配/认知灵活性假说

调节匹配/认知灵活性假说认为，认知灵活性是个体为了达到既定目标而尝试不同策略的能力或意愿，情境聚焦和任务奖赏结构之间的调节匹配会促进认知灵活性，调节不匹配会降低认知灵活性（Maddox et al.，2006；Grimm et al.，2008，2009）。值得注意的是，该假说认为认知灵活并非总是有利于高效学习，因而调节匹配也并非总是有利的。

该假说有两个基本假设：第一，当认知灵活有利于解决任务时，调节匹配操作会引发更好的基于规则的分类学习；但是当认知灵活不利于解决任务时，调节不匹配会引发更好的基于规则的分类学习。如果采用不常见的复杂策略才能完成任务，认知灵活就是有利的；如果采用显而易见的简单策略就能完成任务，认知灵活引发的复杂规则尝试意愿就是不利的。第二，调节匹配操作会影响假设-检验分类系统，但不会影响基于程序的分类学习系统。如表 1-1 所示，相对于信息整合分类学习，调节匹配操作会更多影响基于规则的分类学习。

表 1-1 调节匹配–分类学习假设

任务类型	奖赏结构	促进聚焦	防御聚焦
基于规则：灵活	收益	更好	更差
基于规则：灵活	损失	更差	更好
基于规则：不灵活	收益	更差	更好
基于规则：不灵活	损失	更好	更差
信息整合	收益	更差？	更好？
信息整合	损失	更好？	更差？

注：表中的"？"表示推测性假设

资料来源：Maddox W T，Markman A B，Baldwin G C. 2006. Using classification to understand the motivation-learning interface. Psychology of Learning and Motivation，47：213-249

四、其他视角

（一）认知灵活性的元能力模型

认知灵活性的元能力模型认为，认知灵活性是一种适应行为，是个体对动态环境新异性的策略反应（Yu et al.，2019）。该模型将认知灵活性看作实践智力的核心成分，提出两种主要观点：第一，认知灵活性是认知系统在情境化过程中出现的属性，而非孤立的单维能力；第二，灵活性需要觉察、有意选择和执行特定最优策略的敏感性、能力和倾向，而非只是描述性地解释人们在类似试误操作模式间转换的一般倾向。

（二）变化性-稳定性-灵活性模式

人类认知系统是如何学会适应环境变化的？变化性-稳定性-灵活性模式较好地回答了这一问题（Ionescu，2017）。该模式从动态角度将认知灵活性看作广泛网络的一部分。当面对难以解决的新异情境时，认知系统必须调动所有认知资源以找到解决方案。认知系统要从长时记忆中激活先前知识，要启动转换、工作记忆、抑制、冲突监控功能，还要根据任务需求转换角度，这些机制动态存在于变化性（尝试不同的问题解决方案）、稳定性（保持先前的解决方案）和灵活性（正视并转换解决方案）三种状态中。

最初，儿童并不知道解决问题的最优方案，所以努力尝试各种方案，表现出变化性；渐渐地，儿童学会了最优方案并展现出稳定性；最终，儿童能够根据新需求灵活应变，展现出灵活性。实际上，变化性、稳定性和灵活性这三种状态能以不同模式存在（图1-4）。A模式更适合解释特定认知加工过程的灵活性（语言灵活性、分类灵活性和认知-情感灵活性等），而B、C、D模式更适合表达认知系统的一般灵活性。

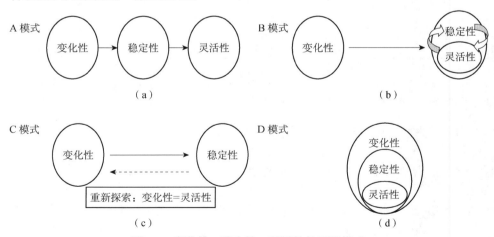

图1-4　变化性、稳定性、灵活性的可能模式

资料来源：Ionescu T. 2017. The variability-stability-flexibility pattern：A possible key to understanding the flexibility of the human mind. Review of General Psychology，21（2）：123-131

1. A 模式

A 模式显示的是认知系统从变化到稳定再到灵活的过程：①变化性状态，系统不知道正确反应而不断试误；②稳定性状态，系统学会了恰当反应；③灵活性状态，系统可以提供替代反应以适应不断变化的需求。需要指出的是，灵活性状态不同于变化性状态。对刺激或任务做出多种不同反应的变化性可能是自然发生的，而灵活性意味着在特定模式和反应中的任务目标指向行为（Deák，2004）。

2. B 模式

B 模式显示的是灵活性存在于稳定性之中的一种内在状态，即人们在大多数时候是稳定的，当情境需要解决问题的新方法时才会表现出灵活性。

3. C 模式

C 模式显示的是将变化性和灵活性等同，当稳定性不再产生正确答案时，人们又重新进入探索阶段，即回到变化性状态，此时也可被称为灵活性。

4. D 模式

D 模式显示的是三种状态相互融合，认知系统可以更容易地在三种状态间传递以找到新的解决方案。

总之，内部机制与情境的交互作用使认知系统从整体上具有了灵活性（Ionescu，2019）。很难说哪种单一能力可以被称为灵活性，因而教育目标不是培养某种能力，而是使个体为灵活性做好准备。认知灵活性是基于开放性和改变意愿，对变化和不确定性的整合、渐进、弹性反应（August-Brady，2000）。人们专注于兴趣所在，探索各种各样的想法（变化性），反复尝试自己领域中的一切事物（稳定性），直至能够游刃有余地运用自己的知识和能力（灵活性），最终带来多样选择和高效结果。

第三节 认知灵活性的研究方法

基于不同的概念界定、研究目的和研究对象，认知灵活性的研究方法也有所不同。总体上，状态观倾向于将认知灵活性看作一种可变的状态，大多采用实验的行为测量法。特质观倾向于将认知灵活性看作一种较为稳定的特质，大多采用自我报告的态度测量法。混合观则将认知灵活性看作一种特质和状态兼而有之的结构，倾向于综合采用多种方法（Walwanis et al., 2019）。本书关注认知灵活性与阅读的关系，因而本节将分别介绍一般领域认知灵活性和阅读领域认知灵活性的研究方法。

一、一般领域认知灵活性的研究方法

（一）实验法

1. 转换认知灵活性的实验方法

转换认知灵活性涉及在不同维度之间的序列转换，对抑制控制的需求较高。其常用测量方法有威斯康星卡片分类测验、维度变化卡片分类任务、连线测验、灵活项目选择任务（flexible item selection task，FIST）、学前儿童注意转换任务（preschool attentional switching task，PAST）、任务转换范式等。

2. 同时认知灵活性的实验方法

同时认知灵活性涉及同时协调目标的两个或更多维度，对抑制控制的需求较低。其常用测量方法有一般领域多维度卡片分类测验（domain-general multiple classification test）、多维卡片选择任务（multidimensional card selection task）等。

（1）一般领域多维度卡片分类测验

一般领域多维度卡片分类测验用于考察儿童和成人同时加工多种维度表征的一般领域认知灵活性。该任务总共包括5组图片，其中1组为测试前练习图片，4组为测试图片（Bigler et al., 1992）。每组图片又包括可以同时根据颜色和形状两个维度进行分类的12张实物图片（如"红色锤子"）。任务要求被试按照两个维度在一个 2×2 的矩阵上同时分类12张实物图片。实验时，依次将4组散乱的图片随机呈现给被试，要求被试分类摆放，分类完毕后，要求其口头报告摆放原因。主试记录下被试分类摆放图片所用的时间（秒）并对分类的准确性进行编码，标准如下：如果被试的图片摆放与口头说明均正确，计3分；如果图片摆放错误，但口头说明正确，计2分；如果图片摆放正确，但口头说明错误，计 1 分；如果两项都错误，计 0 分。准确性满分为 12 分，被试最终得分为准确性总分除以图片摆放任务所用的平均时间。

（2）多维卡片选择任务

多维卡片选择任务用于考察学前儿童同时加工多种维度表征的一般领域认知灵活性（Podjarny et al.，2017），包括介绍阶段、记忆基线阶段和 3 次正式测试阶段。

介绍阶段的目的是促使儿童建立回答问题的意愿并熟悉答题形式。实验者向儿童呈现 8 张大小相同的图片（与正式实验材料不同），包括 2 双鞋（一红一蓝）、3 朵花（红、蓝、黄）、3 个茶壶（红、蓝、黄），要求儿童指出所有的花，完成后问儿童"还有花吗？"要求儿童做出肯定或否定回答，每次回答后，实验者均会给出反馈。

记忆基线阶段的目的是检验儿童是否能够保持某一维度的 3 种形式（如 3 种形状），这个阶段不需要认知灵活性。呈现 8 张大小相同的图片，包括大蓝三角、小红心、小红圆、小黄星、大绿圆、大绿心、小黄三角、大蓝星。向儿童介绍 3 个娃娃玩偶，并介绍她们的不同喜好，如 Grace 喜欢心，对儿童说："你能向 Grace 指出所有的心吗？"第一个玩偶只涉及一种形状（心），第二个玩偶涉及两种形状（心和星），第三个玩偶涉及三种形状（心、星和三角）。如果儿童能确切地指出所有的心（8 张图片中的 2 张）就得 1 分；如果儿童能确切地指出所有的心和星（8 张图片中的 4 张）就得 2 分；如果儿童能确切地指出所有的心、星和三角（8 张图片中的 6 张）就得 3 分。

正式测试阶段包含 3 次测试，每次呈现 8 张不同颜色和形状的图片，如大蓝心、小黄心、小黄三角、大黄三角、大绿三角、大红圆和两个小红圆，要求儿童根据玩偶的喜好来匹配 1 个维度、2 个维度、3 个维度（表 1-2）。阶段一选择所有的心（考虑 1 个维度）；阶段二选择所有的黄三角（同时考虑 2 个维度）；阶段三选择所有的小红圆（同时考虑 3 个维度）。每组中都包括至少 1 张干扰卡片，它满足至少 1 个维度却不能完全匹配。例如，上例中的大绿三角就是阶段二的干扰卡片，大红圆就是阶段三的干扰卡片。特定阶段的目标卡片永远不会作为其他阶段的干扰卡片。

表 1-2   多维卡片选择任务维度

试次	阶段一		阶段二		阶段三	
	维度	目标	维度	目标	维度	目标
1	颜色	蓝的	大小	小的、绿的	形状	大黄三角
2	形状	心	颜色	黄三角	大小	小红圆
3	大小	大的	形状	小星	颜色	大蓝心

灵活性分数是根据儿童能够考虑 1 个、2 个还是 3 个维度来计分的。通过某一阶段的标准是儿童能够正确完成任务 2 次以上（超过机遇水平）。如果儿童在某个阶段有 2 次以上不能完成任务就得 0 分。例如，如果儿童在 3 个试次中都成功完成了阶段一和阶段二，但是阶段三没有成功，那么其对 1 个维度和 2 个维度的得分都是 3，但是对 3 个维度的得分是 0。

多维卡片选择任务能否真正测量同时认知灵活性呢？质疑者认为，多维卡片选择任务测量的主要是工作记忆（Morra et al.，2018）。对此，Podjarny 等（2018）做出回应，提出工作记忆任务仅要求儿童在头脑中保持一定数量的项目，而多维卡片选择任务要求儿童基于对多种维度的描述来选择卡片，因而能够超越工作记忆真正测量学前儿童同时考虑多种维度的能力。

（二）问卷法

1. 转换能力问卷

由于很少有问卷专门测评转换能力，转换能力问卷常作为执行功能的子问卷出现。

（1）执行功能行为评定问卷

执行功能行为评定问卷（behavior rating inventory of executive function，BRIEF）用于测量 5—18 岁儿童与青少年的执行功能（Gioia et al.，2000）。该问卷包含 8 个分问卷：抑制、转换、情绪控制、计划（或组织）、启动、监控、材料组织、工作记忆。该问卷分为父母版本和教师版本。答卷者对儿童与青少年过去 6 个月中的行为进行 3 点评分（1=从不，2=有时，3=常常）。总问卷测试时间为 15—20 分钟。中文版执行功能行为评定问卷的父母版（钱英等，2007）、教师版（钱英等，2009）和成人自评版（杜巧新等，2010）的信效度均良好。

学前儿童执行功能行为评定问卷（behavior rating inventory of executive function-preschool version，BRIEF-P）是在执行功能行为评定问卷的基础上发展起来的，专门用于测量 2 岁 0 个月—5 岁 11 个月儿童的执行功能（Gioia et al.，2003）。中文版学前儿童执行功能行为评定问卷的信效度良好（路腾飞等，2017）。总问卷测试时间为 10—15 分钟，包含抑制、转换、情绪控制、计划（或组织）、工作记忆 5 个分问卷。其中转换分问卷包含 10 个项目，测量儿童从一种活动灵活转换到另一种活动或者灵活解决问题的能力。5 个分问卷能产生 3 个合成指标：抑制自我控制、灵活性、元认知萌芽。

（2）理解性执行功能问卷

理解性执行功能问卷（comprehensive executive function inventory，CEFI）用于测量 5—18 岁儿童与青少年的执行功能（Naglieri et al.，2013）。该问卷分为父母版本（适用于 5—18 岁儿童与青少年）、教师版本（适用于 5—18 岁儿童与青少年）和自评版本（适用于 12—18 岁儿童与青少年）。该问卷包含 100 个题项，其中 10 个题项用于考察反应偏差，90 个题项组成 9 个分量表：注意（12 题）、情绪调节（9 题）、灵活性（7 题）、抑制控制（10 题）、启动（10 题）、组织（10 题）、计划（11 题）、自我监控（10 题）、工作记忆（11 题）。其中灵活性维度考察个体调整行为以满足情境需求的能力，也考察个体采用不同方法解决问题的能力。

2. 人格问卷

（1）认知灵活性量表

认知灵活性量表（cognitive flexibility scale，CFS）用于考察社交情境中的认知灵活性（Martin et al.，1995）。齐冰等（2013）对其进行了中文版修订。中文版共 13 个条目，采用李克特 6 点计分，1 表示"非常不符合"，6 表示"非常符合"，分数越高表明个体越能意识到多种可能的选择，更愿意灵活适应，关于灵活性的自我效能感水平更高。

（2）认知灵活性问卷

认知灵活性问卷（cognitive flexibility inventory，CFI）用于考察压力、困难情境下的认知灵活性（Dennis et al.，2010）。该问卷将认知灵活性界定为用平衡和适应性思维来挑战和取代适应不良思维。问卷包含可控性（认为困难情境是可控的）和可选择性（感知到生活事件和人类行为的多种替代解释，针对困难情境能产生多种替代方案）两个维度，共 20 个条目。王阳等（2016）对其进行了中文版修订。采用李克特 5 点计分，1 表示"从不"，5 表示"总是"，分数越高表明个体的认知灵活性水平越高。

（3）认知控制和灵活性问卷

认知控制和灵活性问卷（cognitive control and flexibility questionnaire，CCFQ）用于考察个体在压力情境下对不利的消极思想和情感的认知控制和认知灵活性（Gabrys et al.，2018）。该问卷包含对情绪的认知控制评价和应对灵活性两个维度，共 18 个条目。采用李克特 7 点计分，1 表示"非常不同意"，7 表示"非常同意"，分数越高表明个体的认知控制和灵活性水平越高。

二、阅读领域认知灵活性的研究方法

阅读领域认知灵活性的测量主要采用实验法，目前转换认知灵活性的测量方法主要有 DCCS 任务的语言版本、话语解释任务（speech interpretation task）、分类-再分类任务（classification-reclassification task，C-RC task）和"cat bat"任务，同时认知灵活性的测量方法主要有语音-语义灵活性任务和语法-语义灵活性任务。

（一）转换认知灵活性的测量方法

1. DCCS 任务的语言版本

DCCS 任务的语言版本采用词语作为刺激，要求儿童根据词语首字母或尾字母完成匹配任务（Coldren，2013）。在任务前要求儿童先大声读出每个词语，以防止阅读能力和转换能力的混淆。呈现包括"bed"或者"rat"作为目标（顺序随机）的一系列试次。所有儿童先进行"词首游戏"，再进行"词尾游戏"。转换前阶段的"词首游戏"要求将"bat"与"bed"匹配，将"red"与"rat"匹配，通过标准是被试能连续 5 个试次匹配正确，最多进行 15 个试次。转换后阶段的"词尾游戏"要求将"bat"与"rat"匹配，将"bed"与"red"匹配。转换后阶段共 5 个试次，每次都提醒儿童新规则。转换后阶段的通过标准是没有错误或只错 1 次。实验中不提供强化和反馈。计分标准是转换后阶段 5 个试次中正确试次的百分比。

2. 话语解释任务

话语解释任务采用句子作为听觉刺激，要求儿童根据句子内容或语气完成"高兴/难过"判断任务（Morton et al.，2002）。采用电脑以声音形式呈现包含情绪冲突线索的话语（如高兴地说："我的狗从家里逃走了"）。转换前阶段完成内容判断任务，即要求儿童基于说话者讲述的内容来判断其是"高兴"还是"难过"，并按相应的反应键，屏幕随即出现正误反馈。在 8 个试次中达到 80% 正确率的标准后，转换为语气判断任务（5 个试次），即要求儿童转换为根据说话者的语气（即副语言）来做判断，并按相应的反应键，不进行反馈。如果儿童仍然根据讲述内容进行判断即为持续性错误。转换后阶段的计分标准为：按照内容判断计 0 分，按照语气判断计 1 分，通过标准为被试在 5 个试次中至少 3 个试次判断正确。

3. 分类–再分类任务

分类-再分类任务用于考察学生在科学概念分类中的认知灵活性（Eilam et al.，2007）。该任务包含 9 个开放问题和 16 个多选题。最初是对 9 年级学生施测，问题涉及化学、物理、生物、科技知识以及探究技能。为了揭示概念组织，C-RC 任务随机呈现了 13 个科学概念：云、水、鸡蛋、霉菌、珊瑚、橡树、老虎、岩石、火苗、豆子、沸腾的岩浆、海豚和海葵。发给学生一张印有 13 个词语的空白表格，要求其在表格上半部分进行自由分类（自己认为恰当的分类方式），接下来要求其在表格的下半部分以不同的方式对这 13 个词语重新进行分类，学生必须提出新颖的不同标准来重新组织概念，这体现了其认知灵活性。

完成分类-再分类任务至少需要两种认知过程：①能够从陈述性知识视角（了解每个概念的多种不同属性）和程序性知识视角（将已习得的、依赖于内容的分类技能扩展到新的、跨学科的情境中）同时考虑多种概念；②基于个人理解对熟悉概念进行归纳。

4. "cat bat" 任务

"cat bat" 任务要求神经性厌食症成人患者快速填写一个小故事中不完整单词缺失的首字母（Tchanturia et al.，2002）。在故事的第一部分，根据故事情境应该填"cat"；在故事的第二部分，单词"cat"不再适合，情境的转换要求被试转换认知定势填写"b̲at"。任务指标是持续性错误的数量和完成任务的时间。

（二）同时认知灵活性的测量方法

1. 语音–语义灵活性任务

语音–语义灵活性是同时加工书面文字语音表征和语义表征的能力。语音-语义灵活性任务（Cartwright，2007）也称阅读领域多维度分类任务（Cartwright，2002），该任务需准备 5 套英语单词卡片（每套 12 个单词），其中 1 套用于练习，4 套用于测试。此外还需准备 2×2 矩阵纸（图 1-5）、秒表、计分表。实验在安静教室内单独施测，指导语为："这儿有一些卡片请你分类，可以同时对它们进行语音和语义的分类。"在示范结束后，研究者向儿童描述分类方法，一边指着 2×2 矩阵纸一边说："看，这些都是食物，这些都不是食物，这些都是以/k/发音开头的词，这些都是以/p/发音开头的词。"接着随机呈现剩余的 4 套卡片，告诉儿童："请按照我刚才的方式同时以声音和意义两种方式对卡片进行分类，我会帮你计时。"确认儿童明白指导语后，儿童开始对每套卡片按照词语首字母发音和语义进行分类，为每套卡片分类以秒为单位计时，如果儿童分类正确，要求其口头说明分类理由。研究者纠正儿童的不正确分类并要求其口头说明正确的分类理由。

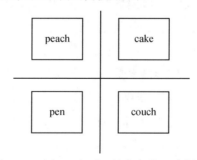

图 1-5   语音-语义灵活性任务的正确样例

资料来源：Cartwright K B. 2007. The contribution of graphophonological-semantic flexibility to reading comprehension in college students：Implications for a less simple view of reading. Journal of Literacy Research，39（2）：173-193

该测验采用语音-语义灵活性综合分数（准确性分数与平均分类时间之比）作为指标。准确性分数为 4 组卡片分类总分（0—12 分），每组卡片计分方法如下：分类和理由都正确计 3 分，分类错误但能够对研究者做出的正确分类给出正确理由计 2 分，分类正确但理由错误计 1 分，分类和理由都错误计 0 分。分类时间为 4 组卡片的平均分类时间（以秒为单位）。值得注意的是，分类准确性在儿童早期快速发展，因而是认知灵活性的有力预测指标，但较大儿童会由于任务非常简单而出现天花板效应（Yeniad et al.，2013）。但是，分类速度在人的一生中持续发展。因此，如果个体都能够正确分类及解释，也可以单纯采用分类速度作为认知灵活性的指标，以避免天花板效应（Guajardo et al.，2016）。

对于语音-语义灵活性指标，既分类又解释的计分方法也存在局限性，如无法区分内隐语音-语义灵活性技能（分类准确性和分类速度）和外显语音-语义灵活性技能（解释准确性），解释评分具有主观性，对分类的解释显著延长了测验时间等，只分类不解释的语音-语义灵活性任务可以解决上述问题。研究者比较了既分类又解释和只分类的语音-语义灵活性任务对 6—9 岁儿童当下及两年后阅读理解的预测作用（Cartwright et al.，2020a）。结果显示，在前测中既分类又解释和只分类的语音-语义灵活性分数均对阅读理解有显著贡献。但在后测中，只分类的语音-语义灵活性分数能显著预测儿童阅读理解，既分类又解释的语音-语义灵活性分数并未对阅读理解做出更多贡献。此外，只分类的语音-语义灵活性前测分数能显著预测阅读理解后测分数，既分类又解释的语音-语义灵活性前测分数对阅读理解后测分数的预测作用不显著。因此，只分类的语音-语义灵活性任务是测量语音-语义灵活性的客观有效工具，其简短易操作的特点更有利于在学校和研究情境中广泛应用。

2. 语法-语义灵活性任务

语法-语义灵活性任务是在语音-语义灵活性任务的基础上发展起来的，用于考察个体同时加工书面文字语法表征和语义表征的能力（Cartwright et al.，2017a）。它的基本程序和计分方法与语音-语义灵活性任务一样，只是实验材料为句子。任务规则是同时根据"是家具还是动物"和"是主语还是宾语"对句中画线词语进行分类（图 1-6）。

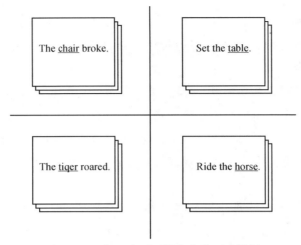

图 1-6　语法-语义灵活性任务的正确样例

资料来源：Cartwright K B，Bock A M，Coppage E A，et al. 2017. A comparison of cognitive flexibility and metalinguistic skills in adult good and poor comprehenders. Journal of Research in Reading，40（2）：139-152

第四节　认知灵活性与高效阅读的关系

一、引言

　　高效阅读的目标是准确而快速地理解书面语言信息。高效阅读是由 7 个阶段组成的复杂过程（东尼·博赞，2015）：①识别，即对字母符号的认知；②吸收，即光线从字面进行反射并被眼睛吸收，再经视神经传到大脑的生理过程；③理解（也称内部融合），即将阅读的信息适当联系起来；④领会（也称外部融合），即将以前获取的知识与所读内容结合起来，适当地连接、分析、批判、鉴赏、选择和摒弃；⑤保留，即信息的基本存储；⑥回忆，即大脑在需要时从数据库中提取所需信息的能力；⑦交流，即立即或最终将信息投入使用。这些过程除了离不开语言知识和语言加工技能，还会受到认知技能的影响。其中，作为核心认知技能的执行功能对阅读有重要贡献（Liu et al.，2018b；Cirino et al.，2019）。执行功能包括工作记忆、抑制和认知灵活性三个子成分（Miyake et al.，2000）。三者都对阅读具有重要作用：读者要将相关信息保持在头脑中，抑制无关信息，并且要在语音、语义、语法、阅读策略之间灵活转换。但是，执行功能大多被作为一个整体来考察其与阅读的关系，并且基于执行功能子成分的研究大多关注工作记忆和抑制控制（Bizama et al.，2019），对认知灵活性与阅读关系的研究相对较少（Purpura et al.，2017）。

阅读的驾驶模型提出，阅读依赖认知灵活性（Cartwright et al.，2019a）。该模型将阅读比作汽车驾驶，正如司机要在影响高效驾驶的多种关键因素之间灵活转换注意一样，读者也要在语音信息、文本意义、语法信息、阅读策略等方面灵活转换认知，这些认知加工过程都是灵活性思维的真实产物。在阅读过程中，高水平认知灵活性有助于个体在心理状态、心理操作或概念表征之间完成快速而准确的转换，以及完成对多种信息的整合（Johann et al.，2019）。因此，高效阅读者能更灵活地加工正字法、语音、语义、语法、阅读策略等多种表征，并且能基于阅读目标更好地监控和调节阅读行为；与之相反，初学阅读者和阅读困难者更多关注语音特征而无暇顾及其他（Cartwright et al.，2017a，2019b；Fong et al.，2020）。

认知灵活性与阅读关系的研究主要围绕如下问题展开：一般领域认知灵活性、阅读领域认知灵活性与阅读的关系如何？谁对阅读理解的贡献更大？如何基于认知灵活性进行阅读干预？然而，已有研究并未对上述问题给出完全一致的答案。研究结果存在差异性的原因可能在于不同研究在正字法、目标群体、被试年龄、背景变量、测量方法等方面有所不同。因此，深入探究认知灵活性与高效阅读的关系，对于更好地理解二者关系、促进认知灵活性与阅读发展、为干预训练提供理论依据等具有重要意义。

二、一般领域认知灵活性与阅读的关系

一般领域认知灵活性指在各个认知领域中都普遍表现出来的灵活性。来自拼音文字和非拼音文字的研究为一般领域认知灵活性与阅读的关系提供了证据（表 1-3）。

表 1-3   一般领域认知灵活性与阅读的关系

文字	研究者	语言	年龄	样本量（人）	一般领域认知灵活性测量工具	阅读测量工具	相关系数
拼音文字	Cartwright（2002）	英语	7—11	44（20）	一般领域多维卡片分类测验	WRMT-R	0.54***
	Georgiou, Das（2018）	英语	$M=22$（3）	90（25）	连线测验 形状/颜色转换测验	Nelson-Denny 阅读测验	−0.44**
	Chan et al.（2018）	英语	18—55, $M=28$（8）	103（11）	色词测验	WRMT 词语阅读	−0.14
	van der Sluis et al.（2007）	荷兰语	9—12, $M=10$（8）	172（84）	转换任务 连线测验	1 分钟词语测验 阅读测验	0.41
	Latzman et al.（2010）	英语	11—16, $M=13$（8）	174（174）	D-KEFS 分类分测验	词汇阅读和阅读理解测验	0.55***
	Cartwright et al.（2010）	英语	6—9, $M=7$（9）	64（28）	一般领域多维卡片分类测验	WRMT-R	0.32*
	Kieffer et al.（2013）	英语	$M=9$（11）	120（68）	简式 WCST（64 卡片）	Gates-MacGinitie 阅读理解测验	0.33*
	Colé et al.（2014）	法语	$M=7$（8）	60（24）	一般领域多维卡片分类测验	阅读理解测验	0.29*
	Nouwens et al.（2016）	荷兰语	9—12, $M=11$（1）	117（62）	连线测验	Diatekst 阅读理解测验	0.26**
	Knudsen et al.（2018）	丹麦语	8—10, $M=9$（5）	39（23）	颜色-形状转换任务	句子理解测验	0.54**
	Cantin et al.（2016）	英语	7—10, $M=9$（0）	93（45）	修订版 DCCS 任务	WIAT-Ⅲ阅读理解分测验	0.36**
非拼音文字	李美华等（2005）	汉语	大学生	30	WCST	阅读测验	0.72**
	闫嵘等（2006）	汉语	小学 4—6 年级	88（52）	一般领域多维卡片分类测验	阅读理解测验	0.37*
	Hung et al.（2020）	汉语	$M=8$（2）	49	简式 WCST（64 卡片）	语篇理解测验	0.30*
	Fong et al.（2020）	汉语	$M=6$（4）	92（43）	卡片分类灵活性测验	词语阅读测验	0.33**

注：WRMT-R：Woodcock 阅读掌握测验修订版（Woodcock reading mastery tests-revised）；D-KEFS：Delis-Kaplan 执行功能系统（Delis-Kaplan executive function system）；WIAT-Ⅲ：韦氏个体学业成就量表第三版（Wechsler individual achievement test, third edition）；年龄的单位为岁，括号内的数值为月；样本量一列中括号内的数值指男生人数，李美华等（2005）和 Hung 等（2020）的研究中未给出男女被试的具体人数，所以未括注男生人数；* $p<0.05$，** $p<0.01$，*** $p<0.001$，下同

（一）一般领域认知灵活性与拼音文字阅读的关系

目前，研究者对于一般领域认知灵活性可促进拼音文字阅读还是对其影响有限这一问题尚存争议。

1. 一般领域认知灵活性促进阅读

首先，一般领域认知灵活性可直接影响阅读（Yeniad et al.，2013；Follmer，2018）。支持证据来自英语（Latzman et al.，2010；Cantin et al.，2016）、荷兰语（van der Sluis et al.，2007；Nouwens et al.，2016）、法语（Colé et al.，2014）、丹麦语（Knudsen et al.，2018）等拼音文字研究。例如，在控制了词汇和流畅性后，一般领域认知灵活性能直接预测成人英语语篇阅读理解（Georgiou et al.，2018）。一般领域认知灵活性可以显著预测儿童在幼儿园末期的解码技能和理解技能（Welsh et al.，2010），以及小学 3 年级时的阅读成就（Nguyen et al.，2019），并且幼儿园末期的一般领域认知灵活性可以显著预测小学 1 年级的阅读成就（Morgan et al.，2016）。除了典型发展的个体外，特殊个体的一般领域认知灵活性也与阅读关系密切。例如，阅读障碍儿童的一般领域认知灵活性显著低于正常儿童（Marzocchi et al.，2008）。一般领域认知灵活性可显著正向预测注意缺陷多动障碍大学生的阅读理解（Kercood et al.，2017）。

其次，一般领域认知灵活性还可通过其他变量间接促进阅读理解。例如，认知灵活性可以通过语言理解间接预测 4 年级儿童的阅读理解（Kieffer et al.，2013），并且口语能力在 9—14 岁儿童认知灵活性与阅读理解的关系中起到完全中介作用（Spencer et al.，2019）。

2. 一般领域认知灵活性与阅读关系不大

一般领域认知灵活性与阅读关系不大的观点得到了来自儿童和成人研究的支持证据。例如，一项研究采用 3 个流畅性任务（1 分钟内说出动物名称，1 分钟内说出以 "F" 开头的词，150 秒内说出桌子的用途）和注意转换任务（动物/图形命名转换）测量 1 年级儿童的认知灵活性，采用词语阅读能力测验（读出 3 张难度递进的词表，每张 1 分钟）测量阅读能力，结果显示，一般领域认知灵活性只能显著预测拼写成绩，与阅读成绩关系不大（Vandenbroucke et al.，2017）。同样，采用数字加减任务考察一般领域认知灵活性的研究也发现，12—17 岁儿童和青少年的一般领域认知灵活性与解码能力呈显著相关，但与语篇阅读理解的相关不显著（Ober et al.，2019）。再如，一般领域认知灵活性（采用色词干扰测验）与18—55岁成人词语阅读的相关不显著（Chan et al.，2018）。值得注意的是，上述研究对认知灵活性的测查任务都较为简单且宽泛。如果认知灵活性仅仅得到宽泛测量，则它对于预测学业成就或许只能提供有限信息（Vandenbroucke et al.，2017）。

（二）一般领域认知灵活性与非拼音文字阅读的关系

与拼音文字相比，一般领域认知灵活性与非拼音文字汉语阅读关系的研究相对有限。已有研究显示，一般领域认知灵活性能显著预测小学生的语言理解（赵鑫等，2020）。在控制了年龄和句法意识、语篇意识后，一般领域认知灵活性仍是8岁小学生语篇理解的独特预测因素（Hung et al.，2020）。阅读理解较差的小学儿童的一般领域认知灵活性显著低于一般儿童（闫嵘等，2006）和优秀组（齐冰，2013），并且认知灵活大学生对汉语科技文的阅读成绩显著优于认知不灵活者（李美华等，2005）。除了典型发展个体外，特殊个体的一般领域认知灵活性也与汉语阅读关系密切。例如，低阅读水平听障大学生的一般领域认知灵活性显著低于高阅读水平者（张茂林，2016）。

三、阅读领域认知灵活性与阅读的关系

与一般领域认知灵活性相比，阅读领域认知灵活性对阅读更有其独特贡献（表1-4）（Cartwright et al.，2019c）。

表1-4　阅读领域认知灵活性与阅读的关系

文字	研究者	语言	年龄	样本量（人）	阅读领域认知灵活性测量工具	阅读测量工具	相关系数
拼音文字	Cartwright（2002）	英语	7—11	44（20）	语音-语义灵活性测验	WRMT-R	0.70***
	Cartwright et al.（2010）	英语	6—9，$M=7$（9）	64（28）	语音-语义灵活性测验	WRMT-R	0.61**
	Colé et al.（2014）	法语	$M=7$（8）	60（24）	语音-语义灵活性测验	阅读测验	0.53*
	Roberts et al.（2015）	英语	8—10，$M=9$（5）	156（69）	语音-语义灵活性测验	阅读测验	0.31***

续表

文字	研究者	语言	年龄	样本量（人）	阅读领域认知灵活性测量工具	阅读测量工具	相关系数
拼音文字	Knudsen et al.（2018）	丹麦语	8—10，$M=9$（5）	39（23）	语音-语义灵活性测验	句子理解测验	0.71**
	Cartwright（2007）	英语	18—22，$M=19$（5）	48（24）	语音-语义灵活性测验	WRMT-R	0.58**
	Cartwright et al.（2017a）	英语	$M=20$	48（12）	语音-语义灵活性测验 语法-语义灵活性测验	WRMT	0.26** 0.30**
	Cartwright et al.（2019c）	英语	$M=20$（32）	122（24）	语音-语义灵活性测验	WRMT-R	0.48**
	Cartwright et al.（2019b）	英语	$M=7$（7）	50（22）	语音-语义灵活性测验	WRMT	0.62**
	Cartwright et al.（2020a）	英语	6—9，$M=7$（10）	68（29）	语音-语义灵活性测验	WRMT	0.61**
非拼音文字	Fong et al.（2020）	汉语	$M=6$（4）	92（43）	正字法灵活性测验	词语阅读测验	0.47***

阅读领域认知灵活性对阅读的贡献主要体现在以下几个方面：第一，阅读领域认知灵活性有助于阅读者协调和灵活转换词形、语音、语法和语义等语言理解加工过程（Cartwright et al.，2017a）。第二，阅读领域认知灵活性能促进文本解码过程中对词义的注意，并且有助于促使当前文本转换为新表征以产生多种意义（Diamond，2013）。在流畅阅读中，阅读者必须同时保持并灵活协调书面语言的音、形、义等多种表征。初级阅读者向流畅阅读者转变的关键就在于完成从以解码为中心阅读向以意义为中心阅读的转变。不灵活的低水平阅读者往往挣扎于从对文本解码到意义理解的转换（Cartwright et al.，2010）。对字词水平加工的固着妨碍了其对文本的整体理解（Cartwright，2006）。当逐渐脱离对语音表征的关注，开始在语音、语义、语法等多种表征间灵活转换，并更多关注语义表征和文本的整体理解时，个体才有可能完成更加流畅、有意义的阅读。第三，阅读领域认知灵活性还能促进阅读策略的调整，以适应不同的阅读目标、文章类型、任务难度等（Gnaedinger et al.，2016）。根据语言效率模型，个体的阅读能力取决于有多少资源可以分配给特定阅读任务（Perfetti，2007）。阅读就像流水线，所有部件必须协同工作，特定流程工作的失常就会

影响阅读。尽管拥有同样的策略，但是认知灵活性较低的个体缺乏足够资源去应用这些策略以理解文本。

（一）阅读领域认知灵活性与拼音文字阅读的关系

1. 语音-语义灵活性与阅读

语音-语义灵活性涉及个体同时加工书面文字语音表征和语义表征的能力。一些研究证据表明，儿童的语音-语义灵活性对阅读具有重要作用。例如，Cartwright（2002）对语音-语义灵活性的开创性研究显示，语音-语义灵活性是除语音意识、年龄、言语能力以外预测 7—11 岁儿童阅读理解的有效指标。后续研究同样显示，语音-语义灵活性是 7—8 岁儿童阅读理解的显著预测指标（Cartwright et al.，2019b，2010），并且语音-语义灵活性对阅读的贡献在成人群体中也得到了证实。例如，即使控制了一般认知能力，与单独的语音加工和语义加工相比，语音-语义灵活性对美国大学生英语阅读理解仍有独立的预测作用（Cartwright，2007）。英语高水平中国大学生的英语语音-语义灵活性显著高于低水平者（齐冰，2013）。此外，语音-语义灵活性既可以直接预测阅读理解，也可以通过语言理解和词语阅读来预测阅读理解（Cartwright et al.，2019c）。可见，语音-语义灵活性任务能够为教师提供学生阅读理解水平的有效诊断信息。

那么，相对于一般领域认知灵活性，语音-语义灵活性是否对阅读理解做出了更大贡献？对 2—5 年级儿童的研究显示，语音-语义灵活性能显著调节阅读策略与阅读理解的关系，而一般领域认知灵活性的作用不大（Gnaedinger et al.，2016）。尽管与高语音-语义灵活性者拥有同等的阅读策略知识，但低语音-语义灵活性的小学生难以有效运用这些策略去协调阅读的多个方面以实现成功阅读，并且对策略的尝试可能非但没有促进反而损害了其阅读理解。

2. 语法-语义灵活性与阅读

语法-语义灵活性涉及个体同时加工书面文字语法表征和语义表征的能力。语法-语义灵活性是区分个体阅读水平高低的有效指标。即使控制了言语能力、词汇辨别和语法意识，高水平成人阅读者的语法-语义灵活性仍显著高于低水平成人阅读者（Cartwright et al.，2017a）。但是迄今为止，关于语法-语义灵活性与阅读关系的研究还相当有限。

3. 阅读策略灵活性与阅读

阅读策略灵活性指个体基于上下文有意识地调整阅读策略以促进意义建构的能力（Janssen et al.，2012）。它一般体现在阅读目的、阅读材料（难度、风格、吸引力等）与阅读速度的交互作用中。阅读策略灵活性是区分熟练阅读者与不熟练阅读者的有效指标。不熟练阅读者在阅读时倾向于以线性和常规方式一口气读完，而熟练阅读者的阅读方式更加灵活。有研究比较了高、低阅读水平初中生的阅读策略灵活性，结果显示，高水平阅读者会在故事内和不同故事间灵活调整阅读策略（如复述、情感反应、推理、问题监测等），而低水平阅读者的阅读策略相对固定和单一（Janssen et al.，2012）。

（二）阅读领域认知灵活性与非拼音文字阅读的关系

1. 语音–语义灵活性与汉语阅读

与拼音文字相比，研究者对非拼音文字，如汉语的语音-语义灵活性研究还非常有限。语音-语义灵活性在汉语阅读中的作用是否也如在拼音文字中那么重要呢？已有研究显示，语音-语义灵活性与汉语阅读之间存在密切的关系。例如，8—11岁高阅读水平小学生的汉语语音-语义灵活性显著优于低阅读水平组（齐冰，2013）。此外，关于特殊群体的研究也提供了支持证据。例如，高阅读水平听障大学生的汉语语音-语义灵活性显著优于低阅读水平者（张茂林，2016）。

2. 正字法灵活性和汉语阅读

正字法灵活性涉及在多重正字法信息之间管理和转换注意的能力。研究显示，正字法灵活性对汉语词语阅读具有重要作用（Fong et al.，2020）。6岁儿童共进行4轮匹配任务（部首—结构—部首—结构），每一轮任务中，儿童要将8个假字（如"屵"）与2个目标字（"林"和"昌"）进行匹配，匹配标准是"结构相同"（应选"林"，均为左右结构）或"部首相同"（应选"昌"，均含有相同部首"日"）。结果显示，在控制了正字法知识、工作记忆和一般领域认知灵活性后，正字法灵活性仍能显著预测词语阅读。

四、认知灵活性干预

（一）一般领域认知灵活性干预

有些个体能够快速、有效地转换注意和行为以更好地适应任务变化。这个过程体现了高水平的一般领域认知灵活性。一般领域认知灵活性是具有可塑性的（Olfers et al.，2018）。高水平的一般领域认知灵活性有助于增强阅读训练效果（Gao et al.，2018）。如果可以通过提升一般领域认知灵活性来提升阅读能力，那么一般领域认知灵活性干预就具有双重价值。近年来，一些研究者开始关注一般领域认知灵活性的干预研究。例如，2—5 年级伊朗非言语学习障碍小学生接受 12 次（每次 45 分钟）的编码、连线测验、言语和视觉记忆训练，最终其一般领域认知灵活性和阅读成绩均得到了提升（Amani，2017）。再如，幼儿园和 1 年级儿童接受每周 3 次（每次 20 分钟）、为期 10 周的干预，一般领域认知灵活性干预组在前 5 周参与培养发散性思维的问题解决任务游戏，控制组在前 5 周听老师讲故事。在后 5 周，干预组和控制组都接受完全相同的语音意识训练。结果显示，一般领域认知灵活性训练有效提升了认知不灵活儿童的一般领域认知灵活性，以及语音意识、拼写分数和阅读理解水平（Krause et al.，1997）。以上研究结果都表明了一般领域认知灵活性干预的有效性，启示我们是可以尝试通过培养儿童的一般领域认知灵活性来提升其阅读理解水平的。

（二）阅读领域认知灵活性干预

与一般领域认知灵活性相比，结合语言知识与技能的阅读领域认知灵活性训练将会产生更好的效果（闫嵘等，2006）。那么，如何设置干预频次呢？一种方法是采用每周密集训练但总周数较短的干预频次。例如，Cartwright（2002）将 36 名 7—11 岁小学生分为一般领域认知灵活性训练组、语音-语义灵活性训练组和控制组，干预组参加每周连续 5 天（每天 15 分钟）、为期 2 周的单独训练，控制组在同样时间内玩多米诺骨牌，结果显示，只有语音-语义灵活性训练组的语音-语义灵活性和阅读理解成绩得到了显著提升。另一种方法是采用每周训练次数较少（如每周 1 次）但总周数较长的干预频次。例如，每周 1 次、为期 6 周的语音-语义灵活性干预显著提升了 4 年级儿童的汉语语音-语义灵活性水平（齐冰，2013）。每周1次、为期5周的语音-语义灵活性干预有效提升了3年级阅读困难小学生的英语阅读理解成绩（Cartwright et al.，2017b）和2—3年级低阅读成就小学生的英语阅读流畅性（Cartwright et al.，2019b）。

此外，值得注意的是，以往干预研究多由研究者本人实施。近期，Cartwright等（2020b）尝试培训阅读教师实施语音-语义灵活性干预，结果发现，这种方式也显著提升了小学生的阅读成绩。阅读领域认知灵活性训练可能会转变为阅读理解能力的提高，因而是早期教育中需要监测的重要因素。教师担任训练者将会大大提升认知灵活性干预的应用推广价值。

为什么基于阅读领域认知灵活性的干预能促进阅读理解？阅读理解是个体依靠原有知识经验通过字词解码建构意义的过程，阅读流畅性（阅读者在阅读时具有一定程度的解码准确性和速度）在这个过程中具有中介作用，是字词知识和意义之间的桥梁（程亚华等，2018）。首先，阅读领域认知灵活性对阅读流畅性具有促进作用。例如，语音-语义灵活性对7岁儿童阅读流畅性的贡献超过了自动解码和其他控制变量（Cartwright et al.，2019b）。其次，阅读流畅性对阅读理解具有促进作用。例如，在对8年级阅读困难中学生阅读流畅性的促进项目中，采用每周3次（每次15分钟）共8周的训练，每次让学生阅读50个随机呈现的句子，结果显示，阅读困难组和正常组的阅读成绩都得到了提升（Horowitz-Kraus，2015）。由此可以推断，阅读流畅性在语音-语义灵活性与阅读理解之间可能具有中介作用。

五、研究展望

尽管近年来认知灵活性与阅读关系的研究取得了一些成果，但研究数量还较为有限且结论并不一致（Butterfuss et al.，2018；Nguyen et al.，2019）。我们认为，一般领域认知灵活性为阅读领域认知灵活性的发展提供了基础，二者（特别是阅读领域认知灵活性）共同促进了阅读理解。具体而言，一般领域认知灵活性更有助于整合低水平阅读加工过程（如对语音、语义等信息的解码），阅读领域认知灵活性更有助于整合高水平阅读加工过程（如根据阅读目标、文章类型、任务难度等在语音、语义、语法等方面灵活转换以实现意义理解）。未来需要更多研究验证上述观点。此外，以往研究大多基于英语等拼音文字，对非拼音文字（如汉语）的研究较少。汉语结构独特，语音、语义、语序等灵活多变，其认知加工方式不同于拼音文字。认知灵活性与汉语阅读的关系需要得到研究者的特别关注。

第一，未来研究要明确认知灵活性，特别是汉语阅读领域认知灵活性的概念、结构和测量方法。如果没有明确的认知灵活性概念和统一的测量工具，研究者很难得出可以相互比较的研究结果，也不利于干预的有效开展。值得注意的是，认知灵活性本身是一个多角度概念，不同类型认知灵活性可能对阅读理解有不同作用。例如，自发灵活性而非响应灵活性能显著预测儿童的阅读理解（Arán-Filippetti et al.，2020）。人们对认知灵活性的理解仍处于不断发展之中，未来研究还需深入探究汉语阅读领域认知灵活性的本质和内涵，开发汉语阅读灵活性测量任务。

第二，未来研究要进一步探究一般领域认知灵活性和阅读领域认知灵活性对阅读理解的相对贡献。尽管有关拼音文字的研究已经表明一般领域认知灵活性、阅读领域认知灵活性都与阅读理解呈显著相关（Cartwright，2002；Cartwright et al.，2010；Colé et al.，2014），但哪一个对阅读理解的贡献更大尚存争论：一种观点认为，二者都能显著预测阅读理解（Cartwright，2002）；另一种观点认为，只有阅读领域认知灵活性能显著预测阅读理解（Colé et al.，2014；Cartwright et al.，2010）。事实上，很多研究只考察了一般领域认知灵活性或者阅读领域认知灵活性与阅读理解的关系，因而难以比较二者对阅读理解作用的相对大小。此外，目前还没有研究探讨一般领域认知灵活性和阅读领域认知灵活性对汉语阅读理解的相对贡献。因此，一般领域认知灵活性和阅读领域认知灵活性与汉语阅读理解关系的问题值得探讨。

第三，未来研究要从发展角度考察认知灵活性与汉语阅读理解的动态关系。灵活管理多种心理表征的能力在一生中持续发展（Cartwright，2008）。认知灵活性的发展受到个体成熟和经验的影响（Gopnik et al.，2017）。如果能够了解认知灵活性与阅读关系的年龄特点，以及认知灵活性在哪个阶段更具可塑性，那么就可以更加有针对性地制定不同年龄个体认知灵活性的训练方案。

第四，未来研究要深入开展基于认知灵活性的汉语阅读干预研究。与单纯的认知灵活性训练相比，将其与阅读干预整合起来能够更有效地促进阅读发展

（Spencer et al.，2019）。首先，汉语阅读中的认知不灵活现象应得到关注以便有针对性地进行干预。已有研究并未探究儿童在语音-语义灵活性任务中的错误模式（Cartwright，2002；Cartwright et al.，2017b）。未来研究需要更多关注阅读领域的认知不灵活现象，探究其错误模式，并相应地开展促进认知灵活性的阅读教育实践。其次，未来研究要关注促进汉语阅读领域认知灵活性的教学方法。尽管已有研究表明，阅读领域认知灵活性有助于教师辨别潜在阅读理解困难的小学生，并且基于阅读领域认知灵活性的干预研究也富有成效，但干预研究的实施者大多为研究者本人，大部分教师可能并不了解认知灵活性特别是阅读领域认知灵活性对阅读理解的重要作用。如果广大教师能够更好地理解认知灵活性的概念及其与阅读的关系，教师就可以在单纯强化阅读理解训练的基础上关注认知灵活性的提升。更为重要的是，根据变化性-稳定性-灵活性模式，认知发展是从变化到稳定最终达到灵活的动态过程，教育教学中大多更强调变化性（鼓励探究）和稳定性（练习已知的问题解决方法）阶段，而对促进学生从稳定性到灵活性阶段的转变有所忽略（Ionescu，2019）。实际上，教育者在阅读发展的每个阶段都应有意识地帮助儿童掌握书面文字的音、形、义等不同信息，并且提供多种机会培养其灵活性思维。因此，未来研究有必要关注在不同阶段如何采用相应的教学方法促进学生汉语阅读领域认知灵活性乃至阅读理解的发展。

第二章　认知灵活性与词语理解

　　新来的采购员外地人小王一大早就收到餐厅经理的短信："今天中午餐厅有活动，你马上去买 6 只道口烧鸡。"结果小王去了半天却空手而归，一脸迷惑地找到经理："我找遍了咱们单位周围的所有道口，一个卖烧鸡的都没有。"经理又气又笑："幸好我没有让你买北京烤鸭！难不成你还要去北京买吗？！"

　　词语理解是建立词语符号表征功能的过程，这个过程构成了阅读大厦的基础。即使没有生词，如果缺乏相关背景知识或者没有充分考虑语境，阅读者仍然难以理解词语的准确含义。小王显然没有吃过"道口烧鸡"，难怪他会按照字面意思理解为在道口卖的烧鸡。实际上，"道口烧鸡"是当地家喻户晓的品牌，这个品牌的烧鸡在很多超市、便利店可以买到。大多数人在生活中可能有过与小王类似的经历。可见，只是把文字读出来不能被称为阅读，阅读是要实现对词语、句子、段落和语篇意义的真正理解。

　　当某个词语所指代的是一类事物的属性时，它就可以用来表达概念。但是在特定情境中用某个词表达的概念常常会偏离其本身的意义，可能比词汇意义更为特殊或更为一般，抑或包含兼而有之的意义，因而单独和语境中的词语理解常常涉及推断、歧义理解、加工冗余信息等多种认知过程。这些过程的顺利实现离不开认知灵活性（Jacobson et al.，2017）。认知灵活个体能够根据表达方式或上下文灵活调整意义理解，因而能更准确地把握词语的概念意义（Carston，2012）。此外，认知灵活性还有助于个体在提取先前背景知识和解释新内容之间灵活转换，并将已有信息与新内容相整合。

　　词语理解中的认知灵活性主要涉及语言灵活性和语义分类灵活性。什么是语言灵活性？什么是语义分类灵活性？它们的测评方法和影响因素都有哪些？如何促进其发展？本章将探讨以上问题。

第一节 语言灵活性

语言灵活性指个体在语言加工过程中的灵活性。它有助于个体同时加工书面文字的语音、语义等多种表征，促使个体根据已有知识来推断生词意义并在新情境中使用已知词语（Naigles et al.，2009）。到目前为止，语言灵活性的研究主要涉及 4 个方面：歧义词理解、生词理解、词语 Stroop 效应和换位效应（transposed letters effect）。

一、歧义词理解

1. 词汇灵活性是歧义词理解的突出特征

词语理解的挑战在于有些词语并非只有一个意思。这种同一语言形式可以表达多种意义的现象被称为语言歧义（周治金等，2007）。汉语词汇阅读中存在大量同形同音异义词（如"分号"）和同形异音异义词（如"东西"），这种词汇水平的歧义是一种基本的歧义现象（于泽等，2007）。词汇歧义词的不同意义大都属于同一词类（如"分号"），但也有一些歧义词的不同意义分属于不同词类（如"制服"），这种歧义词被称为词类歧义词（武宁宁等，2002）。

词汇灵活性（lexical flexibility）指对词汇多种相关含义进行编码的能力（Srinivasan et al.，2017）。它是歧义词理解的突出特征（Barclay et al.，1974）。词汇灵活性使人们不必采用不同的词语来表达每个想法，相反，人们可以灵活地采用同一词语去表达多种不同含义（例如，他洗了脚；桌脚有点儿掉漆）。根据词汇解释框架的观点，词汇灵活性反映了个体采用不同解释立场的认知灵活性（Srinivasan，2016）。词汇灵活性有助于个体建构新的语义类别。词汇灵活性高的儿童更善于在词语的动词和名词词性间灵活转换（例如，"老师板书，学生抄板书"）。因此，当词语具有可相互预测的多种含义时，其中一个含义就可以作为其他可能含义的线索，这极大地减轻了词语学习任务的负担。

2. 额外含义促进歧义词理解

自然语言中存在大量歧义词。那么，歧义词的多种含义是如何被习得的呢？个体了解的词语额外含义越多，其歧义词理解水平就越高（Srinivasan et al.，2019）。在与家庭、学校、社会不断互动的成长过程中，儿童获得了越来越多的词语额外含义，其歧义词理解水平也随之得到提升。例如，多次听到成人评论某人"事儿多"后，小孩子就学会了"事儿多"一词不仅指事务繁杂的情况，也指毛病多、爱麻烦人的人格特征。不只是儿童，生活中的不断变化（如学习一门新课程、进入一个新城市）以及科技的日新月异意味着成人也常常需要学习某些词语的新意义。

3. 语义相关效应

语义相关效应（semantic-relatedness effect）指个体对新旧意义高相关词语的新意义的回忆成绩优于新旧意义低相关词语的现象。例如，一项研究显示，成人对新旧意义高相关词语的新意义的回忆率（70%）远远高于新旧意义无相关词语（26%）（Rodd et al.，2012）。这表明新旧意义联结有助于个体对词语新意义的学习。实际上，词语新意义的重要特征是其常与该词语现存意义在物理属性、功能或其他概念属性上具有相关性。例如，"锦鲤"一词的本义是一种高档观赏鱼。2018 年国庆期间，某支付平台官方微博开展了一个抽奖活动，在转发某条抽奖微博者中抽奖，抽中的人为"中国锦鲤"，幸运的"中国锦鲤"可以获得"中国锦鲤全球免单大礼包"。自此，"锦鲤"一词即成为"好运"的象征，泛指在小概率事件中运气极佳的人。

二、生词理解

儿童在阅读中常常会遇到不认识的词，即使是成人也在所难免。难以想象一个满眼生词的阅读者能够获得对句子、段落和语篇的准确理解。Deák（2000）设计了单词意义灵活性归纳（flexible induction of meaning，FIM）任务，用来考察儿童的生词理解问题，结果显示，儿童能够灵活利用不可预测的信息和新线索来获得对生词可能意义的表征，并且与不那么灵活的儿童相比，语言灵活性高的儿童更擅长灵活选择变化多端的推测性情境线索来推测生词意义，从而可以更快地学会生词（Deák et al.，2014；Deák et al.，2015）。

三、词语 Stroop 效应

读"白"的字体颜色（hēi）与读"白"的字音（bái），哪一个更容易？1935 年，美国心理学家 John Riddly Stroop 发现了著名的 Stroop 效应，即当对用红色墨水写成的有意义刺激（如"绿"）和无意义刺激的字体颜色进行命名时，前者的颜色命名时间比后者长。这种同一刺激的颜色信息与词义信息发生相互干扰的现象就是 Stroop 效应（陈俊等，2007）。该效应很难被避免或控制，它的存在为以下观点提供了强有力的支持证据——熟练阅读者的词语阅读是自动加工。

经典 Stroop 任务主要涉及色词的知觉表征（词的印刷颜色）和语义表征（词的意义）。为了进一步区分语义冲突和反应冲突，Augustinova 等（2014）设计了语义 Stroop 范式，采用只在语义上与不相容颜色联结的词语（如用绿色书写的"sky"）代替色词（如用绿色书写的"blue"）。该范式能够计算标准 Stroop 干扰（如用绿色书写的"blue"与用绿色书写的"deal"的反应时差值）和语义 Stroop 干扰（如用绿色书写的"sky"与用绿色书写的"deal"的反应时差值）两种指标。标准 Stroop 干扰与语义 Stroop 干扰的差值即由反应冲突造成的反应干扰。

Stroop 效应能够反映个体从环境中灵活选择相关信息的能力。具有灵活认知控制能力的个体可以更好地避免受到 Stroop 干扰效应的影响。例如，相对于害羞的 8—10 岁小学生（Ludwig et al.，1983）和害羞的女大学生（Arnold et al.，1986），灵活认知控制能力较高的不害羞者受 Stroop 干扰效应的影响较小。

四、换位效应

首先请您阅读以下两段英文。

Aoccdrnig to a rscheearer at Cmabrigde Uinervtisy, it deosn't mttaer in waht oredr the ltteers in a wrod are, the olny iprmoatnt tihng is taht the frist and lsat ltteer be at the rghit pclae. The rset can be a toatl mses and you can sitll raed it wouthit porbelm. This is bcuseae the huamn mnid deos not raed ervey lteter by istlef, but the wrod as a wlohe.

According to a researcher at Cambridge University, it doesn't matter in what order the letters in a word are, the only important thing is that the first and last letter be at the right place. The rest can be a total mess and you can still read it without problem. This is because the human mind does not read every letter by itself, but the word as a whole.

　　这两段英文的意义似乎没有什么大的不同。只要首字母保持不变，人们就可以理解打乱了字母顺序单词的意义。这是因为人们阅读时并非要阅读每个字母，而是会把单词作为整体来感知。这种现象被称为换位效应。换位效应指个体很容易地把通过改变单词中邻近或非邻近字母顺序创造出来的假词知觉为真词的现象（Colombo et al.，2017）。在句子中辨别正确的词语需要个体同时在字母、单词和句子之间来回转换注意，以便产生可能的备选单词（发散、分析、自下而上的加工）并最终识别句子中的每个单词（聚合、整体、自上而下的加工），因此，换位效应反映了字词理解中的认知灵活性（Matthew et al.，2013）。

　　换位效应领域的已有研究大多关注字母位置加工及位置编码机制（隋雪等，2015）。Matthew 等（2013）设计了词语认知测验（word recognition test，WRT），用以考察英语字词理解中的换位效应。该测验要求被试在 4 分钟内尽可能多地写下其辨认出来的词语。4 个测试句中单词的长度为 4—12 个字母，打乱字母顺序的词与句子总词数的比例范围为 6/13—12/19。评分规则是被试能正确辨别的词的长度越长，得分就越高，最高得分为 5 分，例如，被试能正确辨别包含 4—5 个字母的词得 1 分，被试能正确辨别包含 12 个字母的词得 5 分，总分是每句中被试正确辨别打乱字母顺序的词的得分之和。测试句如"Rhesareecrs pfreer atsinsstas who are cscnteiounois and rbelliae with sontrg iertesnt in the flied."（答案为"Researchers prefer assistants who are conscientious and reliable with strong interest in the field."）。

　　值得注意的是，以往换位效应研究大多集中于拼音文字，而非拼音文字，如汉语领域的研究相对较少。这与汉字的特点有关。由于汉字是由偏旁部首构成的方块字，难以对汉字构成部件进行换位效应的研究，因而对词语和句子换位效应的研究较为可行（隋雪等，2018）。例如，采用启动范式的研究就发现汉语四字词语存在换位效应（李昱霖等，2019）。

第二节　语义分类灵活性

分类有助于人们采用有限的认知加工资源去组织混沌无序的世界（Blaye et al.，2006）。人们在诸如三餐食物选择（Chowdhury et al.，2018；Khare et al.，2015；Dahlgren et al.，2019）、个人信息整理（Oh，2017）、商品选购（Moreau et al.，2001）等日常活动中都要进行分类。但是，学习分类并非仅仅学会为一组对象简单地提供一个共同标签。分类还涉及对物体的内隐属性进行推理以及在不同情境间的迁移。这些活动体现的是个体的分类灵活性（Hoffman et al.，2010）。分类灵活性是在特定物体相互冲突的类别表征之间灵活转换，并根据情境选择恰当类别表征的能力（Blaye et al.，2009；Maintenant et al.，2011）。分类灵活性高的个体更善于运用多种不同的分类标准。因此，提升分类灵活性对于避免僵化具有重要意义（O'Toole et al.，2009）。

分类灵活性通常包含知觉分类灵活性和语义分类灵活性两种类型。知觉分类灵活性是涉及物体知觉表征（如篮球<u>大</u>、乒乓球<u>小</u>）的一般领域认知灵活性，常用研究范式如 DCCS 任务、WCST 等。语义分类灵活性是涉及物体语义表征的特殊领域认知灵活性，可分为反应灵活性（response flexibility）和概念灵活性（concept flexibility）（Blaye et al.，2006）。

一、反应灵活性

（一）反应灵活性的含义

反应灵活性是指个体做出多种分类反应的能力（Blaye et al.，2006）。分类种类越多，意味着个体的反应灵活性越高。反应灵活性包含聚类和转换两种重要成分（Troyer et al.，1997）。聚类是产生语义分类别词语的能力（如连续说出同样属于动物园动物的"猴子、鸟、昆虫等"）。转换是变换语义分类别词语的能力（如在说出动物园动物后转变为说出宠物或野生动物）。

有趣的是，分类别标签（如"甜点"）比样例（如"杯形蛋糕"）能促进个体产生更多词语和分类别转换，这种现象被称为分类别标签效应（Snyder et al.，2010）。根据标签反馈假说，标签在分类中提供了词语驱动的、自上而下的调节（Lupyan et al.，2012）。这种调节过程促进了抽象表征的使用，进而提升了思维的发散性。

（二）反应灵活性的研究范式

研究反应灵活性的常用范式是语义流畅性测验。该测验没有外源性转换线索，因而是考察个体内源性灵活性发展的有效工具（Snyder et al.，2010）。语义流畅性测验要求个体在1分钟内说出（或写出）尽可能多的动物（或水果、植物、蔬菜、家具等）名称。动物类别具有熟悉度高、词语数量多、易于聚类、跨语言跨文化适用性高等优点（Goñi et al.，2011）。计分方法为计算加权转换分数，如果个体在包含2个项目的聚类之后转换就计1分，在3个项目聚类之后转换就计2分，依次类推。例如，如果儿童按照顺序说出的词语是7个动物园动物（6分）、2个水生动物（1分）、2个宠物（1分）和2个爬行动物（0分），那么其最终得分为8分。如果儿童说出的词语只涉及单一的动物园动物，没有转换到其他分类别，则其最终得分为0（Snyder et al.，2010）。需要指出的是，语义流畅性测验有可能受到个体词汇技能的影响，因而词汇技能常常作为控制因素。

尽管简便易操作，但是单一类别语义流畅性测验中分类别的判定标准并不确定。涉及两种类别的转换语义流畅性测验能够更清楚地考察个体在不同类别之间转换的能力。该测验要求个体在2分钟内说出两种类别的词语（如动物和水果），测验过程中，个体可以随时在动物和水果类别之间转换（Schwartz et al.，2004）。由于涉及两种类别，转换判定标准清晰，转换次数反映了个体的策略搜寻过程，每一类别内的项目数反映了语义网络的联结和扩散激活程度。该测验还拥有多种变式。例如，有研究要求个体在1分钟内交替说出两种类别的词语（如动物和水果），即1个动物、1个水果、1个动物、1个水果，依次类推。词对之间不必有关联。灵活性指标是被试在1分钟内说出的正确词对数。该任务是基于个体在两个不同类别项目之间的转换，因而对认知灵活性有较高需求（Paula et al.，2015）。

值得注意的是，语义分类灵活性任务大多采用图片-匹配范式。刺激形式可能会影响个体的记忆提取策略：对于图片形式的刺激（图片示例），个体直接提取功能性的动作相关信息；对于言语形式的刺激（命名），个体直接提取语法、语义信息。因此，图片形式的刺激比言语形式的刺激更容易导致功能固着（Chrysikou et al.，2016）。为了减少这种影响，未来研究可尝试采用词语-匹配范式考察语义分类灵活性。

（三）反应灵活性的个体差异

一些研究已经表明反应灵活性存在个体差异。例如，利手会影响大脑半球的参与，从而导致认知能力的变化。那么，利手与反应灵活性的关系如何？左利手在处理认知需求方面显示出更大的灵活性（Serrien et al.，2019）。混合利手比单一利手具有更强的语义转换灵活性（Sontam et al.，2009）。除了利手以外，年龄和性别也会影响反应灵活性。在语义流畅性任务中，年轻人比老年人产生了更多的词语和更经常的转换；男性比女性产生了更大的聚类，而女性比男性产生了更多的转换（Lanting et al.，2009）。此外，女性对自然类别的命名和识别比男性更快，而男性在对人工类别的命名和识别上存在优势（Barbarotto et al.，2002）。

二、概念灵活性

（一）概念灵活性的含义

概念灵活性是指对于同一组事物的不同语义表征进行转换的能力（Blaye et al.，2006）。例如，圣伯纳犬按分类学可归属于犬，按主题可归属于高山救援犬。尽管犬通常被禁止乘坐直升机，但是在高山救援情境中，人们更可能进行主题优先分类（Blaye et al.，2007）。实际上，个体正是基于不同的概念角度将同一物体分为不同的类别。这些角度通常包括分类学、主题、脚本和 ad hoc 类别分类（Nguyen，2007）。

1. 分类学分类

分类学分类是基于知觉或功能相似性将物体归为同一类别（Lawson et al.，2017）。例如，红色的花、红色的车、红旗、红气球都可以归为红色物品，卡车、飞机、自行车、轮船都可以归为交通工具。

2. 主题分类

与分类学分类不同，主题关系中的成员并不需要具有知觉或功能上的相似性。主题分类的成员同时出现在特定事件和共同情境、地点或时间中，相互之间具有互补性（Lin et al.，2001）。例如，一个典型的"邮寄"主题类别包括信封、邮箱、邮票、邮局和包裹。

3. 脚本分类

脚本分类是指将对于常规事件（如早餐）具有同样作用的项目归为同一类别。脚本类别中的项目不需要具有时空上的同时性。例如，对于一个包含油条的早餐脚本，也可以用烧饼替代油条。

4. ad hoc 类别分类

ad hoc 类别是指根据特定情境需要，为解决某个具体问题而即时形成的概念类别（王娟等，2009）。它是心理语境论的典型体现。心理语境论认为，目标和情境引导的知识能结合概念特征来灵活构建类别。语境、目标、记忆和文化共同构成了 ad hoc 类别的基础。例如，"小孩儿、贵重首饰、银行存折、宠物和重要文件等"构成了"失火房屋中要抢救带走的东西"的目标。

（二）概念灵活性的研究范式

概念灵活性的研究范式主要有样例匹配范式、词汇联想范式、启动范式、视觉情景范式和图-词干扰范式等（吴亚楠等，2019）。虽然样例匹配任务（match-to-sample task）早期常被用于分类灵活性研究，但它的每一个试次都是一个新问题，可能无法为关系灵活性提供证据。例如，儿童在样例匹配任务中可能会先把狗和骨头按主题归为一类，下一次又把树和仙人掌按照分类学归为一类，儿童难以持续保持刚刚形成的主题关系。语义分类灵活性任务较好地解决了这个问题（Maintenant et al.，2011）。该任务能很好地考察语义分类灵活性的两种成分：保持和转换。保持是指在存在干扰和冲突反应选项条件下仍能基于规则保持某种类别关系的能力。转换是指基于情境需求转换到另一种类别关系的能力。

语义分类灵活性测验是一种图片-匹配任务。该测验包含 280 张主题相关（农场、医院、马戏团、海边）或分类学相关（食物、动物、交通工具、衣物）的图片。该测验构建了 70 组 4 图组合（例如，狗、大象、钢琴、骨头），每组可分为两种情境：无冲突容易情境（例如，狗、大象、钢琴作为分类学样例；狗、骨头、钢琴作为主题样例）和冲突误导情境（例如，狗、大象、骨头）。每个试次包含目标、主题相关和分类学相关的 3 张图片，任务是移除其中 1 张图片，使剩下的 2 张图片符合某种分类规则，提供听觉和视觉正误反馈。每个阶段连续 5 次正确（最多 20 次尝试）就进入下一个阶段。测验包含 3 个阶段：阶段 1 是无干扰的知识联结阶段（如主题分类：羊、拖拉机、衣橱），阶段 2 是有干扰的保持阶段（如主题分类：马、马鞍、鸟），阶段 3 是有干扰的转换阶段（如分类学分类：帐篷、冰屋、印第安人）。对于是"主题→分类学"转换还是"分类学→主题"转换进行被试间平衡设计。个体在每个阶段达到连续 5 次正确的试次数即为因变量指标。

三、语义分类灵活性的发展特点

语义关系的概念化过程体现了语义分类灵活性的发展（Maintenant et al.，2016）。反应灵活性和概念灵活性具有不同的发展特点。反应灵活性基于尚未分化的表征，发展较早。概念灵活性基于概念组织的表征转换，其发展的前提是儿童在头脑中明确形成了概念组织的所有形式（如主题、分类学等）。因此，概念灵活性的发展落后于反应灵活性，这种差距在儿童期不断减小直至成人期消失（Blaye et al.，2006）。从幼儿到老年，概念灵活性经历了由主题分类倾向逐渐转向分类学分类倾向，而后又重新回到主题分类倾向的发展历程（廖宗卿等，2015）。但是中西方个体分类倾向转变的时间节点存在差异。例如，西方儿童在 6 岁左右形成主题关系，直到 8 岁左右才形成分类学关系（Blaye et al.，2007），并且在 13 岁和 20 岁仍然更倾向于分类学分类（Ralli et al.，2018）。而中国儿童在小学 3、4 年级就开始由分类学分类倾向向主题分类倾向转变，此后主题分类倾向随年级的增加而持续增强直至大学，且主题分类倾向越来越稳定（张佳昱等，2008；廖宗卿等，2015）。这可能与中国的集体主义文化有关。集体主义文化更加强调事物之间的关联性，作为组织知识概念的文化特点促使个体由分类学分类倾向向主题分类倾向的第二次转变较早发生。

老年人的分类灵活性随年龄增长而下降，并且更倾向于主题分类。在需要抑制主题分类以便保持或转向分类学分类时，老年人比年轻人遇到了更大的困难（Maintenant et al.，2011）。后续研究进一步发现，概念能预测老年人对分类学关系的保持，而执行控制能预测老年人从主题到分类学关系的转换（Maintenant et al.，2013）。对于老年人语义分类灵活性的下降，主要有三方面的解释：第一，执行控制。老年人抑制先前正确的规则以及激活新规则的能力较差。根据衰退假说，定势转换能力而非其他能力（如规则产生和行为监控能力）的衰退导致了老年人分类灵活性的下降（Denney et al.，1972；Ridderinkhof et al.，2002）。第二，概念化。任务中的语义关系（分类学或主题）必须被清晰地概念化才能被灵活运用。相对于年轻人，老年人更难形成分类学关系的概念表征。第三，主题和分类学关系之间的差异。主题关系相对容易保持而难于放弃，分类学关系相对难于保持，为了控制行为的灵活性，分类学关系比主题关系需要更多的执行控制资源。

四、语义分类灵活性的影响因素

（一）内部因素

1. 概念知识

为了发展语义分类灵活性，个体必须充分获得关于主题或分类学表征的概念知识。儿童的概念知识在3—4岁显著增多（Blaye et al.，2009），并且先行发展的概念知识对执行控制的认知灵活性成分也有促进作用，二者共同促进了语义分类灵活性的发展。

词汇是概念的表现形式。有研究考察了词汇与学前儿童分类偏向的关系（Ware，2017）。结果显示，动词准确性与3岁和5岁儿童在形状/功能分类任务中的功能选择呈显著正相关；名词准确性与4岁儿童在形状/功能分类任务中的形状选择呈显著正相关，且与3、4、5岁儿童在分类学/主题分类任务中的主题选择呈显著正相关。这反映了诸如类别知识的更广泛发展因素的影响。

2. 情绪

情绪与分类灵活性密切相关（Murray et al.，1990）。积极情绪能促进个体的分类灵活性（Urada et al.，2000）。这是因为积极情绪有利于创造更复杂的认知情境并拓宽分类范围，使人们能够更好地知觉到不同项目之间的关系。与积极情绪不同，消极情绪对分类灵活性并非简单的促进或阻碍作用。例如，尽管悲伤个体在学习单维或两维类别任务时的速度快于平静个体，但悲伤个体在三维类别任务中却没有优势（Zivot et al.，2013）。这可能是由于悲伤个体的注意焦点变窄。

（二）外部因素

分类灵活性会受到诸如指导语、训练、情境、任务类型、线索等外部因素的影响。教育与文化则是更为广泛持久的影响因素。正式教育有助于主题思维向分类学思维的转变（Mirman et al.，2017）。对于知识主要来自教室中正规教育的个体而言，其对视觉特征和分类学的关系更加敏感；而对于知识主要来自直接经验的自然经济农民和儿童而言，长时间探索自然使其对生态关系更加敏感。

此外，社会经济地位也会影响分类灵活性。社会经济地位差异可能会导致低收入家庭父母的受教育程度更低、有更大的财务压力、精神需求得不到满足、父母自己的概念知识匮乏，以及对儿童早期概念发展重要性的认识不足。此外，低收入家庭儿童得到来自学校环境提供的支持也更少。这些都不利于儿童分类灵活性的发展。例如，中等收入家庭 6 岁儿童的跨类别分类能力强于低收入家庭者（Aslan，2013）。

第三章　认知灵活性与句子理解

"小李说做手术的是他父亲。"你看到这句话的第一反应是什么？是因为小李父亲生病而替他担心，还是从中了解到小李的父亲是一名实施手术的医生？

同样的表述可以从不同角度去理解，这是句子歧义现象。尽管歧义句有时会引起误解，但是它也能帮助人们巧妙地应对两难时刻。例如，面对女友的灵魂拷问："如果我和我妈同时落水，你先救谁？"男青年机智回答："当然先救未来的妈妈了！""未来的妈妈"既可指女友，也可指女友的妈妈。这一语双关的回答不禁令人会心一笑。反过来，同样的意思也可以用不同的句子形式来表达，这是句式与语义不一致现象。本章通过两个实证研究考察了认知灵活性与句子理解的关系。首先探究大学生认知灵活性与句子理解的关系，其次考察小学生认知灵活性与句子理解的关系，以及认知灵活性干预对小学生句子理解的影响。

第一节　大学生认知灵活性在句子理解中的作用研究

一、引言

现实生活中，人们的语言表达方式灵活多样，肯定、否定和反问是三种常用句式（张云秋，2002）。同样的意思可以正着说、反着说，还可以问着说。这是句式与语义不一致现象。例如，用双重否定句和否定反问句（如"天气预报不是说今天是晴天吗"）表达肯定意义（刘娅琼等，2011）；用肯定反问句表达否定意义（如"难道我们可以随地乱丢香蕉皮吗"）。到目前为止，有关句式与语义不一致句子理解的研究较为有限，研究焦点集中于语法和语义二者谁对句子理解的作用更大，且已有研究大多发现语义的作用更大（赵雪汝等，2014；Clark et al.，1975）。与上述观点不同，有研究更为关注同时加工语法和语义的能力（Cartwright et al.，2017a）。这种同时加工多种表征的能力是认知灵活性的体现。根据阅读的驾驶模型，正如司机要整合高效驾驶的多种关键因素，读者也要统筹协调语音、语义、语法、阅读策略等多种表征，认知灵活性在其中发挥着重要作用（Cartwright et al.，2019a）。以往研究很少关注认知灵活性与句子理解的关系，本节将探讨认知灵活性在句子理解中的作用，以期丰富句子理解理论，为教育教学提供借鉴。

句子理解包含肯定理解和否定理解。已有研究主要致力于探讨否定理解的认知加工机制，虽然研究者对此仍存在分歧，但是大多数研究者赞同抑制、更新和转换能力对否定理解具有重要作用的观点，认为否定理解是激活与抑制相互转换的过程。例如，两阶段模拟加工理论强调注意焦点由模拟事件的被否定状态向实际状态转换，第一阶段先激活被否定意义，第二阶段再抑制被否定意义并转换为实际意义（Kaup et al.，2006）。抑制-反刍-再抑制理论则明确提出，否定表征本质上是一种灵活的抑制激活器，抑制首先将被否定信息排除在工作记忆之外，反刍又将被否定信息纳入工作记忆，再抑制则再次将被否定信息排除在工作记忆之外（高志华等，2017）。

在句子理解过程中，个体将注意聚焦于相关信息并不断实时更新理解，抑制当下不合时宜的竞争含义并转换到其他可能的解析上。这种在不同任务间快速转换时进行心理重组的能力被称为认知灵活性（Braem et al.，2018）。高水平认知灵活性有助于个体在心理状态、心理操作或概念表征之间准确、快速转换，整合多种信息以促进高效阅读（Johann et al.，2019）。认知灵活性包含一般领域认知灵活性和特殊领域认知灵活性。一般领域认知灵活性指各认知领域都普遍存在的灵活性。特殊领域认知灵活性指在某些特殊认知领域（阅读、数学、绘画、音乐等）表现出来的灵活性。阅读领域认知灵活性指在阅读中的灵活性（如语音-语义灵活性、语法-语义灵活性）。语音-语义灵活性是同时加工书面文字语音和语义表征的能力（Cartwright，2002）。例如，在一个典型的语音-语义灵活性任务中，儿童要同时根据语音（第一个音是否相同）和语义

（是否能吃）把 4 张词卡（如"peach、pen、cake、couch"）摆放在一张 2×2 的矩阵纸中（Cartwright，2007）。语法-语义灵活性是同时加工书面文字语法和语义表征的能力（Cartwright et al.，2017a）。例如，在一个典型的语法-语义灵活性任务中，个体要同时根据画线单词的语法（句中位置是否相同）和语义（家具还是动物）把 4 张句卡（如"The <u>chair</u> broke、Set the <u>table</u>、The <u>tiger</u> roared、Ride the <u>horse</u>"）摆放在 2×2 的矩阵纸中。

大量研究表明，一般领域认知灵活性（闫嵘等，2006；Cantin et al.，2016；Nouwens et al.，2016；Kercood et al.，2017）、语音-语义灵活性（齐冰，2013；张茂林，2016；Cartwright，2007；Gnaedinger et al.，2016；Cartwright et al.，2019b）和语法-语义灵活性（Cartwright et al.，2017a）都对语篇理解具有重要作用，并且语音-语义灵活性比一般领域认知灵活性对语篇理解的影响更大（Cartwright et al.，2010）。与语篇理解相比，句子理解与认知灵活性关系的研究还相当有限。仅有的一项研究表明，语音-语义灵活性比一般领域认知灵活性对句子理解准确性的影响更大（Knudsen et al.，2018），而有关语法-语义灵活性与句子理解关系的研究尚未见到。这正是本节关注的问题。基于上述研究可以推断，语法-语义灵活性比一般领域认知灵活性对句子理解的作用更大。

简单句理解常采用句子核证、探测-再认、词汇判断等范式（李莹，2016）。复杂句（包含从句或否定）理解常采用句子合理性判断范式（Sherman，1976；Malyutina et al.，2017）。该范式包含语法合理性判断任务和语义合理性判断任务。例如，一项研究旨在考察一般领域认知灵活性与句子理解准确性的关系，句式包含一般肯定句（如"因为顶灯是关着的，所以房间是暗的"）、一般否定句（如"因为顶灯没开，所以房间是暗的"）、双重否定句（如"因为顶灯没关，所以房间不暗"），要求被试判断句子语义是否合理，结果显示，一般领域认知灵活性能显著预测句子理解准确性（Goral et al.，2011）。该研究中的句子描述内容较为明确具体，如顶灯的开关状态与房间明暗之间存在因果关系，适于采用语义合理性判断任务。本节试图探讨认知灵活性在不同句式句子理解中的作用，涉及多重否定句、反问句等复杂句式，不适于采用句子核证、探测-再认、词汇判断等范式；并且句子内容较为抽象（如"难道我们可以打扰同学们学习吗"），也不适于采用语义合理性判断任务。此外，在因变量选择方面，有研究只考察了正确率（郭晶晶等，2011；Goral et al.，2011；Knudsen et al.，2018）或反应时（Kaup et al.，2006）；也有研究同时考察了正确率和反应时（Darley et al.，2020）。研究表明，对正确率（Malyutina et al.，2017）和反应时（Sherman，1976）做对数转换能有效减小极端值等因素的影响。因此，本节研究采用语义肯定性任务来考察认知灵活性对句子理解的作用，并对正确率和反应时做对数转换。

综上，一般领域认知灵活性和语法-语义灵活性与语篇理解关系密切，但有关二者与句子理解关系的许多问题还有待探讨。本节关注以下问题：第一，是一般领域认知灵活性还是语法-语义灵活性对句子理解的作用更大？第二，认知灵活性对不同句式句子理解的作用有何不同？此外，汉语包含语素、词、短语、小句（单句）、复句、句群、句子语气 7 种语法实体（邢福义，1995）。短语是结构比词复杂但比句子简单的独立语法实体。表达肯定意义的双重否定短语在语法和语义上相互对立，其较大的注意焦点转换需求有利于考察个体同时加工语法和语义表征的能力。因此，本节研究以双重否定短语作为语法-语义灵活性任务的材料。

二、方法

（一）被试

58 名来自河北省某综合性大学的本科生参与了本次研究（31 名男生，27 名女生，平均年龄为 21.36 岁，标准差为 0.61）。所有被试身体健康，视力或矫正视力正常，之前未参加过类似实验。实验后，被试可获得一个小礼物。

（二）实验材料

1. 威斯康星卡片分类测验

采用威斯康星卡片分类测验考察一般领域认知灵活性（刘哲宁，1999）。采用总应答数（response administered，Ra）作为一般领域认知灵活性的指标（何淑华等，2008）。Ra 反映了个体的认知转换能力，Ra 越大，代表个体的一般领域认知灵活性水平越低。

2. 语法−语义灵活性任务

为了考察语法−语义灵活性，参照前人范式（Cartwright et al.，2017a）编制语法−语义灵活性任务。任务材料是双重否定短语和肯定短语（图3-1）。短语均为简单、熟悉的汉字，4名汉语言文学和心理学教授参与了短语材料合理性的小组讨论。37名不参加正式实验的大学生在5点量表上（1=非常不熟悉或非常不合理，5=非常熟悉或非常合理）评定短语熟悉性（M=4.64，SD=0.48）和合理性（M=4.55，SD=0.49）。事先准备好一张2×2的矩阵纸、秒表、计分表。主试一边指着矩阵一边示范："这有一些卡片，请你同时根据语义和表达方式来分类。看，这些都是一个意思，这些都是一种表达方式。"确认被试明白后让被试进行4组练习，练习后进入正式测验。正式测验包含4组卡片（每组包含4个短语），呈现顺序随机。为每组卡片分类计时，如果被试分类正确，要求其口头说明分类理由；如果被试分类错误，主试纠正不正确分类并要求被试口头说明正确分类的理由。分类准确性分数的计分方法如下：对于每组卡片，分类和理由都正确计3分，分类错误但对主试的正确分类给出正确理由计2分，分类正确但理由错误计1分，分类和理由都错误计0分。最终将分类准确性总分除以每组平均分类时间，再乘以100，得到语法−语义灵活性分数。

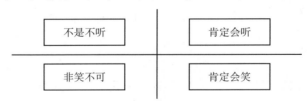

图3-1　语法−语义灵活性任务样例

3. 语义肯定性任务

为了考察句子理解，参照语义合理性任务（Goral et al.，2011）编制语义肯定性任务。句子均由14个简单、熟悉的汉字组成，不含把字句和被字句，句子熟悉性（M=4.40，SD=0.53）和合理性（M=4.26，SD=0.64）的评定过程与语法−语义灵活性任务一样。句式包含一般肯定句（如"我们都很同意中队委员会的决定"）、一般否定句（如"我们不应该惹自己的亲人们生气"）、肯定反问句（如"难道我们可以随地乱丢香蕉皮吗"）、否定反问句（如"你怎能不想办法克服这个困难呢"）、双重否定句（如"他昨天晚上说的话未必没有道理")和三重否定句（如"我不得不说她不是一个认真的人"）。每种句式各 10 个句子，共 60 个句子。电脑屏幕上呈现注视点"+"，500ms 后注视点消失，并随机呈现一个句子，要求被试又准又快地做出判断并进行按键反应（对于一半被试，肯定意义按"J"键，否定意义按"F"键；对于另一半被试，肯定意义按"F"键，否定意义按"J"键）。练习中提供"正确"或"错误"反馈，正式实验中不予反馈。

（三）实验程序

在安静实验室中对每个被试单独施测威斯康星卡片分类测验、语法-语义灵活性任务和语义肯定性任务，任务顺序在被试间平衡。每个任务都需充分练习，以保证被试理解任务要求。整个实验大约需要 20 分钟。

三、结果

首先，删除每种句式下正确率在 2 个标准差以外的 11 名被试的数据，剩余 47 名被试的平均正确率为 93.96%（范围为 83%—100%，标准差为 4.28）。其次，删除每位被试反应时在 2 个标准差以外的数据（赵雪汝等，2014），删除率为 4.60%。最后，对正确率和反应时数据做对数转换（Malyutina et al., 2017）。

（一）描述性统计

如表 3-1 所示，语义肯定性任务的更快反应并未导致正确率下降，由此排除了速度-准确性权衡的影响（Wassenburg et al., 2017）。分别对正确率和反应时进行 6（句式：一般肯定句，一般否定句，肯定反问句，否定反问句，双重否定句，三重否定句）×2（性别：男，女）两因素重复测量方差分析，句式为组内变量，性别为组间变量。正确率的结果显示，句式的主效应显著，F（5，225）=13.88，$p<0.001$，$\eta_p^2=0.24$，一般肯定句的正确率最高，一般否定句和三重否定句的正确率最低。反应时结果显示，句式的主效应显著，F（5，225）=36.09，$p<0.001$，$\eta_p^2=0.45$，一般肯定句的反应时最短，三重否定句的反应时最长，肯定反问句的反应时显著短于否定反问句的反应时。性别的主效应显著，F（1，45）=18.22，$p<0.001$，$\eta_p^2=0.29$，男生的反应时显著短于女生的

反应时。其余主效应和交互作用均不显著。独立样本 t 检验结果显示，男生（M=99.00，SD=22.03）的威斯康星卡片分类测验的总应答数显著多于女生（M=86.00，SD=19.01），t（45）=2.15，$p<0.05$；男生（M=24.44，SD=4.79）的语法-语义灵活性任务得分与女生（M=25.82，SD=5.67）差异不显著，t（45）= -0.90，p=0.37。

表3-1 对数转换后的男女生语义肯定性任务得分描述性统计（$M\pm SD$）

项目	性别	一般肯定句	一般否定句	肯定反问句	否定反问句	双重否定句	三重否定句
正确率	男（n=25）	2.00±0.01	1.92±0.09	1.99±0.02	1.99±0.02	1.98±0.03	1.94±0.08
	女（n=22）	2.00±0.01	1.93±0.10	1.98±0.05	1.98±0.03	1.99±0.02	1.94±0.08
反应时	男（n=25）	0.47±0.12	0.59±0.15	0.51±0.11	0.57±0.10	0.52±0.14	0.65±0.11
	女（n=22）	0.31±0.14	0.44±0.14	0.38±0.13	0.44±0.11	0.43±0.13	0.52±0.14

（二）相关分析

在控制性别的作用后，对认知灵活性与不同句式句子理解的正确率和反应时做偏相关分析（表3-2）。结果显示，一般领域认知灵活性和语法-语义灵活性与不同句式句子理解正确率的相关均不显著，后续不再做回归分析；一般领域认知灵活性只与一般肯定句理解反应时呈显著相关，语法-语义灵活性与不同句式句子理解反应时的相关均显著。

表3-2 一般领域认知灵活性和语法–语义灵活性与不同句式句子理解之间的偏相关

项目	1	2	3	4	5	6	7	8
1. 一般领域认知灵活性（Ra）	1	0.024	0.039	0.059	0.028	0.083	−0.080	−0.048
2. 语法-语义灵活性	0.024	1	0.114	−0.013	−0.152	−0.131	−0.048	0.069
3. 一般肯定句	0.327*	−0.474***	1	0.162	0.005	−0.124	0.297*	−0.039
4. 一般否定句	0.266	−0.441**	0.741***	1	−0.080	0.002	−0.189	0.027
5. 肯定反问句	0.147	−0.448**	0.651***	0.712***	1	0.301*	0.061	0.243
6. 否定反问句	0.135	−0.346*	0.680***	0.595***	0.692***	1	0.056	0.090
7. 双重否定句	0.107	−0.452**	0.643***	0.615***	0.565***	0.579***	1	0.151
8. 三重否定句	0.221	−0.385**	0.656***	0.664***	0.707***	0.729***	0.611***	1

注：左下方为反应时结果，右上方为正确率结果

（三）回归分析

为考察一般领域认知灵活性和语法-语义灵活性对句子理解速度的不同作用，分别以不同句式句子理解反应时为因变量，运用分层回归分析将自变量分步骤进入方程（表 3-3）。

表 3-3　以不同句式句子理解反应时为因变量的分层回归分析

项目		第一步：性别 [a]	第二步：一般领域认知灵活性（Ra）	第三步：语法-语义灵活性
一般肯定句	B	0.162	0.002	−0.012
	$SE(B)$	0.338	0.001	0.003
	β	0.536	0.290	−0.411
	ΔR^2	0.287***	0.076*	0.166***
一般否定句	B	0.147	0.002	−0.012
	$SE(B)$	0.042	0.001	0.004
	β	0.462	0.248	−0.401
	ΔR^2	0.214***	0.056	0.158***
双重否定句	B	0.098	0.001	−0.012
	$SE(B)$	0.039	0.001	0.003
	β	0.352	0.105	−0.429
	ΔR^2	0.124*	0.010	0.181**
三重否定句	B	0.134	0.001	−0.009
	$SE(B)$	0.360	0.001	0.003
	β	0.484	0.203	−0.345
	ΔR^2	0.234***	0.017	0.117**
否定反问句	B	0.130	0.001	−0.007
	$SE(B)$	0.031	0.001	0.003
	β	0.524	0.120	−0.301
	ΔR^2	0.275***	0.013	0.089*
肯定反问句	B	0.125	0.001	−0.010
	$SE(B)$	0.034	0.001	0.003
	β	0.478	0.136	−0.400
	ΔR^2	0.228***	0.017	0.157**

注：a 性别为虚拟变量，0=男，1=女

第一步，让性别进入，结果显示，它能显著预测各类句子理解反应时；第二步，让一般领域认知灵活性进入，结果显示，它只能显著正向预测一般肯定句理解反应时（7.6%），$p<0.05$；第三步，让语法-语义灵活性进入，结果显示，它能显著负向预测各类句子理解反应时，$ps<0.05$。值得注意的是，语法-语义灵活性（16.6%）比一般领域认知灵活性（7.6%）对一般肯定句理解反应时的预测作用更大。语法-语义灵活性对肯定反问句（15.7%）比对否定反问句理解反应时（8.9%）的预测作用更大。

四、讨论

（一）认知灵活性对句子理解准确性的影响

正确率结果显示，认知灵活性与大学生句子理解准确性的关系不大。这与已有对儿童和老年人的研究结果并不一致。已有研究表明，一般领域认知灵活性能显著预测儿童（Knudsen et al.，2018）和老年人（Goral et al.，2011）的句子理解准确性。一般领域认知灵活性反映了个体在非文本表征间灵活转换的能力。一般领域认知灵活性有助于阅读者高效协调多种策略和加工过程，如激活先前知识、设定目标、做出预期、提出问题等。这些都有助于阅读者准确理解句子意义。由于一般领域认知灵活性（Reimers et al.，2005）和句子理解准确性（Waters et al.，2005；Joseph et al.，2013）在生命全程大致呈倒 U 形发展，儿童和老年人的水平较低，一般领域认知灵活性对句子理解准确性的促进作用在他们身上的表现更为明显。根据补偿假设理论，那些表现比其年龄预期更好的老年人（儿童）能够募集更多认知能力来弥补年龄带来的认知衰退（认知不足）（Cabeza et al.，2002）。大学生的一般领域认知灵活性和句子理解准确性水平都较高，因而一般领域认知灵活性对句子理解准确性的影响不大。语法-语义灵活性对大学生句子理解准确性的影响也不大，由于缺乏已有研究证据支持，其内在机制还需进一步探究。

（二）认知灵活性对句子理解速度的影响

与正确率结果不同，反应时结果显示，认知灵活性与大学生句子理解速度的关系密切。第一，一般领域认知灵活性和语法-语义灵活性哪个对句子理解速度的作用更大？结果显示，一般领域认知灵活性只能显著预测一般肯定句理解速度，而语法-语义灵活性能显著预测一般肯定句、一般否定句、肯定反问句、否定反问句、双重否定句和三重否定句理解速度。在控制了一般领域认知灵活性的作用后，语法-语义灵活性仍能解释一般肯定句理解速度16.6%的变异。这表明与一般领域认知灵活性相比，语法-语义灵活性是预测大学生句子理解速度更为有效的指标。换言之，阅读领域认知灵活性比一般领域认知灵活性对阅读理解的影响更大。这与前人研究结果一致。前人研究表明，语音-语义灵活性比一般领域认知灵活性对句子理解（Knudsen et al.，2018）和语篇理解（Cartwright et al.，2010）的影响更大。本节研究从语法-语义灵活性角度拓展了已有研究，进一步证明了阅读领域认知灵活性对阅读理解的重要作用。语法-语义灵活性反映了个体同时整合文本多维表征的能力（Cartwright et al.，2017a）。句子理解需要个体在语音、语义、语法、字词、句子与背景知识之间灵活转换（Knudsen et al.，2018）。高水平语法-语义灵活性有助于个体更快地激活多种表征，更迅速地做出评估并选择最优解释，从而快速通达句子意义；而低水平语法-语义灵活性个体需要更多时间来完成上述加工，句子意义通达速度较慢。

第二，认知灵活性对不同句式句子理解速度的作用有何差异？就一般领域认知灵活性而言，其作用只体现在一般肯定句理解速度上。一般肯定句是6种句式中最简单的句式（平均正确率接近100%且速度最快）。高水平一般领域认知灵活性通过促进一般肯定句阅读过程中的目标驱动行为（如回视、跳读、寻找特定信息等）进一步加快了理解速度（Kieffer et al.，2013）。其他句式相对复杂：要么包含否定词，要么包含反问语气，甚或兼而有之。高水平一般领域认知灵活性也不足以加快这类句式句子理解速度。

就语法-语义灵活性而言，其对肯定反问句比否定反问句理解速度的影响更大。本节研究中肯定反问句的反应快于否定反问句，这与先前研究结果一致（赵雪汝等，2014）。反问与否定具有相通性，二者都是对信息的非肯定（闫冰，2020）。反问语气本身蕴涵了"肯定—否定"的转换机制，传递出强势的否定语气（齐沪扬等，2006）。肯定反问句中没有否定词，仅通过反问语气实现否定意义，个体只需完成从肯定意义到否定意义的一次转换即可。例如，对于"难道我们可以随地乱丢香蕉皮吗"这样的句子，个体根据反问语气词"难道"将"可以乱丢"转换为"不可以乱丢"的否定意义判断。否定反问句比肯定反问句多了一层否定，要经过从肯定到否定再到肯定的两次转换，最终负负得正获得肯定意义，因而肯定反问句的加工速度比否定反问句快。尽管如此，肯定反问句没有否定词，而是通过反话正说的方式委婉地表达了否定意义，其间接性、主观性更强（张谊生，2015）。否定反问句中强烈的反问语气弱化了否定词的否定意义，从而使总体的肯定意义更为直接。甚至有学者认为，否定反问属于汉语惯用结构，可以直接得出肯定意义而不需要通过语用推理（张焕香，2013）。因此，高水平语法-语义灵活性对表达相对间接的肯定反问句理解速度的影响更大，其内在加工机制有待进一步探究。

（三）教育启示

本节研究结果对于句子理解教学和日常语言交流具有重要启示。从不同句式句子理解的结果可知，个体对一般肯定句的理解又准又快，对三重否定句的理解又差又慢，并且男生的句子理解速度慢于女生。在实践中，一方面，句子理解教学要特别注重提升复杂句理解能力，还要提升男生的句子理解速度；另一方面，日常交流中要注意选择恰当句式以促进理解。从认知灵活性与句子理解关系的结果可知，个体的认知越灵活，其句子理解速度就越快。这提示我们可以通过训练认知灵活性来提升个体的句子理解能力。已有研究表明，认知灵活性具有可塑性。例如，基于任务转换范式的电脑认知训练游戏提升了年轻人的一般领域认知灵活性（Olfers et al.，2018）。不过与单纯的一般领域认知灵活性训练相比，阅读领域认知灵活性训练能更有效地促进阅读发展（Spencer et al.，2019）。例如，语音-语义灵活性训练有效提升了儿童的阅读理解水平（Cartwright，2002）。到目前为止，语法-语义灵活性干预研究尚未见到。语法-语义灵活性任务简短且易操作，既可作为测查任务，也可作为训练材料。语法-语义灵活性训练为句子理解教学和干预提供了新的方向。

（四）研究不足与未来方向

本节研究存在一些不足。首先，灵活管理多种心理表征的能力存在很大的个体差异，并在一生中持续发展。本节研究只选取了大学生，未来研究可以从发展角度选取不同年龄段（特别是儿童）个体，以探究认知灵活性与句子理解的动态关系。儿童最早掌握的语法和语义是肯定形式的，否定理解是在日益复杂的语言习得过程中才逐渐发展起来的（徐火辉，1990）。认知灵活性在儿童句子理解发展过程中的作用如何？这是非常值得探讨的问题。其次，尽管本节研究首次考察了语法-语义灵活性在句子理解中的作用，但只选取了双重否定短语作为语法-语义灵活性任务材料。未来研究可选取不同类型的短语，也可以尝试在句子水平上考察语法-语义灵活性，以期更全面地了解语法-语义灵活性在句子理解中的作用。

五、结论

本节研究主要得出以下结论：①一般领域认知灵活性只能显著预测一般肯定句理解速度，语法-语义灵活性能显著预测一般肯定句、一般否定句、肯定反问句、否定反问句、双重否定句和三重否定句理解速度；②语法-语义灵活性比一般领域认知灵活性对一般肯定句理解速度的预测作用更大；③语法-语义灵活性对肯定反问句比对否定反问句理解速度的预测作用更大。这表明语法-语义灵活性比一般领域认知灵活性对句子理解速度的影响更大，并且一般领域认知灵活性和语法-语义灵活性对不同句式句子理解速度存在不同的影响。

第二节 4—6年级小学儿童认知灵活性在句子理解中的作用及干预研究

一、引言

句子理解是人类语言加工系统为了理解句子意义，利用词汇语义及句法信息、话语语境等完成的一种高水平认知操作（蔡林等，2014）。词汇常常具有多种意义，句法也有不同形式，语境更是灵活多变。例如，对于"门口一边站着一个学生"这句话，我们既可理解为"门口（两边中的）一边站着一个学生"，也可理解为"门口（两边的）每一边都站着一个学生"。再如，对"妈妈看见你们很开心"这句话就有两种理解：一种是（由于看到你们）妈妈开心；另一种是（妈妈看见）你们开心。

认知灵活性是从多角度看待事物，使行为适应不断变化的需求的能力（Jacques et al.，2005）。认知灵活性是否能促进句子理解？对于一般领域认知灵活性而言，老年人（Goral et al.，2011）和小学生（Knudsen et al.，2018）的一般领域认知灵活性与句子理解关系密切。对于阅读领域认知灵活性而言，即使控制了言语能力、词汇辨别和句法意识等因素，高水平阅读者的语法-语义灵活性仍显著高于低水平阅读者（Cartwright et al.，2017a）。但是该研究对象为成人，且基于语篇理解成绩划分阅读水平，并未涉及句子理解。小学生语法-语义灵活性与句子理解的关系还有待探讨。前额叶尚未发育成熟导致儿童期的执行功能，特别是认知灵活性仍不断发展（Novick et al.，2005）。值得注意的是，上述结果均出自拼音文字研究，很少有研究考察认知灵活性在汉语句子理解中的作用。综上，本节试图考察 4—6 年级小学儿童认知灵活性对汉语句子理解的作用，并探究认知灵活性干预对提升句子理解的有效性。

二、研究一：4—6 年级小学儿童认知灵活性在句子理解中的作用

（一）研究目的

研究拟考察 4—6 年级小学儿童认知灵活性对汉语句子理解的作用，主要关注两个问题：第一，4—6 年级小学儿童认知灵活性与句子理解的关系如何？已有研究发现，一般领域认知灵活性与小学生句子理解密切相关（Knudsen et al.，2018），并且语法-语义灵活性与成人语篇理解密切相关（Cartwright et al.，2017a）。因此，本节研究假设 4—6 年级小学儿童一般领域认知灵活性和语法-语义灵活性与汉语句子理解均密切相关。第二，一般领域认知灵活性和语法-语义灵活性谁对 4—6 年级小学儿童句子理解的贡献更大？已有研究发现，语音-语义灵活性比一般领域认知灵活性对句子理解的贡献更大（Knudsen et al.，2018），语音-语义灵活性和语法-语义灵活性都属于阅读领域认知灵活性，因而有理由假设语法-语义灵活性比一般领域认知灵活性对汉语句子理解的贡献更大。

句法意识指个体反思句子内在语法结构的能力（龚少英等，2005）。大量

研究表明，句法意识是影响儿童阅读理解的重要因素（陈宝国等，2008；Tong et al.，2017；Brimo et al.，2017；Deacon et al.，2018）。有关拼音文字的研究发现，句法意识与语法-语义灵活性呈显著相关，并且在控制了句法意识后，语法-语义灵活性对阅读理解仍有独立贡献（Cartwright et al.，2017a）。因此，本节研究将句法意识作为控制变量。此外，短语本身是一种独立的语法实体，其结构比词复杂，但比句子简单。因此，本节研究将短语作为语法-语义灵活性任务材料。

（二）方法

1. 被试

来自河北省保定市某小学 4—6 年级各 1 个班共 158 名小学生参与了本次研究（4 年级 57 人，其中男生 30 人；5 年级 57 人，其中男生 29 人；6 年级 44 人，其中男生 21 人）。所有被试均为右利手，视力或矫正视力正常，母语均为汉语且未参加过此类实验。根据语文教师反馈可知，被试中无语言障碍或阅读困难者。实验后，被试可获得一个小礼物。

2. 测验工具

（1）句法意识

参照前人研究设计句子判断任务和句子纠正任务来测量句法意识（陈宝国等，2008）。基于教师访谈结果确定 4 种小学生常见句法错误：缺少成分、成分多余、搭配错误、词序错误。每种各有 4 个测试句，再加上 4 个句法正确句，总共 20 个测试句。本测验为纸质版，对句子判断任务和句子纠正任务分别计分。句子判断任务要求被试判断句子的句法是否正确，判断正确计 1 分，判断错误计 0 分，满分为 20 分。句子纠正任务为改正句子判断任务中有句法错误的句子，修改正确计 1 分，修改错误计 0 分，满分为 16 分。得分越高，表明被试的句法意识越强。

（2）一般领域认知灵活性

采用威斯康星卡片分类测验测量一般领域认知灵活性（刘哲宁，1999）。将完成分类数作为一般领域认知灵活性指标（郑文静等，2014）。完成分类数得分越高，表明被试的一般领域认知灵活性水平越高。

（3）语法-语义灵活性

为了考察语法-语义灵活性，参照 Cartwright 等（2017a）的范式编制汉语语法-语义灵活性任务。采用由简单、熟悉汉字组成的短语作为实验任务材料。测试前准备好一张 2×2 的矩阵纸（图 3-2）、秒表和计分表。主试一边指着 2×2 的矩阵纸一边示范："这儿有一些卡片，请你同时根据短语的语义和类型进行分类。看，这些短语都是一个意思，这些短语都是一种类型。"确认被试理解指导语后，先让被试进行 4 组练习，练习后进行正式测验。正式测验包含 6 组卡片，每组包含 4 个短语（如"怎能不想、肯定要想、难道不跑、一定会跑"），呈现顺序随机。以秒为单位为每组卡片分类计时，如果被试分类正确，要求其口头说明分类理由；如果分类错误，主试纠正不正确分类并要求被试口头解释正确分类的理由。对于每组卡片，分类和理由都正确计 3分，分类错误但对研究者的正确分类给出正确理由计 2 分，分类正确但理由错误计 1 分，分类和理由都错误计 0 分。最终的语法-语义灵活性分数是基于准确性和分类速度的综合指标，即准确性总分除以每组平均分类时间，再乘以 100。

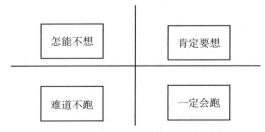

图 3-2　汉语语法-语义灵活性任务样例

（4）句子理解

采用句子-图片匹配范式考察句子理解（高志华等，2011）。自编由 13 个简单、熟悉汉字组成的测试句，其中不包含把字句和被字句。5 种句子类型为肯定句（如"三角形一定会在五角星的左边"）、否定句（如"圆形不能够放在五角星的左边"）、双重否定句（如"三角形不会不在正方形的左边"）、肯定反问句（如"难道三角形能在圆形的左边吗"）和否定反问句（如"难道三角形不在圆形的左边吗"），每类各 6 个句子，共 30 个句子。测试时，电脑屏幕上同时呈现句子和图片（句子在上，图片在下），句子与图片的语义关系分为句

图一致（匹配）和句图不一致（失配）两类。电脑屏幕上首先呈现注视点"+"，800ms 后注视点消失，并呈现一个句子，要求被试又准又快地做出判断并进行按键反应（对于一半被试，一致按"F"键，不一致按"J"键；对于另一半被试，一致按"J"键，不一致按"F"键）。练习中提供"正确"或"错误"反馈，正式实验中不予反馈。答对 1 题计 1 分，采用正确率作为句子理解的指标。该测验在当前研究中的 Cronbach's α 系数为 0.80。

3. 研究程序

所有被试在安静教室中参加测验。经过培训的心理学研究生担任主试。纸质版句子判断任务和句子纠正任务为集体施测。其余测验均为一对一单独施测，其中语法-语义灵活性任务为纸质版，威斯康星卡片分类测验和句子-图片匹配测验均为上机操作，施测顺序随机。

（三）结果

1. 小学生句法意识、认知灵活性和句子理解的描述性统计

对不同年级儿童句法意识、认知灵活性和句子理解测验成绩进行描述性统计，然后以年龄为自变量进行单因素方差分析（表 3-4）。结果显示，4 年级儿童的句法意识、一般领域认知灵活性和句子理解正确率得分均显著低于 5 年级和 6 年级（$ps<0.01$），而语法-语义灵活性得分在 4、5、6 年级持续增加（$p<0.01$）。

表 3-4　4—6 年级小学生各项任务得分描述性统计

项目	4 年级（$M\pm SD$）	5 年级（$M\pm SD$）	6 年级（$M\pm SD$）	F（2, 157）
句子判断	11.25±3.36	14.40±4.14	15.07±4.19	14.69***（4<5，6）
句子纠正	1.44±1.61	3.46±2.46	3.45±2.82	13.85***（4<5，6）
一般领域认知灵活性	4.26±1.52	5.07±1.53	5.48±1.07	9.86***（4<5，6）
语法-语义灵活性	19.70±9.73	30.83±15.81	42.26±19.10	28.13***（4<5<6）
句子理解	0.47±0.16	0.60±0.19	0.64±0.18	13.95***（4<5，6）

2. 小学生句法意识、认知灵活性和句子理解的相关分析

分别对不同年级儿童句子判断、句子纠正、一般领域认知灵活性、语法-语义灵活性与句子理解正确率得分进行相关分析（表 3-5）。结果显示，4 年级儿童的句子理解正确率与一般领域认知灵活性、语法-语义灵活性均呈显著相关；5年级儿童句子理解正确率与句子判断、一般领域认知灵活性、语法-语义灵活性均呈显著相关；6年级儿童的句子理解正确率与句子纠正、一般领域认知灵活性、语法-语义灵活性均呈显著相关。

表 3-5   不同年级儿童句法意识、一般领域认知灵活性、语法-语义灵活性与句子理解的相关

年级	任务	句子判断	句子纠正	一般领域认知灵活性	语法-语义灵活性
4 年级	句子判断	1			
	句子纠正	−0.034	1		
	一般领域认知灵活性	0.090	0.003	1	
	语法-语义灵活性	0.148	0.193	0.471***	1
	句子理解	0.167	−0.047	0.609***	0.587**
5 年级	句子判断	1			
	句子纠正	−0.112	1		
	一般领域认知灵活性	0.397**	0.081	1	
	语法-语义灵活性	0.411**	0.271*	0.561***	1
	句子理解	0.385**	−0.005	0.613***	0.396**
6 年级	句子判断	1			
	句子纠正	0.067	1		
	一般领域认知灵活性	0.405**	0.389**	1	
	语法-语义灵活性	0.301**	0.294	0.575***	1
	句子理解	0.112	0.302*	0.564***	0.393**

3. 一般领域认知灵活性对语法-语义灵活性以及二者对句子理解的回归分析

为了考察一般领域认知灵活性对语法-语义灵活性以及二者对句子理解准确性的作用，分别以语法-语义灵活性和句子理解为因变量，运用分层回归分析将自变量分步骤纳入方程。

以语法-语义灵活性为因变量的分层回归分析（表3-6）结果显示，一般领域认知灵活性对4、5、6年级儿童语法-语义灵活性的独立预测作用均显著，句法意识仅对5年级儿童的语法-语义灵活性具有独立的预测作用。

表 3-6　以语法–语义灵活性为因变量的分层回归分析

年级	步骤	预测变量	β	ΔR^2	步骤	预测变量	β	ΔR^2
4 年级	1	句子判断	0.16	0.06	1	一般领域认知灵活性	0.47***	0.22***
		句子纠正	0.20		2	句子判断	0.11	0.05
	2	一般领域认知灵活性	0.46***	0.21***		句子纠正	0.20	
5 年级	1	句子判断	0.45***	0.27***	1	一般领域认知灵活性	0.56***	0.32***
		句子纠正	0.32**		2	句子判断	0.27*	0.11**
	2	一般领域认知灵活性	0.43***	0.15***		句子纠正	0.27*	
6 年级	1	句子判断	0.28	0.17*	1	一般领域认知灵活性	0.58***	0.33***
		句子纠正	0.27		2	句子判断	0.09	0.01
	2	一般领域认知灵活性	0.50**	0.18**		句子纠正	0.09	

以句子理解为因变量的分层回归分析（表 3-7）结果显示，在控制了句法意识后，5、6 年级儿童具有共同特点，当第二步放入语法-语义灵活性后，其对句子理解有独立的预测作用，而在控制了语法-语义灵活性后，一般领域认知灵活性对句子理解的独立预测作用仍然显著；当第二步放入一般领域认知灵活性后，其对句子理解有独立的预测作用，而在控制了一般领域认知灵活性后，语法-语义灵活性对句子理解的预测作用就变得不显著了。与 5、6 年级儿童不同的是，4 年级儿童的一般领域认知灵活性和语法-语义灵活性不受进入方程顺序的影响，都对句子理解正确率有独立的预测作用。此外，句法意识对 4 年级儿童句子理解正确率的预测作用不显著，而句子判断对 5 年级儿童句子理解正确率有独立的预测作用，句子纠正对 6 年级儿童句子理解正确率有独立的预测作用。

表 3-7　以句子理解为因变量的分层回归分析

年级	步骤	预测变量	β	ΔR^2	步骤	预测变量	β	ΔR^2
4 年级	1	句子判断	0.166	0.030	1	句子判断	0.166	0.030
		句子纠正	−0.042			句子纠正	−0.042	
	2	一般领域认知灵活性	0.599	0.356***	2	语法-语义灵活性	0.608	0.347***
	3	语法-语义灵活性	0.408	0.121**	3	一般领域认知灵活性	0.411	0.130**
5 年级	1	句子判断	0.390**	0.150*	1	句子判断	0.390**	0.150*
		句子纠正	0.039			句子纠正	0.039	
	2	一般领域认知灵活性	0.551	0.250***	2	语法-语义灵活性	0.309	0.070*
	3	语法-语义灵活性	0.050	0.001	3	一般领域认知灵活性	0.529	0.182***

续表

年级	步骤	预测变量	β	ΔR^2	步骤	预测变量	β	ΔR^2
6 年级	1	句子判断	0.092	0.100	1	句子判断	0.092	0.100
		句子纠正	0.296*			句子纠正	0.296*	
	2	一般领域认知灵活性	0.585	0.240***	2	语法-语义灵活性	0.333	0.093*
	3	语法-语义灵活性	0.108	0.008	3	一般领域认知灵活性	0.531	0.156**

（四）讨论

1. 认知灵活性和句子理解准确性的发展特点

本节研究通过对 4—6 年级儿童的句法意识、一般领域认知灵活性、语法-语义灵活性和句子理解的测评，考察了认知灵活性对句子理解的作用。结果显示，4—6 年级儿童句法意识、一般领域认知灵活性、语法-语义灵活性和句子理解准确性存在明显的发展趋势，都随年级增长而不断提高。具体而言，小学生句法意识随年级增长而不断增强，5 年级开始迅速发展，这与前人研究结果一致（龚少英等，2008）。一般领域认知灵活性和句子理解准确性也在 5 年级进入快速提升期，而语法-语义灵活性在 4—6 年级持续提升，并且一般领域认知灵活性与 4 年级儿童的句法意识关系不大，这与已有对 3 年级儿童的研究结果一致（Hung et al.，2020）。

2. 一般领域认知灵活性对语法–语义灵活性的促进作用

关于一般领域认知灵活性对语法-语义灵活性的作用，回归分析结果显示，在控制了句法意识后，一般领域认知灵活性能显著预测语法-语义灵活性，这表明一般领域认知灵活性对阅读领域认知灵活性有重要贡献。这与 Cartwright 等（2010）的研究结果一致。不过，两项研究之间有很多不同，因此需要谨慎比较研究结果。第一，研究对象不同。该研究对象是 1、2 年级儿童，本节研究对象是 4—6 年级儿童。第二，一般领域认知灵活性测量方法不同。该研究采用颜色-形状灵活性任务，而本节研究采用的是威斯康星卡片分类测验。第三，阅读领域认知灵活性的视角不同。该研究关注的是语音-语义灵活性，而本节研究关注的是语法-语义灵活性。

3. 一般领域认知灵活性和语法–语义灵活性对句子理解准确性的促进作用

关于认知灵活性对句子理解的作用，回归分析结果显示，不同年级间存在差异。对于 4 年级儿童而言，在控制了句法意识和一般领域认知灵活性后，语法–语义灵活性对句子理解准确性仍有独立的预测作用。这与 Cartwright 等（2017a）的研究结果一致。但是，该研究考察的是语篇理解而不是句子理解，研究对象是成人而不是小学生，控制的是语音–语义灵活性而不是一般领域认知灵活性。本节研究结果还与 Knudsen 等（2018）的研究结果相一致，他们发现阅读领域认知灵活性比一般领域认知灵活性对阅读理解做出了更大贡献。同样是考察小学生句子理解，但是，Knudsen 等（2018）考察的是语音–语义灵活性而不是语法–语义灵活性对句子理解的作用。本节研究首次证明了语法–语义灵活性对汉语句子理解准确性的重要作用。在句子尤其是句法相对复杂的句子理解中，个体不仅要理解词语意义，还要分析词语之间的句法角色，理解句法规则，整合句中词与词之间的关系，监控阅读理解的整个过程，从而实现对句子意义的通达（陈宝国等，2008）。语法–语义灵活性对这些过程具有促进作用。

对于 5、6 年级儿童而言，在控制了句法意识、一般领域认知灵活性后，语法–语义灵活性对句子理解的预测作用变得不显著了。这与 Knudsen 等（2018）的研究结果并不一致。两项研究之间有很多不同。第一，研究对象不同。该研究对象为 8—10 岁小学生，本节研究中 5、6 年级儿童的年龄为 11—13 岁。第二，正字法不同。该研究考察的是丹麦语，本节研究考察的是汉语。第三，阅读领域认知灵活性任务不同。该研究采用语音–语义灵活性，本节研究采用语法–语义灵活性。第四，一般领域认知灵活性实验任务不同。该研究采用颜色–形状转换任务，本节研究采用威斯康星卡片分类测验。尽管本节研究发现 4 年级儿童阅读领域认知灵活性比一般领域认知灵活性对句子理解准确性做出了更大贡献，但这并未延续到 5、6 年级，可能是由于 4 年级儿童的句法意识、一般领域认知灵活性、语法–语义灵活性和句子理解水平都较低，到了 5、6 年级，除语法–语义灵活性继续发展外，小学生的句法意识、一般领域认知灵活性和句子理解准确性都发展到较高水平，一般领域认知灵活性的作用就更加凸显出来。研究表明，一般领域认知灵活性与阅读密切相关（Yeniad et al.，2013；Follmer，2018），一般领域认知灵活性有助于加工语音-语义联结、概念和词汇（Ober et al.，2019），能够促进句子理解中的信息整合、句法分析、意义推断等认知过程。高水平的视角转换能力可以促进儿童句子理解（He et al.，2020）。这种促进作用不仅体现在整合低水平阅读加工过程（如语音、语义）（Cirino et al.，2019），还体现在增加文本阅读过程中的目标驱动行为（如回视、跳读、寻找特定信息等）（Kieffer et al.，2013）。

4. 教育启示

本节研究结果对于小学生句子理解教学和干预具有重要启示。从发展特点结果可见，5 年级儿童的句法意识、认知灵活性和句子理解能力比 4 年级儿童有显著提升。在句子理解教学实践中，从 4 年级开始要特别注重提升小学生的句法意识、认知灵活性和句子理解能力。从认知灵活性与句子理解关系结果可见，语法-语义灵活性对 4 年级儿童句子理解具有独立的预测作用。这提示我们要特别注重提升 4 年级儿童的语法-语义灵活性。此外，一般领域认知灵活性对 4、5、6 年级儿童句子理解都有独立的预测作用，而一般领域认知灵活性具有可塑性（Tachibana et al.，2013）。因此，在句子理解教学和干预中也要注重一般领域认知灵活性的培养。

三、研究二：基于认知灵活性的 4 年级儿童句子理解干预研究

（一）目的

研究一表明，与 4 年级相比，5 年级儿童的句法意识、认知灵活性和句子理解都有显著提升，并且语法-语义灵活性只对 4 年级儿童句子理解有独立的预测作用。所以，研究二采用基于认知灵活性的干预方案以促进 4 年级儿童的句子理解。

（二）方法

1. 被试

从研究一中选取句子理解正确率低于 40% 的 4 年级儿童 24 人，随机分为

控制组（男 8 人，女 4 人）和干预组（男 6 人，女 6 人）。

2. 研究工具

研究工具同研究一，采用威斯康星卡片分类测验考察一般领域认知灵活性，采用语法-语义灵活性任务考察语法-语义灵活性，采用句子判断-纠正任务考察句法意识，采用句子-图片匹配范式考察句子理解。不同的是在后测中采用题项不同、难度相同的句子判断-纠正任务、语法-语义灵活性任务和句子-图片匹配任务。

3. 研究程序

在研究一结束后，选取符合条件的 4 年级儿童参加研究二。干预组在安静教室中参加每周 1 次（每次 50 分钟）、为期 6 周的认知灵活性训练课程（表 3-8，详见附录一）。与此同时，控制组参加正常教学活动。干预课程结束后，对干预组和控制组小学生进行完全相同的后测。

表 3-8　4 年级儿童语法-语义灵活性训练课程

周次	训练内容	训练目标
1	热身活动：信号传递 一般领域认知灵活性训练：手口不一 句法意识训练：火眼金睛	增强注意力 提升一般领域认知灵活性 提升句法意识
2	热身活动：阿水的故事 句法意识训练：句子表达 句法意识训练：施事和受事	提升一般领域认知灵活性；能够应用一般肯定句、一般否定句、双重否定句、肯定反问句、否定反问句型造句；能够正确区分句子主语是施事者还是受事者
3	热身活动：反口令 一般领域认知灵活性训练：火眼金睛 句法意识训练：句子诊所	提升一般领域认知灵活性；能够对缺少成分、成分多余、词类误用、词序错误四种句法错误进行诊断并改正
4	热身活动：大西瓜、小西瓜 句法意识训练：句型分类 句法意识训练：句子表达	提升一般领域认知灵活性；能够对一般肯定句、一般否定句、肯定反问句、否定反问句四种句型进行正确分类；能够用词卡拼出语义和句法都正确的句子
5	热身活动：快速说出反义词 语法-语义灵活性训练：众里寻他	能够正确说出词语的反义词；能够同时加工特定词语的语法和语义表征；能够正确运用双重否定短语、肯定反问短语、否定反问短语组成双重否定句、肯定反问句和否定反问句
6	热身活动：兔子舞 语法-语义灵活性训练：句型转换训练	能够同时根据语法和语义规则做出反应；能够对肯定句、否定句、双重否定句和反问句进行句型转换

（三）结果

为考察干预效果，分别统计了干预组和控制组小学生在干预前后各测验指标上的平均成绩和标准差，结果见表3-9。

表3-9　干预组和控制组各测验得分描述性统计（$M \pm SD$）

测验	干预组（n=12）		控制组（n=12）	
	前测	后测	前测	后测
句子判断	7.92±2.23	13.67±2.15	9.91±2.43	10.00±1.95
句子纠正	1.92±1.24	6.33±1.56	1.42±1.24	2.25±1.36
一般领域认知灵活性	3.50±1.17	5.08±1.78	3.42±1.83	2.67±1.78
语法-语义灵活性	14.96±2.82	67.14±6.78	16.78±3.09	30.42±7.80
句子理解	0.33±0.05	0.65±0.18	0.33±0.05	0.39±0.08

为考察干预训练的效果，以测试时间和组别为自变量，以测验成绩为因变量，分别对5个测验的成绩进行2×2重复测量方差分析。

对句子判断测验的结果分析显示，测试时间的主效应显著，$F(1, 22)$=22.55，$p<0.001$，η_p^2=0.51；组别的主效应不显著，$F(1, 22)$=1.62，$p>0.05$，η_p^2=0.07；测试时间和组别的交互作用显著，$F(1, 22)$=21.28，$p<0.001$，η_p^2=0.49。简单效应分析显示，前测时控制组成绩显著高于干预组（$p<0.05$），后测时干预组成绩显著高于控制组（$p<0.001$）。

对句子纠正测验的结果分析显示，测试时间的主效应显著，$F(1, 22)$=71.93，$p<0.001$，η_p^2=0.77；组别的主效应显著，$F(1, 22)$=25.00，$p<0.001$，η_p^2=0.53；测试时间和组别的交互作用显著，$F(1, 22)$=33.51，$p<0.001$，η_p^2=0.60。简单效应分析显示，前测时两组成绩差异不显著（$p>0.05$），后测时干预组成绩显著高于控制组（$p<0.001$）。

对一般领域认知灵活性的结果分析显示，测试时间的主效应不显著，$F(1, 22)$=1.01，$p>0.05$，η_p^2=0.04；组别的主效应显著，$F(1, 22)$=5.43，$p<0.05$，η_p^2=0.29；测试时间和组别的交互作用显著，$F(1, 22)$=7.88，$p<0.01$，η_p^2=0.26。简单效应分析显示，前测时两组成绩不存在显著差异（$p>0.05$），后测时干预组成绩显著高于控制组（$p<0.01$）。

对语法-语义灵活性任务的结果分析显示，测试时间的主效应显著，$F(1, 22)$=406.34，$p<0.001$，η_p^2=0.94；组别的主效应显著，$F(1, 22)$=121.67，$p<0.001$，η_p^2=0.85；测试时间和组别的交互作用显著，$F(1, 22)$=139.23，$p<0.001$，η_p^2=0.86。简单效应分析显示，前测时两组成绩不存在显著

差异（$p>0.05$），后测时干预组成绩显著高于控制组（$p<0.001$）。

对句子理解测验的结果分析显示，测试时间的主效应显著，$F(1, 22)=45.47$，$p<0.001$，$\eta_p^2=0.67$；组别的主效应显著，$F(1, 22)=17.97$，$p<0.001$，$\eta_p^2=0.45$；测试时间和组别的交互作用显著，$F(1, 22)=18.88$，$p<0.001$，$\eta_p^2=0.46$。简单效应分析显示，前测时两组成绩差异不显著（$p>0.05$），后测时干预组成绩显著高于控制组（$p<0.001$）。

（四）讨论

1. 认知灵活性干预对小学生句子理解的促进作用

本节研究结果显示，干预课程显著提升了4年级儿童的句法意识、一般领域认知灵活性、语法-语义灵活性和句子理解准确性。这表明结合元语言意识和认知技能的综合干预对于提升句子理解具有良好效果。已有大量研究表明，阅读领域认知灵活性，如语音-语义灵活性具有可塑性（齐冰，2013），并且语音-语义灵活性训练对阅读理解具有促进作用（Cartwright，2002；Cartwright et al.，2017b）。本节研究拓展了上述结果，首次对语法-语义灵活性进行干预并取得了良好效果。干预效果显著的原因主要在于以下两方面：第一，研究方案的制订有充分的理论依据。本次干预是在对小学生认知灵活性与句子理解关系前期研究的基础上进行的。研究一发现，在控制了句法意识后，认知灵活性仍能显著预测4年级儿童的句子理解，因而研究二基于认知灵活性制定训练课程并取得了良好效果。第二，干预课程设计合理，针对性强，趣味性强。干预活动不同于传统的语文课堂教学，而是以游戏为主，形式新颖、氛围轻松，小学生兴趣浓厚，参与度高。

2. 教育启示

本节研究发现，基于句法意识和认知灵活性的干预有效提升了小学生的句子理解水平，这为阅读教学提供了新的思路和切入点。教育者要注重对小学生进行元语言意识和认知技能的培养，并且根据学生的年龄特征有针对性地进行训练，以促进其阅读能力的发展。在阅读教学中，教师应采用聚焦于多种句子表征的教学方法，帮助学生发展阅读领域认知技能。教育者可以借鉴已有研究，基于小学生的学习情况设计有针对性的干预训练程序，在阅读教学课程中积极探索提升句法意识、语法-语义灵活性的教学策略。

第四章 认知灵活性与语篇理解

通过第二章和第三章的探讨，我们已经对认知灵活性与词语理解和句子理解的关系有了一定了解。在本章中，我们将继续探究认知灵活性与语篇理解的关系。首先，考察 3—5 年级儿童认知灵活性、阅读理解与学业成绩的关系。其次，探究 3 年级儿童语音-语义灵活性与阅读能力的关系及干预策略。最后，探究听障儿童语音-语义灵活性在阅读理解中的作用及干预策略。

第一节 3—5 年级儿童认知灵活性、阅读理解 与学业成绩关系的研究

一、引言

小学阶段的学业表现能为个体未来学业成就的发展奠定良好基础。以往研究较多关注自我概念、成就动机、自我效能感、自控力、学业情绪等对学业成绩的影响，也有不少研究关注认知技能与学业成绩的关系。但是作为一种高级认知技能，认知灵活性与学业成绩的关系较少得到关注。认知灵活性指在不同任务间快速转换时进行心理重组的能力（Braem et al.，2018）。小学儿童认知灵活性与学业成绩密切相关（李美华等，2007；Yeatts et al.，1971；Nesayan et al.，2019）。阅读是构建文本意义的过程，是个体学习新知识的有力工具。与认知灵活性一样，阅读理解也与学业成绩关系密切。关于英语（Latzman et al.，2010；Cantin et al.，2016）、荷兰语（van der Sluis et al.，2007）、法语（Colé et al.，2014）和意大利语（Marzocchi et al.，2008）的大量研究表明，认知灵活性对阅读理解具有重要贡献。阅读理解方面存在问题会使学生长期学业

成绩不良（周加仙，2008）。

综上，认知灵活性与学业成绩、阅读理解与学业成绩关系密切，但是很少有研究综合考察三者的关系。一项研究发现，西班牙小学 3 年级儿童的认知灵活性能显著预测阅读理解，认知灵活性和阅读理解都能独立预测语文和数学成绩（García-Madruga et al.，2014）。根据以上结果，有理由相信阅读理解在认知灵活性对学业成绩的影响中发挥了重要作用。此外，先前研究大多聚焦于拼音文字。汉语结构独特，其认知加工方式不同于拼音文字，但鲜有研究综合考察小学儿童认知灵活性、汉语阅读理解对学业成绩的影响。此外，认知灵活性和阅读理解在小学阶段快速发展，它们对不同年级儿童学业成绩的影响可能会表现出不同特点。因此，本节研究聚焦于两个问题：第一，3—5 年级儿童认知灵活性和阅读理解的发展趋势是怎样的？第二，3—5 年级儿童认知灵活性、阅读理解与学业成绩的关系如何？

二、研究方法

（一）被试

来自河北省保定市某公立小学的 121 名 3—5 年级儿童参与了本次研究（表 4-1）。所有被试身心健康，未参加过类似研究。实验后，被试可得到一个小礼物。

表 4-1 被试基本信息

被试	3 年级（n=40）	4 年级（n=41）	5 年级（n=40）
性别（人）	20/20	19/22	21/19
年龄（M±SD）（岁）	9.20±0.46	10.17±0.38	11.15±0.36

注：性别一行，斜杠前为男生人数，斜杠后为女生人数

（二）研究工具

采用威斯康星卡片分类测验测量一般领域认知灵活性（刘哲宁，1999）。将完成分类数作为一般领域认知灵活性指标（郑文静等，2014）。

采用《小学生阅读能力测评》测量儿童的阅读理解能力（耿雅津，2014）。该测验共 30 题，其中选择题有 26 题（每题 1 分），主观题有 4 题（每

题 6 分），共 50 分。

（三）研究程序

在安静教室中对儿童进行施测。阅读理解测验采用集体施测方式，威斯康星卡片分类测验采用个别施测方式。所有测验均由心理学研究人员实施，确保儿童正确理解测验要求后再开始正式测试。儿童的语文、数学和英语成绩为实施本次研究所在学期的期末成绩，从儿童所在学校的教务处获得。

三、结果

表 4-2 列出了 3—5 年级儿童所有测验的平均分和标准差。单因素方差分析表明，认知灵活性和阅读理解在 3—4 年级快速发展。

表 4-2　3—5 年级儿童各测验得分描述性统计（$M \pm SD$）和年级效应

变量	3 年级	4 年级	5 年级	F
认知灵活性	4.52±1.63	5.17±1.00	5.47±1.40	5.06**（3<4，5）
阅读理解	18.57±3.30	21.98±4.01	23.55±3.86	18.52***（3<4，5）
语文	92.17±4.70	92.95±6.56	93.82±4.92	
数学	85.08±13.25	91.04±6.56	80.24±12.98	
英语	90.72±11.92	91.27±30.15	83.79±13.88	

对各年级儿童的认知灵活性、阅读理解、语文、数学、英语成绩进行相关分析（表 4-3）。结果显示，小学 3 年级儿童的认知灵活性、阅读理解与语文、数学、英语三科成绩的相关均不显著，语文、数学、英语三科成绩之间均呈显著相关；小学 4 年级儿童的阅读理解和语文成绩都与数学成绩呈显著相关；小学 5 年级儿童各项测验与各科成绩之间都呈显著相关。

表 4-3　不同年级儿童认知灵活性和阅读理解与语数英成绩的相关分析

年级	变量	认知灵活性	阅读理解	语文	数学	英语
3 年级	认知灵活性	1				
	阅读理解	0.09	1			
	语文	0.05	0.06	1		
	数学	-0.03	-0.08	0.59***	1	
	英语	0.01	-0.12	0.56***	0.33*	1

续表

年级	变量	认知灵活性	阅读理解	语文	数学	英语
	认知灵活性	1				
	阅读理解	0.13	1			
4 年级	语文	−0.23	0.24	1		
	数学	−0.17	0.35*	0.72***	1	
	英语	0.07	−0.04	0.07	0.20	1
	认知灵活性	1				
	阅读理解	0.41*	1			
5 年级	语文	0.50**	0.49**	1		
	数学	0.56***	0.44**	0.43**	1	
	英语	0.52**	0.47**	0.65***	0.76***	1

为了考察认知灵活性对阅读理解的影响，以认知灵活性为预测变量，以阅读理解为因变量进行回归分析。结果显示，认知灵活性能显著预测 5 年级儿童阅读理解（$\Delta R^2 = 0.168$，$\beta = 0.410$，$p < 0.05$），对 3、4 年级儿童阅读理解的预测作用均不显著。

为了考察认知灵活性和阅读理解对学业成绩的影响，以认知灵活性和阅读理解为预测变量，以语文、数学、英语成绩为因变量进行层次回归分析，结果如表 4-4 所示。对于 3 年级儿童，认知灵活性和阅读理解对语文、数学、英语成绩的预测作用均不显著；对于 4 年级儿童，只有阅读理解对数学成绩具有独立的预测作用；对于 5 年级儿童，在控制了阅读理解后，认知灵活性对数学成绩仍有独立的预测作用，而在控制了认知灵活性后，阅读理解对数学成绩的独立预测作用变得不显著了；此外，无论进入方程的顺序如何，认知灵活性和阅读理解对语文和英语成绩都具有独立贡献。

表 4-4　以学业成绩为因变量的层次回归分析

年级	步骤	预测变量	语文		数学		英语	
			β	ΔR^2	β	ΔR^2	β	ΔR^2
	1	认知灵活性	0.053	0.003	−0.025	0.001	0.005	0.000
	2	阅读理解	0.057	0.003	−0.079	0.006	−0.120	0.014
3 年级	1	阅读理解	0.062	0.004	−0.080	0.006	−0.118	0.014
	2	认知灵活性	0.047	0.002	−0.018	0.000	0.015	0.000

续表

年级	步骤	预测变量	语文		数学		英语	
			β	ΔR^2	β	ΔR^2	β	ΔR^2
4年级	1	认知灵活性	−0.234	0.055	−0.167	0.028	0.074	0.005
	2	阅读理解	0.270	0.072	0.372*	0.137*	−0.054	0.003
	1	阅读理解	0.237	0.056	0.345*	0.119*	−0.044	0.002
	2	认知灵活性	−0.268	0.071	−0.217	0.045	−0.081	0.006
5年级	1	认知灵活性	0.495	0.245**	0.559***	0.312***	0.519**	0.270**
	2	阅读理解	0.342	0.098*	0.250	0.052	0.310*	0.080*
	1	阅读理解	0.488	0.238**	0.437**	0.191**	0.471**	0.222**
	2	认知灵活性	0.355	0.105*	0.456**	0.173**	0.392*	0.128*

由表4-3可知，5年级儿童认知灵活性、阅读理解和学业成绩两两呈正相关，因此推测阅读理解在认知灵活性与学业成绩之间存在中介作用。采用依次检验的步骤进行中介效应分析（温忠麟等，2014），结果如表4-5所示。5年级儿童阅读理解在认知灵活性和语文成绩之间起部分中介作用。其中，总效应为0.495，直接效应为0.355，间接效应为0.140，中介效应的效果量为0.140/0.495=0.283，即认知灵活性对5年级儿童语文成绩的影响中有28.3%是通过阅读理解起作用的。5年级儿童阅读理解在认知灵活性和英语成绩之间起部分中介作用。其中，总效应为0.519，直接效应为0.392，间接效应为0.127，中介效应的效果量为0.127/0.519=0.245，即认知灵活性对5年级儿童英语成绩的影响中有24.5%是通过阅读理解起作用的。5年级儿童的阅读理解在认知灵活性和数学成绩之间的中介作用不显著。

表4-5 5年级儿童阅读理解在认知灵活性和学业成绩之间的中介效应检验

步骤	因变量	预测变量	β	t
1	语文	认知灵活性	0.495	3.419**
2	阅读理解	认知灵活性	0.410	2.696*
3	语文	认知灵活性	0.355	2.362*
		阅读理解	0.342	2.280*
1	数学	认知灵活性	0.559	4.042***
2	阅读理解	认知灵活性	0.410	2.696*
3	数学	认知灵活性	0.456	3.089**
		阅读理解	0.250	1.689

续表

步骤	因变量	预测变量	β	t
1	英语	认知灵活性	0.519	3.645***
2	阅读理解	认知灵活性	0.410	2.696*
3	英语	认知灵活性	0.392	2.624*
		阅读理解	0.310	2.074*

四、讨论

（一）3—5 年级儿童认知灵活性的发展特点

本节研究结果显示，认知灵活性在小学 3—4 年级呈快速增长趋势，4 年级儿童的认知灵活性显著高于 3 年级儿童。王晶等（2009a）的研究发现，4 年级儿童的认知灵活性显著高于 2 年级儿童，但是该研究缺少 3 年级儿童，因此无法了解 4 年级与 3 年级儿童认知灵活性的差异。本节研究连续选取 3、4、5 年级儿童，更清晰地描绘出认知灵活性的连续发展轨迹。

（二）3—5 年级儿童认知灵活性、阅读理解与学业成绩的关系

对于认知灵活性与阅读理解的关系，本节研究发现，认知灵活性对 5 年级儿童的阅读理解有显著贡献，但对 3、4 年级儿童的影响不大。有研究考察了 4 年级儿童认知灵活性在英语阅读理解中的作用，结果显示，认知灵活性既可以直接预测阅读理解，也可以通过言语理解间接预测阅读理解（Kieffer et al.，2013）。本节研究与上述研究都表明认知灵活性与儿童阅读理解密切相关，不同的是本节研究中认知灵活性对汉语阅读理解的预测作用出现在 5 年级而非 4 年级，这可能是由不同语言体系造成的，具体原因还有待后续研究的进一步探究。

对于认知灵活性、阅读理解与学业成绩的关系，本节研究发现，3 年级儿童的认知灵活性和阅读理解对学业成绩的影响不大。4 年级儿童阅读理解对学业成绩的影响主要体现在数学学科上。阅读理解是一种文本认知能力，有助于儿童正确理解数学概念、数学问题，以及数学知识的应用。数学阅读理解能力不足会影响儿童数学潜能的发挥（辛自强，2004）。5 年级儿童认知灵活性、阅

读理解与学业成绩之间的关系日益密切。阅读理解在认知灵活性对语文和英语成绩的影响中均存在部分中介作用，但在认知灵活性对数学成绩的影响中不存在中介作用。这表明 5 年级儿童的认知灵活性和阅读理解是语文和英语的密切影响因素，认知灵活性是数学的密切影响因素。

（三）教育启示

本节研究发现，认知灵活性和阅读理解均对小学儿童学业成绩具有重要作用，这对于提升小学儿童学业成绩具有重要的现实意义。具体而言，4 年级是小学儿童认知灵活性和阅读理解发展的关键期，并且 4 年级儿童的阅读理解对其数学成绩有显著贡献。对于 5 年级儿童而言，认知灵活性可直接影响其语文、英语和数学成绩，也可通过阅读理解间接影响语文和英语成绩。这提示我们要特别注重 4 年级儿童阅读理解能力的提升，加强 5 年级儿童认知灵活性和阅读理解能力的提升。实际上，已有研究表明，学习策略训练能够有效提升数学低成就小学儿童的认知灵活性（张丽华等，2011）。据此可以推断，对认知灵活性和阅读理解的干预研究将提升小学儿童的学业成绩。学科教师可以借鉴已有研究，在学科课程中积极探索提升认知灵活性和阅读理解水平的教学策略。

（四）研究不足与未来研究方向

本节研究存在几点不足，有待在未来研究中加以改进。首先，本节研究采用的是横断设计，研究对象仅为小学 3—5 年级儿童，未来研究一方面可以扩大年龄段，针对各年级儿童系统考察其认知灵活性、阅读理解的发展轨迹；另一方面可以采用纵向设计，考察认知灵活性、阅读理解与学业成绩的动态关系。其次，未来可以通过干预研究进一步检验本节研究结果及其应用，以期为小学教育教学实践提供更充分的依据。

五、结论

本节研究主要得出以下结论：①3—5 年级儿童的一般领域认知灵活性和阅读理解水平随年级的升高而提升，4、5 年级儿童的发展水平显著高于 3 年级儿童；②4 年级儿童的阅读理解与数学成绩呈显著相关，5 年级儿童的认知灵活性和阅读理解与语文、数学、英语成绩之间均呈显著相关；③认知灵活性和阅读理解对学业成绩的贡献随年级升高而增大，对于 4 年级儿童，阅读理解对数学成绩有独立贡献；④对于 5 年级儿童，认知灵活性和阅读理解对语文和英语成绩均有独立贡献，阅读理解在认知灵活性对语文和英语成绩的影响中起部分中介作用，认知灵活性对数学成绩有独立贡献。

第二节　3 年级儿童语音-语义灵活性与阅读能力的关系及干预研究

一、引言

阅读能力是影响儿童学业成绩的重要因素。近年来，认知灵活性与阅读能力的关系开始引发研究者的关注。语音-语义灵活性涉及同时加工书面文字语音表征和语义表征的能力（Cartwright，2007）。大量研究表明，在拼音文字系统中，语音-语义灵活性与阅读能力呈显著相关，且语音-语义灵活性对阅读能力的预测作用大于一般领域认知灵活性，对语音-语义灵活性的干预能有效提升阅读能力（Cartwright，2002；Cartwright et al.，2017b；Knudsen et al.，2018）。但是对于非拼音文字汉语来说，语音-语义灵活性是否也与阅读能力密切相关？一般领域认知灵活性和语音-语义灵活性对阅读能力的相对贡献如何？语音-语义灵活性干预是否能有效提升阅读能力？这些都是本节研究试图探究的问题。前期研究发现，小学生认知灵活性和阅读理解能力在 3—4 年级发展迅速（见本章第一节），因此，本节研究拟选取 3 年级儿童为研究对象。本节研究内容包括两个方面，研究一回答前两个问题，研究二回答第三个问题。

二、研究一：3年级儿童认知灵活性与阅读能力的关系研究

（一）研究方法

1. 被试

来自河北省保定市某小学的 200 名 3 年级儿童参与了本次研究。因数据缺失，删除 5 人，最终有效被试为 195 人（110 名男生，85 名女生，年龄为 7.8—10.0 岁，平均年龄为 8.2 岁）。所有被试均为右利手，视力或矫正视力正常，无精神病史，实验后，被试可获得一份小礼品。

2. 研究工具

（1）阅读能力

采用廖雨维（2014）编制的阅读能力测验考察阅读能力，该测验包括字、词、句、语篇等多个维度。5 位教学经验丰富的小学 3 年级语文教师评定认为该测验题量适当、难度适中，可以作为 3 年级儿童阅读能力的测试题。测验总分为 34 分，测试时间为 40 分钟，采用集体施测形式。

（2）识字量

采用王孝玲等（1996）编制的《小学生识字量测试题库及评价量表》考察识字量。选用 3 年级识字量测试的第一套题，包含 10 组共计 210 个汉字，每组题的难度系数不同，作答方式是让儿童给每个汉字组词，如果组词正确，即判定为儿童认识该字。每组得分的计分方式是做对题目个数乘以不同难度系数，10 组得分相加之后再加上 3 年级儿童几乎都认识的 449 个字即为识字量。测试时间为 50 分钟，采用集体施测形式。

（3）认知灵活性

采用威斯康星卡片分类测验考察一般领域认知灵活性，在电脑上单独施测。采用总应答数、完成分类数（categories completed，Cc）、正确应答数（response correct，Rc）、持续性错误数（perseverative errors，Rpe）、非持续性错误数（nonperseverative errors，nRpe）作为一般领域认知灵活性指标。

参照 Cartwright（2002）的范式编制汉语语音-语义灵活性任务来考察语音-语义灵活性，采用一对一单独施测方式。从人教版小学 1—3 年级上册语文课

本中选出 200 个词语，请 3 年级儿童对选出的词语进行熟悉度评定，剔除不易识别的词语，最终获得 120 个熟悉词语，研究一选用 60 个词语（表 4-6），研究二选用 60 个词语（表 4-9）。

表 4-6　语音–语义灵活性任务材料

练习		组 1		组 2		组 3		组 4	
西瓜	樱桃	红梅	茉莉	荔枝	山楂	大衣	裤子	月饼	红豆
香梨	柚子	荷花	牡丹	蓝莓	柿子	单鞋	开衫	鸭梨	黄瓜
香蕉	杨桃	海棠	玫瑰	榴莲	石榴	短袖	裤裙	洋葱	花生
小狗	鸭子	狐狸	毛虫	狼狗	山羊	地铁	客车	摇椅	火柴
猩猩	熊猫	蝴蝶	麻雀	老虎	鲨鱼	电车	卡车	云彩	盒子
鹦鹉	燕子	猴子	母马	骆驼	狮子	动车	快车	羊毛	红木

　　语音-语义灵活性任务包括 5 组不同词语的卡片，其中 1 组为练习使用，4 组为正式测验使用。每组卡片包括 12 张，任务是要求儿童同时按第一个字的声母和词义，将每组 12 张词卡放入 2×2 的矩阵纸中。对词语卡片的正确分类如图 4-1 所示，左边都是声母为 "x" 的，右边都是声母为 "y" 的，上边都是水果，下边都是动物。测验时，依次将 4 组散乱的词卡随机呈现给儿童，要求儿童分类摆放并口头报告摆放原因。以秒为单位记录下儿童完成每组分类任务所用时间。测验计分标准如下：如果卡片摆放与口头表达均正确，计 3 分；如果卡片摆放错误，但口头表达正确，计 2 分；如果摆放正确，但口头表达错误，计 1 分；如果两项都错误，计 0 分。准确性满分为 12 分，最终得分为准确性总分除以平均每组摆放时间。

西瓜	杨桃
（x，水果）	（y，水果）
猩猩	鸭子
（x，动物）	（y，动物）

图 4-1　语音-语义灵活性任务正确样例

3. 研究程序

　　在安静教室中施测，阅读能力测验和识字量测试均采用集体施测方式，一般领域认知灵活性和语音-语义灵活性任务采用一对一施测方式，在被试间平衡施测顺序。主试是经过专业训练的心理学硕士研究生。在确定儿童明白测验要求后才开始正式测验。

(二) 研究结果

1. 认知灵活性和阅读能力的描述性统计

对 3 年级儿童威斯康星卡片分类测验的 5 个指标得分进行描述性统计（表 4-7）。

表 4-7   3 年级儿童一般领域认知灵活性的描述性统计

指标	min	max	M（SD）	正常值
总应答数	104	128	127.06（4.00）	60—128
完成分类数	0	6	3.29（1.43）	4—6
正确应答数	37	103	74.36（13.89）	
持续性错误数	8	66	26.50（10.39）	
非持续性错误数	5	71	26.20（9.60）	≤24

如表 4-7 所示，3 年级儿童的完成分类数的均值为 3.29，低于正常值 4—6，表明其分类意识较弱，认知功能正处于发展和完善阶段；非持续性错误数的均值为 26.20，高于正常值 24，表明其在完成任务过程中存在注意力不集中现象。此外，3 年级儿童语音-语义灵活性任务的摆放准确性的均值为 5.86（SD=3.94），摆放时间的均值为 436.07 秒（SD=95.14），最终得分为 0.015（SD=0.012）。识字量的均值为 1760（SD=250.74），阅读能力的均值为 14.73（SD=4.91）。

2. 认知灵活性与阅读能力的相关分析

在控制了识字量后，对一般领域认知灵活性、语音-语义灵活性、阅读能力进行偏相关分析（表 4-8）。结果显示，总应答数与阅读能力呈显著负相关（$p<0.05$），完成分类数（$p<0.001$）和语音-语义灵活性（$p<0.05$）与阅读能力均呈显著正相关，完成分类数与语音-语义灵活性呈显著正相关（$p<0.05$）。

表 4-8   控制识字量后认知灵活性与阅读能力的偏相关分析

指标	1	2	3	4	5	6
1. 总应答数	1					
2. 完成分类数	-0.428***	1				

指标	1	2	3	4	5	6
3. 正确应答数	0.026	0.468***	1			
4. 持续性错误数	0.221	−0.482***	−0.763***	1		
5. 非持续性错误数	0.184	−0.387***	−0.682***	0.148	1	
6. 语音-语义灵活性	−0.062	0.243*	0.197	−0.210	−0.097	1
7. 阅读能力	−0.257*	0.385***	0.113	−0.186	−0.086	0.279*

3. 一般领域认知灵活性、语音-语义灵活性与阅读能力的回归分析

采用分层回归分析进一步探究认知灵活性与阅读能力的关系，第一步让一般领域认知灵活性进入，结果显示，R^2 变化只有 4.5%（$\beta=0.193$），$p>0.05$。第二步让语音-语义灵活性进入，结果显示，R^2 变化为 9.2%（$\beta=0.246$），$p<0.05$。这表明语音-语义灵活性比一般领域认知灵活性对阅读能力的贡献更大。

（三）讨论

1. 一般领域认知灵活性和语音-语义灵活性的特点

关于一般领域认知灵活性，本节研究发现，3 年级儿童在威斯康星卡片分类测验的多项指标上尚未达到正常值水平。具体而言，完成分类数、错误应答数、完成第一个分类所需应答数、概念化水平应答百分比、持续性应答、持续性错误百分数、非持续性错误、不能维持完整分类数均低于正常值。这表明 3 年级儿童的大脑额叶尚处于发育过程中，其发现概念及抽象概括能力尚未成熟，抑制能力较差，在注意相关信息时不能有效抑制无关信息，难以迅速转换注意并改变分类策略，较易产生持续性错误。

关于语音-语义灵活性，本节研究发现，其均值为 0.015。已有对 7—11 岁美国儿童（平均年龄为 9 岁）的研究发现，其英语语音-语义灵活性的平均得分为 0.15（Cartwright，2002）。二者相差约 10 倍，汉语语音-语义灵活性得分远远低于英语语音-语义灵活性得分，这可能是因为英语是拼音文字，儿童通过视觉就能直接区分首字母，不一定要通过读音才能完成语音分类（如 "bread、boot、salad、skirt"），因而英语语音-语义灵活性任务考察的主要是语义表征能力，任务相对简单；而汉语是形意文字，儿童必须同时进行语音表征

加工（如"西瓜""猩猩"的首字声母都是"x"，"杨桃""鸭子"的首字声母都是"y"）和语义表征加工（如"西瓜""杨桃"都是"水果"，"猩猩""鸭子"都是"动物"），任务相对较难。汉语与英语语音-语义灵活性的差异问题还有待未来研究的进一步探究。

2. 一般领域认知灵活性、语音-语义灵活性与阅读能力的关系

关于一般领域认知灵活性与语音-语义灵活性的关系，本节研究结果显示，3 年级儿童一般领域认知灵活性与语音-语义灵活性呈显著正相关。这可能是因为二者的加工机制和认知过程相似，都需要同时处理多方面信息，并需要在不同任务间灵活转换。更为重要的是，作为高级认知能力，二者可能拥有共同的认知神经机制。这还需要未来的认知神经研究提供更多的支持证据。

关于认知灵活性与阅读能力的关系，本节研究结果显示，威斯康星卡片分类测验的总应答数与阅读能力呈显著负相关，完成分类数与阅读能力呈显著正相关，这表明，一般领域认知灵活性与阅读能力密切相关。这与已有英语研究结果相一致（Kieffer et al.，2013）。本节研究在汉语领域证明了一般领域认知灵活性与阅读能力关系的跨语言一致性。此外，本节研究还发现，汉语语音-语义灵活性与阅读能力呈显著正相关，且汉语语音-语义灵活性对阅读能力的预测作用大于一般领域认知灵活性。这也与以往有关拼音文字的研究结果相一致（Cartwright，2002），表明语音-语义灵活性与阅读能力的关系存在跨语言一致性。

三、研究二：基于语音-语义灵活性的 3 年级儿童阅读能力干预研究

（一）研究目的

研究一发现，语音-语义灵活性是 3 年级儿童阅读能力的有效预测指标。小学儿童的语音-语义灵活性具有可塑性（齐冰，2013）。英语研究已经表明，语音-语义灵活性干预能有效提升儿童的阅读能力（Cartwright，2002）。但是，对于汉语来说，能否通过干预语音-语义灵活性提升儿童的阅读能力？研究二试图考察汉语语音-语义灵活性干预对提升小学生阅读能力的有效性。

（二）研究方法

1. 被试

从研究一被试中选取阅读成绩位于后 27% 的 52 名小学生（28 名男生，24 名女生），随机分为干预组（26 人）和控制组（26 人）。

2. 研究工具

前测材料包括威斯康星卡片分类测验、语音-语义灵活性任务（表 4-6）和阅读能力测验。后测材料包括威斯康星卡片分类测验、语音-语义灵活性任务（表 4-9，与前测材料同等难度的不同词语）和阅读能力后测测验（经专业教师评定，该测验与前测阅读能力测验具有同等难度）。

表 4-9　语音–语义灵活性后测材料

练习		组 1		组 2		组 3		组 4	
白糖	芒果	黄瓜	香菜	葡萄	李子	橘子	桃子	柚子	香蕉
包子	面包	红糖	雪糕	苹果	柳橙	煎饼	土豆	樱桃	香梨
菠萝	麻糖	火腿	鲜桃	枇杷	龙眼	酱油	甜瓜	杨桃	西瓜
贝壳	门票	海鸥	小狗	皮衣	领带	甲鱼	田鼠	鸭子	熊猫
玻璃	棉花	河马	犀牛	袍子	凉鞋	骏马	兔子	燕子	猩猩
笔帽	毛巾	灰兔	蟋蟀	皮鞋	礼服	鲸鱼	天鹅	鹦鹉	小猫

3. 研究程序

前测：干预组和控制组在研究一中分别完成威斯康星卡片分类测验、语音-语义灵活性任务和阅读能力测验。

干预：干预组在安静教室中参加语音-语义灵活性训练课程（表 4-10，详见附录二），每周 1 次（每次 60 分钟），共 6 周，控制组参加正常教学活动。

表 4-10　3 年级儿童语音–语义灵活性训练课程

周次	训练内容	训练目标
1	热身活动：信号传递 一般灵活性训练：手口不一 语音-语义灵活性训练：按指定规则找词语	增强注意力 提升一般灵活性 提升语音-语义灵活性
2	热身活动：阿水的故事 言语流畅性训练：语音练习	提升反应灵活性及言语流畅性；提升语音分类能力；提升语音-语义灵活性
3	热身活动：反口令　快速说出反义词 拼音牌	增强反应灵活性；提升同时按照多重规则加工词语不同表征的能力；提升语音-语义灵活性

周次	训练内容	训练目标
4	语言灵活性训练：正话反说 表征转换能力训练：我知道怎么连线	增强表征转换能力；提升语音-语义灵活性
5	词语流畅性　语音意识训练：怎么读	提升言语流畅性；增强语音意识；提升语音-语义灵活性
6	多维表征加工能力训练：火眼金睛 语音意识训练：多音字 语音-语义灵活性训练：声母意识、褒（贬）义词	增强同时按照多重规则处理文字的能力，提升语音-语义灵活性

后测：干预训练结束后，干预组和控制组都进行一般领域认知灵活性、语音-语义灵活性及阅读能力的测试。

（三）结果

1. 干预组、控制组的同质性检验

干预组和控制组在一般领域认知灵活性、语音-语义灵活性和阅读能力测验上的平均得分（标准差）见表4-11。独立样本 t 检验结果显示，干预组和控制组的一般领域认知灵活性得分差异不显著，$t(50)=1.267$，$p=0.210$；语音-语义灵活性得分差异不显著，$t(50)=-0.342$，$p=0.734$；阅读能力得分差异不显著，$t(50)=-0.683$，$p=0.497$，表明两组被试具有同质性。

表 4-11　干预组和控制组各项测验前测得分描述性统计（$M \pm SD$）

测验	干预组		控制组	
	前测	后测	前测	后测
威斯康星总应答数	128±0.00	127±5.00	127.09±3.71	123.25±12.87
摆放准确性	3.30±3.22	11.27±1.71	3.60±3.21	4.07±3.15
摆放时间（秒）	467.56±94.03	383.73±78.23	465.37±91.55	478.20±115.94
最终得分	0.007±0.008	0.030±0.008	0.008±0.008	0.009±0.008
阅读能力	12.64±5.36	15.67±4.52	13.63±5.66	15.22±4.34

2. 干预组、控制组前后测差值比较

计算干预组与控制组一般领域认知灵活性、语音-语义灵活性和阅读能力的前后测差值，结果如表4-12所示，独立样本 t 检验结果显示，干预组与控制组一般领域认知灵活性前后测差值的差异不显著，干预组在语音-语义灵活性任务的摆放准确性、摆放时间、最终得分上都显著高于控制组，$ps<0.001$，在

阅读能力得分上也显著高于控制组，$p<0.05$。这表明语音-语义灵活性干预有效提升了 3 年级儿童的语音-语义灵活性和阅读能力。

表 4-12 干预组、控制组学生前后测差值比较

测验	干预组		控制组		t	p
	M	SD	M	SD		
威斯康星总应答数	−1.00	5.00	−3.84	12.72	1.054	0.296
摆放准确性	7.56	3.724	0.13	0.61	11.128	0.000
摆放时间（秒）	−98.04	93.70	12.03	99.65	−4.343	0.000
最终得分	0.022	0.009	0.000	0.001	13.268	0.000
阅读能力	3.52	4.65	−0.28	6.70	2.484	0.016

（四）讨论

1. 语音-语义灵活性的可塑性

本节研究发现，语音-语义灵活性干预有效提升了 3 年级儿童的语音-语义灵活性和阅读能力。这与拼音文字语音-语义灵活性干预研究的结果相一致（Cartwright，2002；Colé et al.，2014）。认知灵活性可分为一般领域认知灵活性和特殊领域认知灵活性。结合语言知识与技能的特殊领域认知灵活性训练将会产生更好的干预效果（闫嵘等，2006）。本节研究结果为此观点提供了支持证据。语音-语义灵活性涉及同时加工书面文字语音表征和语义表征的能力，有针对性的训练课程提升了儿童的多维表征加工能力，进而提升了其阅读能力。

此外，语音-语义灵活性干预并未提升儿童的一般领域认知灵活性。这可能是因为本节研究设计的训练课程侧重于提升儿童对文本的语音表征、语义表征的加工能力，难以对提升一般领域认知灵活性（主要涉及非文本表征，如颜色、形状等）产生有效迁移。

2. 语音-语义灵活性干预的有效性

本节研究设计的语音-语义灵活性训练课程取得了良好的干预效果，主要原因可能有两点。第一，语音-语义灵活性训练课程形式新颖、气氛轻松，学生易于接受，参与度高。该训练课程不同于传统的阅读能力提升课程，学生不需要完成大量阅读题练习，而是通过游戏互动的方式间接激发学生的阅读热情和兴趣。第二，训练课程设计合理，针对性强。本节研究在实施干预之前先考察了 3 年级儿童语音-语义灵活性与阅读能力的关系，并且在前期研究成果的基础上设计了有针对性的训练课程，因而训练课程有效提升了 3 年级儿童同时加工语音表征和语义表征的能力，促进了其语音-语义灵活性和阅读能力的提升。

3. 研究不足与展望

本节研究主要有以下不足之处。首先，本节研究选取的对象只是小学 3 年级儿童，未来研究可以扩大年级范围，探究不同年级小学儿童认知灵活性与阅读能力的动态关系，以及认知灵活性对阅读能力的影响机制。其次，本节研究设计的语音-语义灵活性任务还需要进一步验证和完善。未来研究可从不同角度设计多种语音-语义灵活性任务，为该任务的有效性提供更多的支持证据。最后，本节研究没有进行干预效果的后续追踪，未来研究可关注干预效果的持续性。

四、结论

本节研究主要得出以下结论：①3 年级儿童的一般领域认知灵活性和语音-语义灵活性与阅读能力均呈显著相关；②语音-语义灵活性对 3 年级儿童阅读能力的预测作用大于一般领域认知灵活性；③语音-语义灵活性干预有效提升了 3 年级儿童的语音-语义灵活性和阅读能力。

第三节 听障儿童语音-语义灵活性在阅读理解中的作用及干预研究

一、引言

简单阅读观认为，阅读理解包含文字解码和语言理解两个成分，二者可以粗略等同于语音加工和语义加工（Gough et al., 1986）。与简单阅读观不同，阅读的驾驶模型更为关注同时加工多种表征的能力（Cartwright et al.,

2019a）。例如，同时加工书面文字语音和语义表征的能力被称为语音-语义灵活性（Cartwright，2002）。大量研究表明，语音-语义灵活性无论是对拼音文字（Cartwright et al.，2019b，2010；Colé et al.，2014；Gnaedinger et al.，2016；Knudsen et al.，2018）还是非拼音文字，如汉语（齐冰，2013）的阅读理解均有重要作用。即使控制了一般认知能力，与单独的语音加工和语义加工相比，语音-语义灵活性对阅读理解仍有独立贡献（Cartwright，2007）。

但是，上述研究均来自健听群体。语音-语义灵活性对听障儿童阅读理解的作用是否也如对健听群体那样重要呢？已有研究发现，语音解码和口语词汇对汉语听障儿童的汉字理解均有重要作用（徐琴芳等，2019），但尚无研究考察语音-语义灵活性对听障儿童阅读理解的作用。关于汉语语音-语义灵活性与阅读理解的关系，目前仅有对听障大学生（张茂林，2016）和健听儿童（齐冰，2013）的研究各一项，且均发现高水平阅读者的语音-语义灵活性显著优于低水平阅读者。灵活管理多种心理表征的能力在个体的一生中持续发展（Cartwright，2008）。小学阶段是语音-语义灵活性和阅读能力发展的重要时期。此外，听障儿童比健听儿童更多依赖书面信息，拥有良好阅读理解能力对听障儿童尤为重要。因此，探究听障儿童语音-语义灵活性与阅读理解的关系具有重要的理论价值和实践指导意义。

综上，语音-语义灵活性在阅读理解中具有重要作用，但已有研究大多关注典型发展的儿童和成人，极少关注听障儿童，听障儿童语音-语义灵活性与阅读理解的关系尚不明确。因此，本节通过两个研究考察语音-语义灵活性在听障儿童阅读理解中的作用及干预效果。研究一考察语音-语义灵活性在阅读理解中的作用。研究二以 4 年级听障儿童为研究对象，检验基于语音-语义灵活性的阅读理解干预的有效性，以期为丰富听障儿童阅读理解理论及干预研究提供启示。

二、研究一：听障儿童语音-语义灵活性在阅读理解中的作用

（一）研究方法

1. 被试

来自天津市和河北省唐山市特殊教育学校的 75 名听障儿童参与了本次研

究（37 名男生，38 名女生，年龄为 9—14 岁，平均年龄为 11.45 岁，标准差为 1.37）。所有被试之前未参加过类似研究。研究获得听障儿童父母及班主任的知情同意。听障儿童选取标准为：失聪年龄在 4 岁以前；听力损伤程度在 70 分贝以上；视力或矫正视力正常；除听觉障碍外没有其他残障且智力发育正常。所有听障儿童可使用口语，但日常交流以口语和手语相结合为主。

2. 研究工具

（1）语音意识测验

参照张伟锋（2018）的研究编制语音意识测验。该测验包含声母意识、韵母意识、声调意识、音位删除测验，每项测验包括 20 个项目，共 80 个项目。前三项测验要求儿童挑选出书面呈现的三个字中与其他两个具有不同声母、韵母或声调的音节并写在纸上。最后一项测验要求儿童写下删除某个字的指定音节后剩下的音节。答对一题计 1 分，答错计 0 分，总分为 80 分。

（2）语义理解测验

采用皮博迪图画-词汇测验中文修订版测试语义理解（陆莉等，1994）。本节研究选取 8 岁以上题目共 60 题，以口头及书面方式呈现一个词语，要求听障儿童在四幅图中指出与该词汇意义一致的那幅，答对计 1 分，连续 8 题中有 6 题错误则停止测试，总分是 60 分。采用集体施测方式。采用 PPT 呈现测验材料，每张 PPT 上呈现四幅图及所考察的词语，让儿童依次将答案写在答题纸上。

（3）语音-语义灵活性任务

本次研究参照 Cartwright（2002）的范式编制汉语语音-语义灵活性任务。从人教版 1—3 年级小学语文课本中选出 60 个词语作为测验材料（表 4-13），经 2 名特殊教育学校语文教师和 2 名心理学专业教师评定，这些词语均为容易、熟悉的汉字。测验共包含 5 组词卡（每组包括 12 张词卡），其中 1 组用于练习，4 组用于正式测验。

表 4-13　语音-语义灵活性任务材料

练习		组 1		组 2		组 3		组 4	
麻雀	芒果	杯子	白菜	狮子	山楂	大衣	冬笋	牡丹	麻绳
猫咪	木瓜	背包	包菜	山羊	石榴	短袖	豆腐	茉莉	木梳
毛驴	蜜橘	笔筒	菠菜	鲨鱼	柿子	单鞋	地瓜	玫瑰	帽子

练习		组1		组2		组3		组4	
喜鹊	西瓜	雨伞	洋葱	狼狗	荔枝	皮衣	泡菜	荷花	画板
小狗	杏子	牙膏	油菜	骆驼	李子	袍子	螃蟹	海棠	花瓶
熊猫	香蕉	眼镜	玉米	老虎	蓝莓	披风	排骨	红梅	怀表

（4）阅读理解测验

采用《小学生阅读能力测评》测查听障儿童的阅读理解能力（耿雅津，2014）。该测验共30题，其中选择题有26题（每题1分），主观题有4题（每题6分），共50分。经特殊教育学校语文教师的评定，该测验符合中高年级听障儿童的教育水平。

3. 研究程序

在安静教室中对听障儿童进行施测。其中语音意识测验、语义理解测验、阅读理解测验采用集体施测方式，语音-语义灵活性任务采用个别施测方式。所有测验由心理学研究人员和特殊教育专业教师共同实施，每个测验都经过充分练习，确保听障儿童能正确理解测验要求后再开始正式测试。

（二）结果

首先计算听障儿童语义理解、语音意识、语音-语义灵活性和阅读理解成绩的平均值，然后计算在控制年龄后各变量之间的偏相关（表4-14），结果显示，听障儿童阅读理解与各项测验之间均呈显著正相关。

表4-14　控制年龄后各变量之间的偏相关分析

变量	$M\pm SD$	1	2	3	4	5	6
1. 语义理解	26.49±10.40	1					
2. 声母意识	0.82±0.17	0.40***	1				
3. 韵母意识	0.67±0.19	0.50***	0.72***	1			
4. 声调意识	0.70±0.19	0.40**	0.52***	0.61***	1		
5. 音位意识	0.76±0.18	0.38**	0.67***	0.70***	0.54***	1	
6. 语音-语义灵活性	0.08±0.05	0.61***	0.46***	0.58***	0.53***	0.53***	1
7. 阅读理解	17.07±7.39	0.59***	0.41***	0.61***	0.40***	0.42***	0.72***

为了考察语义理解、语音意识对语音-语义灵活性以及三者对阅读理解的作用，分别以语音-语义灵活性和阅读理解为因变量，采用分层回归分析方法

将自变量分步骤纳入方程。在控制年龄后，语义理解和语音意识均能显著预测语音–语义灵活性（表4-15）。

表 4-15   以语音–语义灵活性为因变量的回归分析

步骤	预测变量	β	ΔR^2	步骤	预测变量	β	ΔR^2
1	年龄	0.05	0.00	1	年龄	0.05	0.00
2	语义理解	0.62***	0.38***	2	声母意识	−0.12	
3	声母意识	−0.04			韵母意识	0.30	
	韵母意识	0.16			声调意识	0.24	0.40***
	声调意识	0.18	0.14**		音位意识	0.21	
	音位意识	0.20		3	语义理解	0.41	0.12***

对于阅读理解，第一步输入年龄作为控制变量，第二步输入语义理解，第三步输入语音意识，第四步输入语音–语义灵活性。变换输入顺序来探索各因素对听障儿童阅读理解的贡献，结果见表4-16。回归分析结果显示：①语义理解［$\Delta F(1, 67)=1.77$，$p>0.05$］对阅读理解没有独立的预测作用；②语音意识［$\Delta F(4, 67)=2.22$，$p>0.05$］对阅读理解没有独立的预测作用；③在控制了年龄、语义理解和语音意识后，语音–语义灵活性仍对阅读理解具有显著贡献［$\Delta F(1, 67)=33.23$，$p<0.001$］，其独特解释率为14%。

表 4-16   以阅读理解为因变量的回归分析

步骤	预测变量	β	ΔR^2	步骤	预测变量	β	ΔR^2
1	年龄	0.42***	0.17***	1	年龄	0.42***	0.17***
2	语义理解	0.53***	0.28***	2	声母意识	−0.11	
3	声母意识	−0.14			韵母意识	0.54***	
	韵母意识	0.42**			声调意识	0.14	0.31***
	声调意识	0.09	0.12**		音位意识	0.01	
	音位意识	−0.01		3	语音–语义灵活性	0.61***	0.22***
4	语音–语义灵活性	0.55***	0.14***	4	语义理解	0.12	0.01
1	年龄	0.42***	0.17***				
2	语音语义灵活性	0.70***	0.48***				
3	语义理解	0.16	0.02				
4	声母意识	−0.11					
	韵母意识	0.33**					
	声调意识	−0.01	0.04				
	音位意识	−0.11					

（三）讨论

1. 听障儿童语音意识和语义理解是影响语音–语义灵活性的重要因素

本次研究首次考察了汉语听障儿童语音意识、语义理解与语音-语义灵活性的关系。从语音意识、语义理解对听障儿童语音-语义灵活性的预测作用来看，二者均不受进入方程顺序的影响，都对语音-语义灵活性有独立的预测作用。这表明语音意识和语义理解对语音-语义灵活性都有独特贡献。这与已有对健听儿童的研究结果并不一致（Cartwright et al.，2010）。在 Cartwright 等（2010）的研究中，语义理解对 6—9 岁儿童语音-语义灵活性的预测作用并不显著。对听障儿童的研究表明，其语义理解能力比健听儿童弱（肖少北等，2011），可能是由于健听儿童的语义理解水平普遍较高，所以语义理解对语音-语义灵活性的影响不大。对于听障儿童而言，其语义理解水平的个体差异较大，语义理解水平越高，语音-语义灵活性也越强。其内在机制还有待后续研究的进一步探究。此外，已有研究大多直接考察语音-语义灵活性对阅读理解的影响，很少关注语音-语义灵活性的影响因素，这是值得探究的问题。

2. 听障儿童语音–语义灵活性是影响阅读理解的关键因素

本次研究首次探究了听障儿童语音-语义灵活性与阅读理解的关系。回归分析结果显示，在控制了年龄、语义理解、语音意识后，语音-语义灵活性仍能显著独立预测阅读理解，这表明语音-语义灵活性是评估听障儿童阅读理解水平的有效指标。本次研究与健听儿童研究结果相一致（Cartwright，2007）。本次研究结果显示，与健听儿童一样，听障儿童的阅读理解也离不开同时协调语音信息和语义信息的加工过程。高水平语音-语义灵活性有助于听障儿童从文本解码到意义理解的转换。当逐渐脱离对语音表征的关注，并更多关注语义表征和对文本的整体理解时，他们才有可能完成更加流畅、有意义的阅读（Cartwright et al.，2010）。

此外，值得注意的是，英语语音-语义灵活性任务要求儿童同时根据单词（如 "peach、pen、cake、couch"）的语义和首字母语音进行分类。其中语音任务较为简单，即使儿童不知道单词如何发音也可以通过视觉完成任务，因而英语语音-语义灵活性任务可能更多涉及语义理解能力。不同于拼音文字，汉语是表意文字，汉语字形与字音之间的对应关系比英语更不透明。本节研究设计的汉语语音-语义灵活性任务要求儿童同时根据词语语义和第一个字的声母进行分类。儿童不能直接通过视觉而是必须进行语音加工才能完成语音任务，因而汉语语音-语义灵活性任务更好地考察了儿童同时加工语音表征和语义表征的能力。

3. 研究不足与展望

本次研究首次证明了语音-语义灵活性对听障儿童阅读理解的重要作用，但还有以下不足之处有待完善。首先，本次研究并未从发展角度考察语音-语义灵活性与听障儿童阅读理解的关系，而是把年龄作为控制变量，这是由听障儿童群体特殊性及取样困难所致。已有研究表明，年龄会影响语音意识与阅读理解的关系（陈红君等，2019），并且语音意识与阅读能力之间可能是双向关系，即听障儿童可能通过阅读来发展其语音意识（Kyle et al.，2010）。那么，语音-语义灵活性的发展是否也会受益于阅读能力的发展？二者关系会表现出怎样的发展趋势？未来可以采用纵向研究考察听障儿童语音-语义灵活性与阅读理解的发展模式及动态关系。其次，本次研究采用的汉语语音-语义灵活性任务侧重于同时考察声母意识和语义理解能力。除了声母意识外，语音意识还包含韵母意识、音位意识和声调意识，未来研究可以从这些角度继续开发汉语语音-语义灵活性任务，以便更加全面地考察听障儿童的语音-语义灵活性。最后，本次研究仅考察了语音-语义灵活性对听障儿童阅读理解的影响，并未涉及健听儿童，未来可通过设置阅读控制组和年龄控制组进一步探讨组间差异。

4. 教育启示

良好的阅读理解能力对听障儿童发展具有重要意义。本次研究为语音-语义灵活性在听障儿童阅读理解中的重要作用提供了支持证据，这对听障儿童阅读教学和干预具有一定的指导作用。语音-语义灵活性测查任务简便易行，测验本身还可作为训练课程以进行干预。语音-语义灵活性干预对阅读理解的提升作用已经在健听儿童中得到证实（Cartwright et al.，2017b）。因此可以推测，语音-语义灵活性干预能够提升听障儿童的阅读理解能力。

三、研究二：听障儿童语音-语义灵活性干预对阅读理解的影响

（一）方法

1. 被试

来自天津市某特殊教育学校的 25 名 4 年级听障儿童参与了本次研究，招募其中 9 名听障儿童作为干预组，其余 16 名听障儿童作为控制组。被试基本信息见表 4-17。

表 4-17　被试基本信息

被试		干预组（$n=9$）	控制组（$n=16$）
性别（人）		6/3	9/7
年龄（月）		117	124
助听设备	人工耳蜗（人）	2	4
	助听器（人）	6	12
	无（人）	1	0
沟通方式	手语（人）	1	2
	口语（人）	5	12
	手语+口语（人）	3	2

注：性别一行，斜杠前为男生人数，斜杠后为女生人数

2. 研究工具

测验工具同研究一，不同的是语音-语义灵活性任务和阅读理解测验在后测中采用题项不同、难度相同的版本。基于语音-语义灵活性的相关理论设计干预课程（表 4-18，详见附录三）。鉴于听障群体的特殊性，干预以视觉语言活动为主：一是在语音教学中，尊重听障学生的习得习惯，通过用眼读手语、唇语等来辅助他们形成语音表征；二是采用多媒体方式呈现干预课程内容。

表 4-18　语音-语义灵活性训练课程

周次	训练内容	训练目标
1	一般领域认知灵活性训练：手口不一转换训练（手语、口语、书面语）汉字牌（语音、语义）	提升一般领域认知灵活性，提升注意转换能力训练书面语、手语、口语三种语言之间的灵活转换；提升语音、语义分类能力

续表

周次	训练内容	训练目标
2	语音-语义灵活性训练（难度 1、2）：按规则找词	增强新词汇知识学习能力
3	语音-语义灵活性训练（难度 2）：语音训练：看谁写得多　挑一挑	训练语音意识，提升语音分类能力；训练同时按照多重规则加工词语不同表征的能力，提高语音-语义灵活性
4	语音-语义灵活性训练（难度 3）：语义分类训练：想一想　按规则找词	提升同时按照多重规则加工词语不同表征的能力，提升语音-语义灵活性
5	语音-语义灵活性训练（难度 4）：按规则找词　看谁打得快　言语流畅性训练	提升同时按照多重规则加工词语不同表征的能力；提升词语加工速度以及快速转换能力；训练流利运用口语或手语传递信息的能力
6	语音-语义灵活性训练（难度 5、6）：按规则找词、四字词语挑一挑	培养同时按照多重规则加工词语不同表征的能力，提升语音-语义灵活性
7	语音-语义灵活性训练（难度 7）：四字词语挑一挑　语音训练	培养同时按照多重规则处理加工刺激的能力，提升语音-语义灵活性，培养语音意识
8	语音-语义灵活性训练（难度 8）：填一填　词汇扩展及巩固	训练同时按照规则加工句子不同表征的能力，提升语音-语义灵活性；增加词汇量
9	语音-语义灵活性训练	课程总结，能力巩固

3. 研究程序

在研究一结束后，选取 4 年级儿童参加研究二。干预组在安静教室中参加每周 1 次（每次 50 分钟）、共 9 周的语音-语义灵活性训练课程。与此同时，控制组参加正常教学活动。干预课程结束后，对干预组和控制组听障儿童进行完全相同的后测。

（二）结果

分别统计干预组和控制组儿童在干预前后各测验指标的平均成绩和标准差，结果见表 4-19。

表 4-19　干预组、控制组前后测得分描述性统计（$M \pm SD$）

因变量	干预组（$n=9$）		控制组（$n=16$）	
	前测	后测	前测	后测
语音-语义灵活性	7.27±3.37	16.86±3.81	6.74±5.45	7.66±6.78
阅读理解	12.67±4.64	16.56±2.01	12.31±4.95	12.75±4.67

为了考察干预效果，以测试时间和组别为自变量，以年龄为协变量，以测验成绩为因变量，进行 2×2 的重复测量协方差分析。以语音-语义灵活性为因

变量的分析结果显示，测试时间的主效应不显著，$F（1，22）=0.492$，$p>0.05$；组别的主效应显著，$F（1，22）=4.33$，$p<0.05$；测试时间和组别的交互作用显著，$F（1，22）=18.35$，$p<0.001$。简单效应分析表明，前测时两组成绩不存在显著差异（$p>0.05$），后测时干预组成绩显著高于控制组（$p<0.001$）。

以阅读理解为因变量的分析结果显示，测试时间的主效应显著，$F（1，22）=5.62$，$p<0.05$；组别的主效应不显著，$F（1，22）=1.69$，$p>0.05$；测试时间和组别的交互作用显著，$F（1，22）=5.35$，$p<0.05$。简单效应分析表明，前测时两组成绩差异不显著（$p>0.05$），后测时干预组成绩显著高于控制组（$p<0.05$）。

（三）讨论

1. 语音-语义灵活性干预对句子理解的促进作用

本次研究结果显示，语音-语义灵活性干预显著提升了听障儿童的语音-语义灵活性和阅读理解水平。这表明基于阅读领域认知灵活性的干预对于阅读理解能力的提升具有良好效果。已有大量研究表明，语音-语义灵活性具有可塑性（齐冰，2013），并且语音-语义灵活性训练对阅读理解具有促进作用（Cartwright，2002；Cartwright et al.，2017b，2019b）。上述研究与本次研究结果相一致。但以往研究均针对健听儿童进行的，本次研究首次对听障儿童开展语音-语义灵活性训练并取得了良好效果，这对于特殊群体的阅读干预具有重要意义。

本次研究的干预课程采用小课堂形式，以保证每个学生都能得到充分训练。另外，干预内容的针对性较强，基于前期对语音-语义灵活性、语音意识、词汇知识与阅读理解关系的研究结果，课程设计以语音-语义灵活性训练为主，以提高语音意识、词汇量为辅。干预课程均从听障儿童特点出发进行设计，例如，训练内容涉及手语与书面语的转换、图文结合进行讲解以及注重视觉呈现材料内容，这些为干预的有效性提供了保证。

2. 教育启示

本次研究发现，基于语音-语义灵活性的干预有效提升了听障儿童的阅读理解水平，这为听障儿童的阅读教学提供了新的思路和切入点。在未来的特殊教育教学过程中，可以加大对听障儿童阅读领域认知灵活性，特别是语音-语义灵活性的培养，一方面要积极探索促进听障儿童灵活运用语音、语义表征的教学策略，另一方面可以通过形式多样的游戏，在听障儿童日常活动中嵌入语音-语义灵活性的培养策略。

3. 研究不足与展望

本次研究首次对听障儿童这一特殊群体进行了基于语音-语义灵活性的阅读理解干预，还存在一些不足。第一，受到研究群体特殊性、条件、时间等多种因素的限制，本次研究被试数量较少，特别是干预组人数较少。未来研究可增加被试数量，并考察干预课程对不同年龄段听障儿童的有效性。第二，尽管本次研究取得了显著的干预效果，但干预课程还有待进一步完善。未来研究可进一步提升语音-语义灵活性干预课程的系统性、针对性、操作性。第三，由于时间、条件受限，本次研究没有对干预效果进行追踪研究。未来研究可持续追踪语音-语义灵活性训练课程对听障儿童阅读理解的长期效果。

第五章　认知灵活性与阅读：多元视角

一项接力赛中，每个队有 5 名运动员，每名运动员先跑 8 千米环形跑道，接着是 2 千米直道，最后是 6 千米环形跑道。每个队总共跑了多少千米？

阅读无处不在。广义的阅读对象包含文字、符号、公式、图表、音频、视频等（张怀涛，2013）。在上述问题中，准确理解题意是成功解答的前提。如果没有注意到最后问的是"每个队"总共跑了多少千米，学生很可能计算出每个队员跑的千米数就急匆匆写下答案。此外，解题方法并非只有一种，想到的方法越多，表明个体的思维越灵活。本书第二、三、四章重点探究了认知灵活性与词语、句子、语篇阅读的关系。鉴于阅读活动的广泛性，本章基于多元视角进一步考察认知灵活性与阅读的关系，主要从数学问题解决、模式理解、性别刻板印象、审辩思维四方面展开探讨。

第一节　认知灵活性与数学问题解决

一、数学问题解决

数学问题解决是日常数学问题在学校数学课程中的集中体现。数学问题解决与算术计算有相似之处，二者都需要解决算术问题。但算术计算的算式已知，属于结构良好任务；而数学问题解决缺乏明确的解决步骤，需要解题者自己根据题意列出算式，属于结构不良任务。要想正确列出算式，解题者必须读懂题目的各项要求（韦力慧，2014）。数学问题解决题目中常包含数学概念、符号、图表、文字等内容，其题意理解过程涉及一般语言理解和数学问题语言理解（Fuchs et al.，2015）。因此，语言结构、词汇发展、流畅性、文本理解、概括总结等阅读技能对数学问题的解决至关重要（Capraro et al.，2012）。例如，阅读能力可以预测 6—7 岁儿童（Bjork et al.，2013）和 9—10 岁儿童（Vilenius-Tuohimaa et al.，2008）的数学问题解决能力。特定数学语言理解能预测 7 岁儿童的数学问题解决能力（Fuchs et al.，2018）。对数学题目问题情境的解读只是正确构建数字表达式的前提，学习者还必须准确把握变量之间的关系，选择相关策略并找到正确操作方法，认知要足够灵活，以避免被问题的表面特征所误导（如"少于"并不意味着自动做减法）（Wong et al.，2017）。

综上，由于数学问题解决涉及用语言表述的数学问题，除了算术计算外，它还需要诸如工作记忆、长时记忆、注意、非言语问题解决、概念形成、阅读和认知灵活性等诸多认知技能的参与（Fuchs et al.，2006）。我们在这里把焦点集中于认知灵活性对数学问题解决的作用。

二、认知灵活性对数学问题解决的作用

认知灵活个体在数学问题解决过程中不易受认知定势的影响。认知定势指个体一旦采用习得规则就难以选择其他策略的现象。认知定势普遍存在于人类问题解决的过程中。例如，无论是小学生、高中生、大学生还是成人，在习得了复杂的 4 步解题策略后都难以转换到简洁的一步策略，这表明熟悉策略形成的认知定势阻碍了个体对更高效方案的选用（Luchins，1942）。高水平的认知灵活性有助于个体从错误中学习、使用反馈、选择其他策略、同时处理多种信息，从而减小认知定势的影响。研究显示，认知灵活性有助于学习者基于特定问题在不同策略间转换并选择最优策略（Hodzik et al.，2011）。在控制了流体智力、注意、抑制控制和工作记忆后，认知灵活性对 4 年级和 6 年级儿童的数学成绩的提升仍能做出独特贡献（Magalhães et al.，2020）。此外，认知灵活性还会影响数学学习情感。认知灵活个体认为自己拥有不同视角和产生多种不同解决策略的能力，而认知不灵活个体更易产生无助感。例如，认知灵活性能负向预测土耳其 8 年级学生对数学学习的习得性无助（Taş et al.，2018）。以下分别探讨一般领域认知灵活性和数学领域认知灵活性（如表征灵活性、策略灵活

性）对数学问题解决的作用。

（一）一般领域认知灵活性对数学问题解决的作用

一般领域认知灵活性对数学问题解决的作用尚存争议。一种观点认为，一般领域认知灵活性是儿童数学问题解决的显著预测因素（Arán-Filippetti et al.，2017）。例如，一般领域认知灵活性（采用 WCST）有助于 8 岁儿童协调不同表征和在不同解题和计算步骤之间转换（Viterbori et al.，2017）。对 13—14 岁儿童执行功能与数学问题解决关系的研究表明，执行功能不同子成分对数学问题解决的作用有所不同：更新对于理解问题、抑制对于实施计划、一般领域认知灵活性对于评估阶段具有重要作用（Kotsopoulos et al.，2012）。但是该研究并未直接测量执行功能，而是采用生态学方法让被试口头报告解题的思维过程，从中推断出其执行功能与数学问题解决阶段的关系。相反，另一种观点认为，一般领域认知灵活性与数学问题解决关系不大。例如，11 岁儿童的一般领域认知灵活性（采用"数字奇偶/字母元辅音转换任务"和"加 2/减 2 转换任务"）与数学问题解决的相关不显著（Lee et al.，2009）。值得注意的是，不同研究对一般领域认知灵活性的测查任务有很大差异，因而对研究结果的比较需谨慎。

（二）表征灵活性对数学问题解决的作用

表征灵活性指个体在面对僵局时将情境属性重新编码为新表征的能力。以多种表征方式表示数学概念有助于概念理解。表征灵活性高的个体还善于以不同方式思考数量和关系。例如，根据情境将"分数"表征为"数值比、数字线上的位置、饼图"等不同形式。

表征灵活性有助于数学问题解决。在数学问题解决中，儿童要基于题意理解过程中推断出的语义关系来构建数学表征（Scheibling-Sève et al.，2017）。例如，一个涉及苹果和篮子的问题可能会唤起"包含"关系。儿童会将其从结构上与数学关系进行类比：苹果和篮子的包含关系（内容、容器）与数学中的除法关系（被除数、除数）。语义情境会影响这种对问题情境的自发编码，从而影响解题策略。实际上，新手往往全凭直觉，仅仅根据字面含义构建变量的关系结构，难以建立灵活的数学表征，从而导致对问题情境的错误判定。

（三）策略灵活性对数学问题解决的作用

策略灵活性指学习者掌握多种程序策略，并能基于问题、个人和情境特征从中选取和执行最恰当程序策略的能力（Verschaffel et al.，2009）。问题解决不仅要求准确性和速度，还要求最优策略。策略灵活性有助于个体在解决问题时考虑不同的程序策略，从纷繁复杂的程序中选择最有效策略，最终提高解题准确性和加快解题速度。例如，策略灵活性高的提高班高中生会选择高效的言语逻辑策略（采用方程或言语推理法）或视觉策略（采用图表或绘图辅助法），而策略灵活性低的普通班高中生会选择低效的试误策略（Kaizer et al.，1995）。

策略灵活性高的个体在数学问题解决中能够根据任务难度调整最优策略。有研究考察了高中低不同学业水平儿童对不同类型乘法题的解题策略，结果显示，高成就儿童具有根据不同类型乘法题选择不同策略的灵活性，而低成就儿童缺乏这种适应性（Zhang et al.，2014）。数学问题解决题目通常包含背景信息、问题陈述、相关信息和无关信息。抓取数字、简单比较、问题导向比较是三种常用的视觉扫描策略：抓取数字策略是直接搜寻题目中出现的数字而不考虑数字与问题意思的关系；简单比较策略是从文本中选择一些数字并尝试区分相关和无关数字；问题导向策略是基于问题需求去比较相关和无关信息。高成就儿童能够根据问题难度（没有无关信息、无关数字和无关文本）灵活调整视觉扫描策略（如增加对难题中相关信息的注视时间），而低成就儿童难以做到这一点（Cook et al.，2005）。

三、提升认知灵活性，促进数学问题解决

数学教育要始终贯穿认知灵活性的培养，把数学灵活性作为发展学生数学能力的立足点之一（刘伟方等，2014）。认知灵活性并非一种纯粹的技能，还涉及知识、信念、态度和情感，因而更是一种倾向性。如何在数学教育中提升学生的认知灵活性？机会-倾向性理论认为，学生在机会因素（如学习任务、教师变量、学校氛围等）、倾向因素（利用机会的能力、意愿和行为）和远端因素（家庭经济背景、父母期望、父母价值观、自我期望、以往成绩等）的共同作用下更易达成高学业成就（王婷等，2018；Byrnes et al.，2007）。这些因素对认知灵活性的培养同样具有重要意义。先前知识作为倾向性因素、开放式

探究性问题作为机会因素，能够显著预测 8—9 年级学生的认知灵活性。性别作为远端因素，对认知灵活性也有影响（Star et al., 2015）。

数学教学要特别注重营造分享氛围，培养学生采用多种策略解决同一问题的思维习惯；让学生了解具体和抽象方式都可用于数学问题解决，并鼓励学生准确理解语义关系以建立灵活的数学表征；还要注重提供数学问题解决在现实生活中的情境应用，以提升学生的数学价值认同。此外，教师还要根据学生的年龄、性别、学业水平等因素有的放矢地展开干预。

（一）多维视角摆脱僵化

思维僵化会导致个体拒绝变化。拒绝变化的学生长期采用传统思维方式，根深蒂固的思维方式使灵活思考变得更加困难（McNeil，2014）。如何摆脱思维僵化，提升认知灵活性？多维视角是基本原则。个体首先要意识到看问题并非只有一种视角，每个问题都有许多潜在的解决方案。有研究考察了认知和情感因素对大学生数学灵活性的影响（Shaw et al., 2020）。数学灵活性指标是个体对简单算术题（如"820-410=？"）给出的独特解题策略数量。结果显示，与数学焦虑、数学认同、认知需求和工作记忆相比，只有对其他可能策略的知觉与数学灵活性呈显著相关。这是因为：首先，能力可能会促进策略知觉，有能力的个体会产生存在更多可能策略的知觉；其次，思维僵化可能会削弱策略知觉。由于不认为还有更多的解题策略，思维僵化的个体即使有能力做到也不愿意去思考额外策略。

对不同方法异同的比较有助于摆脱刻板遵循单一解决方案的惯性。例如，研究者考察了为期 2 天的短期干预对 11—13 岁儿童一元一次方程解题能力的影响（Rittle-Johnson et al., 2007）。儿童两人为一组进行讨论，干预组比较方程的不同解决方法，控制组则每次都只考虑相同解决方法。结果显示，干预组在策略知识和策略灵活性上都显著优于控制组。基于比较不同解决方法的干预促使儿童区分问题的重要特征（如简便算法）、考虑多种方案，因而提升了策略灵活性。后续研究进一步发现，通过对数学问题解决中多种策略的交替支持，能够有效提升策略灵活性（Rittle-Johnson et al., 2011）。与第二天再对比相比，当天即刻对比多种解题策略显著提升了 13—15 岁儿童的策略灵活性，并且如果在第二天只提供多种策略但不鼓励对比分析，儿童的策略灵活性也不会得到提升。

（二）准确理解语义关系，灵活构建数学表征

除了采用多维视角外，个体还要准确理解题意中的语义关系，以建立灵活的数学表征。儿童在解决数学问题时常常遵循机械联系、套用熟悉方法等模式，思维难以随题目性质的变化而灵活转换（朱玉英，1965）。很多儿童一看到某些语句就容易形成某种"运算定势"，无法灵活地形成正确表征。例如，一看到"树上的鸟飞走 5 只"就想到"还剩几只"，实际上，题目可能是要问"飞走的与剩下的差值是多少"。

干预可以增强学生灵活构建数学表征的能力。例如，为期近两年的思考性应用题干预有效提升了新入学小学生的思维灵活性（时蓉华等，1981）。与计算干预和控制组相比，基于关系分类的数学问题解决干预显著提升了 2 年级儿童数学问题解决成绩（Schumacher et al.，2012）。Scheibling-Sève 等（2017）对 4、5 年级儿童的数学问题解决进行了干预研究。研究者对控制组学生采用在题目陈述中选择相关信息并做出操作的常规教学方法，对干预组学生采用鼓励寻找语义关系（部分组成整体）及考虑不同方法价值的培养策略灵活性的教学方法。每个题目涉及 1 个因素和 3 个被加数，如本章开头提到的问题："一项接力赛中，每个队有 5 名运动员，每名运动员先跑 8 千米环形跑道，接着是 2 千米直道，最后是 6 千米环形跑道。每个队总共跑了多少千米？"此类题目主要有两种解题策略：扩展策略和因子策略。扩展策略是把每部分先相乘再加总：$5×8+5×2+5×6$。因子策略是先对部分进行加总再与因素相乘：$(8+2+6)×5$。经过 5 次训练，干预组儿童更少依赖语义情境，在后测中采用因子策略和双重策略（包含扩展策略和因子策略）的迁移问题上比控制组表现更好，表明干预组更善于从由问题变量诱发的自发表征转换为基于数学结构的灵活表征。

（三）情境应用，数学认同

学生对应用题情节性变换的灵活性和广泛性，与学生对生活、学习经验的数学抽象能力和具体化能力的发展有关（何纪全，1988）。因此，将数学知识应用于现实生活情境有助于促进儿童认知灵活性的发展，并且认知灵活性又会进一步促进数学应用的内化，从而提升其对数学价值的认同（Matthews，2017）。

（四）基于个体差异，有的放矢地实施干预

不同个体对同一问题可能会采取不同策略，即使是同一个体也可能采用多种不同方式考虑同一问题（Siegler，2005）。数学问题解决灵活性的干预要特别考虑年龄、性别等个体差异因素的影响。

首先来看年龄的影响。在解决数学问题时，个体常常需要修正最初策略并转向更佳策略，这种转换能力受到年龄的影响。老年人的策略转换能力较年轻人更差，一旦开始某种策略就难以调整，即使能够改变也会付出更大的策略转换代价（Taillan et al.，2015）。

其次来看性别的影响。男生和女生谁在解决数学问题时更灵活？已有关于数学问题解决的性别差异研究结果并不一致。有研究发现，与女高中生相比，男高中生是更灵活的问题解决者，他们的数学问题解决策略更复杂、更新颖（Gallagher et al.，2000）。但也有研究发现，8—9 年级女生比男生解决代数问题时更灵活（Star et al.，2015）。

最后，学业水平也是重要的影响因素。已有数学问题解决灵活性研究更多关注学困生。事实上，学优生更善于分门别类地存储各类知识，从而保证了在解决数学问题时可用不同方式灵活调用这些知识。因此，数学学优生在策略获得、策略灵活性上更具优势（辛自强等，2013）。未来研究可考察学优生认知灵活性与数学问题解决的关系，并与学困生进行对比，从而为不同学业水平学生的干预提供更全面的理论依据。

第二节　认知灵活性与模式理解

一、模式理解

（一）模式理解的含义

模式理解（pattern understanding）也称模式化，是探究一组有序单元中颜色、形状、物体、字母或数字等重复规律的能力（Burgoyne et al.，2017）。模式有多种形式，根据变化规律，可分为重复模式（例如，O △ △ O ? △）、对称

有序模式（例如，o o O O o ？）、升序变化模式（例如，N-P-R-?-V）和降序变化模式（例如，100-95-90-?-80-75）等。根据内容，可分为颜色模式、数字模式、字母模式、大小模式、形状模式、空间结构模式等。根据难易程度，可分为简单模式和复杂模式（例如，0-1-1-2-3-5-8-?-21-34）（Lee et al.，2012）。

模式理解是如何发生的？研究者对于人们如何找到模式中规律的问题尚未达成共识。关系转换理论和关系复杂性理论被认为是两种主要的观点。关系转换理论强调关系知识是模式知识的重要成分。为了识别模式中的重复单元，儿童需要确定模式中不同要素之间的关系。在模式理解能力的发展过程中，儿童首先注意到目标的知觉相似性（如"一角馅饼"和"一角披萨"），在积累了大量特定领域关系知识后才能注意到目标的关系相似性（如"漂在水上的鸭子"和"浮在空中的气球"），这个过程被称为关系转换（Gentner，1989）。与之不同，关系复杂性理论强调的是工作记忆在加工关系相似性中的重要作用（Halford et al.，1998）。特定模式的关系越复杂，儿童越依赖于关系知识的工作记忆容量。

（二）如何测量模式理解

复制、创造、填充、扩展、概括化、识别等任务常用于测量模式理解（Wijns et al.，2019）。①复制，即根据样例（例如，★ □★ □★ □）完成同样的模式。②创造，即采用给定元素（例如，★ □）创造一种模式。③填充，即补全缺失元素（例如，★ □★ ？ ★ □）。④扩展，即给出模式接下来将是什么元素（例如，★ □★ □★ ？ ）。⑤概括化，即采用不同的材料（例如，●△）完成与样例（例如，★ □★ □★ □）相同的模式。⑥识别，即找到与样例模式（例如，★ □★ □★ □）相同的模式（例如，"★ □★ □★ □"还是"★ ★ □★ ★ □"），或者找到模式中的最小单元（例如，"★ □★ □★ □中"的"★□"）。

模式完成任务（pattern completion task，PCT）常用于考察学前儿童的思维灵活性和抽象能力（Bennett et al.，2010）。该任务所需测验材料如下：装有16张28厘米×21.5厘米白纸的信封，装有不同颜色（红、绿、蓝）和形状（圆、方和三角）的积木、1只塑料小青蛙和1匹陶瓷小马的3个不透明塑料盒子。每张纸上是1个不完整的包含6个项目的序列（图5-1）。任务是补全最后的缺失项，完成模式。指导语如下："这儿有一个青蛙宝宝和它的家。这是青蛙宝宝回家的路（指着模式图），但是终点的路坏了（指着×）。我们要选择正确的颜色和形状才能修好路……比如，这条路是红方块—红方块—红方块—红方块—红方块，所以接下来用一个红方块就能把路修好（实验者从盒子里拿出一个红方块，放在×处），小青蛙可以跳着回家啦。现在你来试一试吧！"

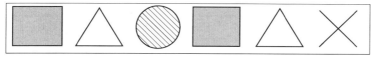

图 5-1　模式完成任务测试示例

材料来源：Bennett J，Müller U. 2010.The development of flexibility and abstraction in preschool children. Merrill-Palmer Quarterly，56（4）：455-473

儿童先练习 2 次，实验者会给出反馈。接下来儿童需要完成 13 次无反馈的正式测试（表 5-1）。仅根据第 5 个项目就能补全缺失项的为容易任务，否则为困难任务。计分方式为完成不同难度模式完成任务的百分比。

表 5-1　模式完成任务的项目

序号	难度	模式
1	易	红方块、红方块、红方块、红圆、红圆、红圆
2	易	红方块、红方块、蓝三角、蓝三角、绿圆、绿圆
3	易	红方块、红方块、红圆、红圆、红方块、红方块
4	难	红方块、蓝方块、红三角、蓝三角、红圆、蓝圆
5	难	红方块、红圆、红三角、红方块、红圆、红三角
6	易	红方块、蓝三角、蓝三角、蓝方块、绿三角、绿三角
7	易	红方块、红方块、红圆、红圆、红三角、红三角
8	难	红方块、蓝三角、绿圆、绿圆、蓝三角、红方块
9	易	红方块、红圆、红圆、红方块、红圆、红圆
10	难	红方块、蓝三角、绿圆、红方块、蓝三角、绿圆
11	难	红方块、蓝三角、红方块、蓝三角、红方块、蓝三角
12	难	红方块、红圆、红方块、红方块、红圆、红方块
13	难	红方块、蓝三角、蓝方块、红三角、红方块、蓝三角

（三）模式理解的发展特点和性别差异

模式理解能力在学前阶段发展迅速。3—4 岁幼儿的模式复制能力迅速发展，之后趋于稳定；4—5 岁幼儿的模式扩展能力发展较为迅速；5—6 岁幼儿洞察重复单元模式并对特定模式进行概括化的能力大大增强，在自由游戏中常自发创造各种模式（史亚娟等，2003；Wijns et al.，2019）。模式理解可能存在性别差异。例如，小学 1 年级男生的模式理解准确性优于女生（Patterson et al.，2015）。

（四）模式理解与学业成就

模式理解是促进学业成就提升的一种核心认知能力（Gadzichowski et al.，2018）。已有研究大多关注模式理解与数学学习的关系。研究者普遍认为，儿童早期对模式概念和结构关系的认识是数学学习的关键所在（黄瑾等，2018；Wijns et al.，2019）。例如，模式理解能力较差的 10 岁儿童在代数推理任务上存在困难（Lee et al.，2011）。尽管有研究表明模式理解与阅读关系密切（Pasnak et al.，2016；Burgoyne et al.，2017），但是探究模式理解与阅读关系的研究数量较为有限，尚需要更多的研究证据。

二、认知灵活性对模式理解的作用

尽管以往研究对学业成就领域中模式理解的类型、影响因素及模式教学进行了大量探讨，但近年来认知发展领域研究才开始关注模式理解（魏勇刚等，2010）。执行功能对模式理解的影响是研究者关注的一个焦点问题。执行功能的子成分对模式理解都有其独特贡献。工作记忆有助于个体更新知识、加工复杂模式关系。抑制控制有助于个体更多关注模式结构而非无关特征。认知灵活性有助于个体在不同模式要素之间转换，这种转换能力体现了个体对复杂相似关系的抽象能力（Bennett et al.，2010）。例如，高认知灵活儿童更有可能在不同模式要素（比如，在 ABBABB 模式中"从 A 到 B"及"从 B 到 A"的转换）或不同模式之间转换注意，最终准确辨别并预测模式序列中的规律（Bock et al.，2015；Miller et al.，2016）。

基于本书的主题，我们想要了解认知灵活性、模式理解和阅读的关系如何。已有研究表明，认知灵活性能促进模式理解（Bennett et al.，2010；Bock et al.，2018；Mohtasham et al.，2019）和阅读（Cartwright，2015），并且模式理解能促进阅读（Kidd et al.，2014），据此似乎可以做出认知灵活性通过促进模式理解进而提升阅读成就的假设。事实上，已有研究表明，模式理解在认知灵活性对阅读理解的影响中起完全中介作用（Schmerold et al.，2017）。但是，有关认知灵活性、模式理解与阅读关系的研究数量还相当有限，有关汉语的研究更为匮乏。

三、模式教学干预

（一）模式教学促进认知发展

模式活动是非常适合儿童的学习方式。虽然儿童对重复模式的知觉能够自然而然地发生，但是外显教学也非常必要。模式理解教学可以促进流体智力或其他智力成分的发展，也可以促进执行功能的发展（Pasnak，2017）。事实上，模式教学已经在教育教学实践中得到广泛应用以促进儿童思维发展（Bock et al.，2018）。与单纯学习数字、数数、字母拼写等直接指向学业成就的活动相比，有助于理解抽象概念变化的模式教学更能促进儿童认知的发展（Lee et al.，2012）。

模式教学干预有助于提升儿童的模式理解能力。例如，每周 3 次、持续 8 周的复杂模式教学干预显著提升了幼儿的模式理解能力，但对识字和数学能力的提升效果不显著（Kidd et al.，2019）。类似地，每周 5 次（每次 15 分钟）、持续将近 1 学年的模式教学显著提升了幼儿的模式理解能力，但对识字能力的提升效果不显著（Pasnak et al.，2019）。

（二）模式教学提升学业成就

模式教学能提升儿童的学业成就。例如，相对于阅读、数学和社会研究教学组，每周 3 次（每次 15 分钟）、持续 6 个月的模式教学显著提升了 1 年级儿童的模式理解、阅读和数学成绩（Kidd et al.，2013，2014）。类似地，有研究采用电脑游戏对 2 年级儿童进行每周 3 次（每次 20 分钟）、持续 4 个月的模式认知干预，简单模式中刺激的颜色或形状相同，复杂模式中刺激的颜色和形状都不同，如"蓝圆圈—黄三角—蓝圆圈—黄三角"，模式数量、形状旋转等也可能有所不同，结果显示，模式游戏干预组的阅读和数学成绩显著高于控制组

（Wexler et al., 2016）。

四、研究展望

　　首先，未来研究可关注认知灵活性在不同类型模式理解中的作用。已有模式理解研究大多关注某种单一类型模式。尽管 Bock 等（2018）首次考察了执行功能在涉及数字、字母、形状等多种不同类型模式理解中的作用，但很少有研究关注认知灵活性对不同类型模式理解的作用。未来研究可关注认知灵活性与不同类型复杂模式理解的关系，以及其在前代数思维、早期读写能力、数学和阅读领域中的作用。

　　其次，深入探究模式理解干预的内在机制。尽管已有研究表明模式理解教学干预对模式理解、学业成就具有促进作用，但其内在机制尚不明确。认知灵活性会影响模式理解能力，而模式理解有助于数学和早期阅读技能的发展，因此强调模式任务中的认知转换成分将会促进模式理解干预效果，并进一步提升学业技能（Schmerold et al., 2017）。模式理解干预的内在机制还有待进一步的研究。

第三节　性别刻板印象与阅读

一、性别刻板印象

（一）性别刻板印象的含义

　　性别刻板印象（gender stereotyping）是关于男性和女性特征或属性的信念（Halim et al., 2010）。尽管性别平等教育被大多数人所倡导，但性别刻板印象仍普遍存在，并且会对个体的学业成就（Heyder et al., 2013）和职业兴趣产生影响（Forsman et al., 2016）。阅读常被看作女性化活动。生活中，女性似乎也确实比男性阅读的时间更多。"男孩爱数学，女孩爱阅读"，持这种观念的教师、家长甚至儿童大有人在。这种性别刻板印象会提升女性的阅读动机，削弱男性的阅读动机。例如，性别刻板印象而非性别本身更好地预测了儿童的内源性阅读动机（McGeown et al.，2012，2019）。

（二）性别刻板印象的发展

性别刻板印象具有明显的发展特点。儿童性别刻板印象的发展大致经历了三个阶段：第一阶段为建构期，儿童开始了解性别特征并习得性别刻板印象。第二阶段为固着期，儿童习得的性别知识日益固化，性别刻板印象的僵化程度在 5—7 岁达到顶峰。儿童甚至可能会对自己的性别刻板印象给出生理方面的解释。例如，小学 1 年级女生会认为："小学时，我们女生的脑子特别发达。"男生也认同以下观点："我们男生的脑子到了高中就会特别发达。"第三阶段为整合期，8 岁以后，儿童的性别刻板印象知识随年龄增长日益增多，性别刻板印象灵活性在 10 岁左右得到高度发展（Trautner et al.，2005）。例如，儿童会认为，尽管男孩玩汽车玩具更为常见，但女孩也可以玩汽车玩具。此后，青少年性别概念的灵活性日益增强，而传统性别概念的固化程度逐渐下降（Katz et al.，1994）。与儿童相比，青少年身处更为多元的社会环境中，更多受到跨性别同伴和媒体角色的影响，因而其性别概念更加灵活。

儿童对自身和他人的性别刻板印象是否存在差异？这涉及性别角色灵活性问题。性别角色灵活性包含对自身偏爱休闲活动和学业灵活性的态度，以及对他人灵活性的态度（Katz et al.，1994）。有趣的是，个体在对自身和他人性别角色灵活性的态度上似乎具有双重标准。儿童可以容忍别人的性别灵活行为，但自己却拒绝表现出同样行为。

（三）性别刻板印象灵活性与自发刻板印象的分离

自发刻板印象是一种内隐刻板印象，用来解释不受认知控制条件下自动激活社会刻板印象的行为表现。值得注意的是，尽管个体的性别刻板印象随年龄增长日益灵活，但自发刻板印象却不受年龄的影响而始终存在。这种现象被称为性别刻板印象灵活性与自发刻板印象的分离（Banse et al.，2010）。Banse 等（2010）发现，儿童的刻板印象灵活性从 5—11 岁持续提升，但刻板印象知识和自发刻板印象从 5 岁开始就始终保持高水平，这表明刻板印象灵活性不足以消除儿童的自发刻板印象。

二、阅读对性别刻板印象的影响

阅读是儿童形成性别刻板印象的重要途径。儿童在阅读中获得了社会共享的性别刻板印象文化知识（Kollmayer et al.，2018）。阅读材料、阅读指导者和阅读推广是性别刻板印象的主要影响因素。

（一）阅读材料

阅读材料将抽象的性别角色概念传递给读者，因而称得上是最好的教育媒介。大量性别刻板印象存在于教科书（崔冲等，2019）、绘本（陈宁等，2018）、童话（于晓晴等，2010；刘丽群等，2014）、儿童文学（乔以钢等，2017）、小说（Awan et al.，2019）、报纸（李立新，2013）、杂志（Spinner et al.，2018）等阅读材料中。以下主要介绍教科书和绘本的性别刻板印象研究。

1. 教科书

教科书是社会主流思想和态度的社会文化信息来源，是传递性别角色行为社会规则和标准的重要媒介。教科书中的男性主导优势随处可见（杨中枢，2003；魏佳等，2015；孙庆括等，2017；徐莉等，2018；Wang，1998；Islam et al.，2018；Gouvias et al.，2018）。例如，一项摩洛哥研究采用内容分析法，考察了 2016—2017 学年 95 本学前教育教科书中 2789 幅图片中的女性表征，结果显示，女性更多出现在家务和休闲环境而非职业环境中（Cobano-Delgado et al.，2019）。

尽管近年来教科书中的女性知名度有一定提升，但是教科书中的男性中心倾向和性别形象刻画偏见仍较为普遍。隐蔽在教科书中的性别刻板印象是制约女性教育发展及教育性别平等的关键因素。对充斥性别刻板印象和女性出现率不足教科书的使用成为限制女生学业成就和职业选择的重要因素。为了减少教科书中的性别刻板印象，应增加教科书性别偏见研究经费、出台教科书规范准则、加强教科书编写性别平等的培训等（瑞伊·莱瑟·布鲁伯格等，2016）。

2. 绘本

绘本是学前儿童的主要阅读材料。与教科书一样，绘本中也存在大量的男性主导优势。对绘本中涉及技术内容的性别编码研究显示，男性角色比女性角色更多地出现在绘本中，并且男性通常是发展和使用技术的人，女性往往处于辅助或观摩地位（Axell et al.，2021）。这种对技术领域的男性编码会限制幼儿未来的职业选择和发展。

近年来，绘本在我国日益普及。除了引进国外绘本外，我国也涌现出很多原创绘本。但是，国内原创绘本中与性别有关的主题基本上属于性别二元对立的规范性教育（陈宁，2016）。对中国原创绘本中角色设置、主题/场景设置、气质展现等方面的研究显示，原创绘本中的性别教育观念整体上没有体现出现代公民教育中应有的主体性和包容性，仍然根植于性别二元对立的规范性教育，性别刻板印象严重，比如，男孩应该强壮、冒险、勇敢、主动等，女孩应该漂亮、隐忍、奉献、被动等（陈宁等，2018）。某些绘本甚至始终用粉红色和蓝色区别女孩子和男孩子，而且总是以女孩儿想要公主裙、玩毛绒玩具和积木，男孩儿想要遥控飞机、机器人和霸王龙玩具来体现性别差异（马瑞洁等，2019）。此外，绘本人物职业存在职业性别隔离现象，绘本中男性的职业（如律师、建筑师、司机、水手、科学家等）远比女性的职业（如教师、芭蕾舞演员、家庭主妇等）更为丰富（刘晓晔等，2018）。这种基于外表、人格、爱好、行为、职业等因素来区分性别的做法不利于儿童性别角色灵活性的发展。

绘本中性别角色、性别气质和性别行为的多样化态势有助于培养儿童性别刻板印象灵活性。倡导性别平等的绘本打破了传统性别刻板印象，重新定义了性别角色，鼓励儿童尊重多元与差异的空间，以更开阔的视角和更包容的心态面对这个世界（王晓艳，2015）。例如，在《威廉的洋娃娃》绘本中，小男孩威廉想要一个洋娃娃，他的小小心愿却被哥哥说成恶心，邻居小朋友骂他娘娘腔，爸爸给威廉买了篮球、电动火车，但是威廉心里最想要的还是洋娃娃。直到有一天，奶奶来了，威廉才实现了他的愿望。奶奶还让爸爸了解到，玩洋娃娃的男孩其实没有什么不好。威廉的经历可能是很多孩子遇到过的，在孩子的成长过程中，教会孩子认识到平等，允许孩子有自己的兴趣爱好才是最重要的。

（二）阅读指导者

作为阅读指导者，父母或教师有必要反思阅读指导对性别刻板印象的影响（Kollmayer et al.，2018）。从出生之日起，某种性别预期就被父母、教师、同伴以及其他社会化过程中接触到的人（当然还有各种媒体）传递给了儿童。教师、父母等阅读指导者自身的性别刻板印象对于儿童性别刻板印象的形成具有重要作用。同样的阅读材料，不同的阅读指导者可能会做出非常不同的引导。即使阅读材料本身不存在性别刻板印象，阅读指导者讲授时的语言、态度等也可能会造成某种性别刻板印象。因此，在为儿童读绘本、讲故事、授课时，父母和教师应尽量避免自身性别刻板印象对儿童的影响，在发现儿童读物中存在性别刻板印象时，要适时向幼儿做出合理的解释和引导（张学而，2018）。

1. 父母

父母从孩子小时候起就开始与其交流自己关于性别的观点。在亲子共读中，父母会直接表达自己的性别刻板印象，或者通过性别标签、评论等方式间接强化男孩和女孩的适宜行为。有研究考察了荷兰父母在与其 2—4 岁儿女一起读绘本时的谈话中涉及的性别因素与其内隐刻板印象之间的关系（Endendijk et al.，2014）。性别刻板印象绘本由 12 幅儿童从事某种活动的图片组成（如建沙堡、娃娃家等）。父母讲绘本时的语言被编码为三类：性别区分、活动评论、性别刻板印象评论。性别区分涉及采用女子气（如"女孩儿""她""她的""Sandra"）和男子气（如"男孩儿""他""他的""Nick"）的称呼。活动评论涉及积极（如"堆雪人很有趣"）、中性（如"孩子们在玩娃娃"）和消极（如"向别的孩子脸上扔沙子是不友善的"）。性别刻板印象评论涉及确认（如"男孩子从不玩娃娃"）和反驳（如"女孩子也可以建冰屋"）。研究结果显示，第一，对图片中的中性儿童，父母都使用了符合该活动性别刻板印象的性别标签。这向儿童间接传递了某些活动更适合男孩或女孩的信息。第二，母亲对性别刻板印象一致图片给出了更积极的评论，父亲则没有差异，这间接支持了性别刻板印象。第三，父亲比母亲更多采用直接形式的性别谈话（特别是在性别刻板印象不一致图片条件下），如"女孩不能玩冰球""男孩不能玩娃娃"。第四，具有平衡内隐性别刻板印象的母亲更可能向孩子传递以下观点：女孩也可以玩儿"男子气"很强的游戏，性别刻板印象不一致行为对男孩、女孩都是适宜的，消极行为对男孩、女孩都是不适宜的。

在孩子成长过程中，父母会将其关于情感的性别观念传递给儿童，从而影响其性别刻板印象。对生气、悲伤、恐惧、快乐情绪绘本的亲子讨论的研究显示，母亲比父亲更多地说明绘本人物的情绪，父母会把绘本中生气的中性人物更多地与男孩联系起来，把悲伤和快乐人物更多地与女孩联系起来（van der Pol et al.，2015）。有趣的是，尽管母亲通常与子女相处的时间更长，但是父亲对子女性别刻板印象的影响比母亲大（Hess et al.，2014；Galdi et al.，2017）。

2. 教师

教师的性别刻板印象是教师期望的直接来源，而教师期望会影响教学行为。有研究以 54 名教师和 1358 名 5 年级儿童为对象，考察了阅读性别刻板印象与教师期望的关系，结果显示，教师期望与学生的阅读成绩呈显著正相关；在 5 年级具有"女孩更强"刻板印象的教师对女孩比对男孩有更高的阅读能力预期，并且 18 个月后女孩确实比男孩取得了更好的阅读成绩（Muntoni et al.，2018）。由于教师在创设性别公平教学环境中具有重要作用，当儿童对性别刻板印象不一致活动感兴趣时，教师应做到的是多鼓励这些儿童（如热爱阅读的男孩、着迷于数学的女孩）。

3. 同伴

同伴持有的性别刻板印象会形成同伴压力，迫使个体不得不去遵循相应的行为规范，这对青少年的学业成就有举足轻重的影响（Muntoni et al.，2020）。如果周围同学都持有传统性别刻板印象，并且同学中存在传统性别榜样，那么学生更可能以传统方式展现性别刻板印象行为。有研究显示，在控制了 5 年级儿童本人的阅读性别刻板印象后，男生的阅读成就与其同学持有的性别刻板印象呈显著负相关（Muntoni et al.，2020）。

（三）阅读推广

性别分众是阅读推广中的重要影响因素，这是因为不同性别读者的阅读需求和阅读特征往往存在差异。也正因为如此，早期阅读推广中存在比较突出的性别偏见现象，具体表现在对绘本适读对象、绘本人物职业与人格特质等方面的性别刻板印象（刘晓晔等，2018）。例如，在"男孩必读""女孩必读"推荐绘本中，推荐者对适读对象判断的基本逻辑为"男孩应该读描写男孩的书""女孩应该读描写女孩的书"。此类绘本中的男女角色呈两极化趋势：女主人公被赋予了"美丽、可爱、乖巧、有爱心、被安慰和被拯救"等特质；男主人公则被赋予了"勇敢、无所不能、冒险、淘气、有正义感"等特质。

近年来，女性阅读与教育日益得到世界各国的重视，以实现男女教育平等为终极目标的女性阅读推广项目大量涌现（李龙等，2020）。

1. "勇敢女孩"项目

为庆祝爱尔兰妇女选举权诞生 100 周年，爱尔兰儿童图书组织（Children's Books Ireland，CBI）于 2018 年实施了"勇敢女孩"（bold girls）阅读推广计划。该计划的推广对象为女性群体，主要推广方式为线上推介以女性为主角的儿童文学书籍，发布女性角色书评，线下打造"性别平等认同"主题书展，在剧院播映"勇敢女孩"卡通片等一系列活动，此外，项目小组还制作了卡通文创产品，着力宣传 20 位爱尔兰女作家和插画家对儿童文学的贡献。

2. 查塔努加女孩领袖学院暑期阅读项目

查塔努加女孩领袖学院（Chattanooga girls leadership academy，CGLA）暑期阅读项目是 2019 年实施的公益学习项目。该项目旨在帮助女孩应对阅读困难，并激发她们的想象力。该项目的宗旨是提升"阅读挑战性及吸引力"，通过为 6—12 年级学生指定不同读物及任务来实行分级阅读。

3. "阅读之家"子项目——"女孩教育"

成立于 2000 年的"阅读之家"（room to read）项目致力于在非洲和亚洲国家实施教育及阅读推广计划。"女孩教育"是该项目的二级教育方案，旨在消除性别不平等，保障女性受教育权利。该项目包括建立社区图书馆、增设写作教学、出版童书、女性教育及生活技能培训等活动。

4. "早安女孩"项目

"早安女孩"（good morning girls，GMG）是"女性幸福（Women Living Well）"美国公益组织于 2009 年发起的女性专属阅读项目。该项目的宗旨是希望女性通过阅读指定文本增长自己的智慧，更勇敢地面对生活中的困境，成为更好的自己。

三、在阅读中提升性别刻板印象灵活性

性别刻板印象灵活性受生物、认知和社会等多种因素的影响，其发展进程揭示了儿童和青少年复杂的社会化过程（Katz et al.，1994）。这个过程对个体的性别认同具有广泛而深远的影响。提升性别刻板印象灵活性是重要的教育目

标。教育者有责任促使男孩和女孩都能意识到并充分发展自身所具有的能力（Kollmayer et al.，2018）。阅读是提升个体性别刻板印象灵活性的有效途径，具体策略包括选择性别平等读物、提供反性别刻板印象信息、培养审辩思维。

1. 选择性别平等读物

阅读材料应均衡体现男性和女性角色，并且不应基于性别评判人物成就。实际上，简单阅读女性成功榜样的材料就能降低女性的数学刻板印象威胁，使其与男性在困难数学问题解决中表现得一样好（McIntyre et al.，2005）。对于如何减少数学教科书中的性别刻板印象，中学生和数学教师都认为，在数学教科书中应对男性和女性进行真实平等的描写，应对男性编码优势最有效的策略是介绍本国和外国知名的伟大女性（Zakka，2018）。

除了选择性别平等读物外，家长和教师作为阅读指导者的态度和行为也很重要（Tsao，2008）。阅读指导者必须认识到自身的性别刻板印象会影响儿童的态度和行为，应注重为男孩和女孩树立性别平等的文化榜样。家长和教师应尽可能平等地呈现阅读材料中的男女角色，不应使男性和女性角色存在差异，使用中性的性别角色来代表主人公是一个不错的选择（Zakka，2018）。

2. 提供反性别刻板印象信息

反性别刻板印象信息（如男性照料孩子、女性是积极主动的领导者等）有助于提升性别刻板印象灵活性。根据刻板印象灵活编码理论，与刻板印象不一致的信息会得到更多的注意力资源（Sherman et al.，1998）。对于不一致性信息，刻板印象可促进其知觉编码却抑制其概念编码；相反，对于一致性信息，刻板印象可促进其概念编码却抑制其知觉编码。知觉编码的增强使个体对不一致信息细节的记忆更加清晰，随着此类信息的不断增多，个体可能会渐渐质疑原有刻板印象并改变认知。因此，灵活编码活动促进了刻板印象的灵活性的提升（李晓庆等，2005）。反性别刻板印象信息对刻板印象灵活性的促进作用主要体现在以下三方面。

第一，反性别刻板印象信息能为儿童提供性别相对平等的世界观（Abad et al.，2013）。例如，一项早期研究采用交叉滞后设计，向5—6岁儿童提供反性别刻板印象故事，并在当天和第二天分别测量其故事信息偏爱和回忆，结果显示，对于第一天越不喜欢的信息（反性别刻板印象信息），儿童在第二天测量时反而记住得越多（Kropp et al.，1983）。同样，4—5岁儿童在阅读时对性别不一致信息的回忆率（85%）相当高（Green et al.，2004）。此外，反性别刻板印象信息启动提升了女大学生的认知灵活性，并且更少受先前知识的影响（Goclowska et al.，2012）。可见，性别刻板印象灵活性的干预重点在于提供反性别刻板印象信息。

第二，反性别刻板印象信息会影响儿童对玩伴的性别选择（Abad et al.，2013）。例如，与性别刻板印象一致信息相比，对反性别刻板印象儿童杂志的阅读促进了4—7岁英国儿童玩具选择和玩伴选择的性别灵活性的提升（Spinner et al.，2018）。对反性别刻板印象卡通故事的阅读提升了6—12岁意大利儿童的性别刻板印象灵活性，并且较大儿童（11—12岁组、8—9岁组）比较小儿童（7—8岁组、6—7岁组）显示了更大的灵活性（Sagone et al.，2018）。

第三，反性别刻板印象信息会影响儿童的职业性别认知（Abad et al.，2013）。例如，为期2个月的反性别刻板印象阅读干预提升了4—8岁儿童的职业性别认知灵活性（Trepanier-Street et al.，1999）。《榜样读者》（Role Model Readers）是津巴布韦女作家撰写的系列传记，记录了12名女性成功克服诸如贫困、性别刻板印象和社会偏见的种种逆境，最终实现了传统男性主导职业理想（如内阁大臣、建筑师、卡车司机等）的历程。由于传统上津巴布韦小学的女生比男生拥有更低的、限制重重的职业理想，该书用于促使小学女生发生态度改变并形成积极的职业理想，是一种低成本的有效干预手段。津巴布韦19所小学中的178名4—7年级小学女生阅读《榜样读者》3年后，女孩们的非传统职业兴趣得到了显著提升（Nhundu，2007）。

3. 培养审辩思维

青少年每天都会受到来自父母、教师、同伴及大众媒体充斥性别刻板印象信息的轰炸，审辩思维是其鉴别和克服僵化性别刻板印象的有力武器。审辩思维有助于个体以理性、客观的眼光看待外界所提供的信息。因此，教师要鼓励学生审辩思考阅读材料中的性别偏向，并且学会拒绝男性或女性中心词。例如，教师和学生可以扮成"侦探"来发现教科书中的性别偏见；教师也可以向学生简单说明性别偏见的范例，然后让学生在一篇文章或一个故事中尽可能地找出类似情况（瑞伊·莱瑟·布鲁伯格等，2016）；教师还可以设计生动的性别课程，师生一起讨论僵化性别刻板印象的表现及其解决策略（Goldstein-Schultz，2016）。

第四节　高中生审辩思维的发展及阅读干预研究

一、引言

审辩思维（critical thinking）的核心意义是通过对问题、想法、事实和事件的综合分析和探究，来形成自己的观点或结论（李文玲等，2016）。审辩思维能力强的个体善于积极主动思考，而不是被动接受别人的观点。一项研究采用 Stroop 变式考察了高、低审辩思维倾向个体对肯定词、否定词的词义加工差异，结果显示，高审辩思维倾向个体对肯定词的颜色命名反应时更短，表明其对肯定词词义的自动化加工水平更低（宋洁等，2017）。审辩思维可分为审辩思维技能和审辩思维倾向。审辩思维核心技能包括质疑、分析、评鉴、推论、阐释、自我调整等（祝智庭等，2018）。个体在运用审辩思维技能前，需要情感的激发来保持在审辩和反思过程中的持久动力，这种动力来自审辩思维倾向。审辩思维倾向包括寻找真相、开放思想、分析能力、系统化能力、批判思维自信心、求知欲和认知成熟度（Facione et al.，1994）。

作为创新型人才的重要特征，审辩思维已经被列为中国学生核心素养的重要内容（林崇德，2017）。审辩思维有助于学生成为更有效的学习者。例如，在控制了一般认知能力后，审辩思维仍能显著预测儿童和成人的学业成就（Ren et al.，2020）。高中生审辩思维对其学业成就具有显著预测作用（苏红，2016）。但是学会审辩思维要经历一个长期的过程。已有研究大多聚焦于大学生审辩思维的发展和培养上（李正栓等，2015；宋香丽，2018；田社平等，2020）。例如，研究者采用混合学习法有效促进了大学生的审辩思维（吴彦茹，2014）。此外，很多院校的教师都开设了审辩思维课程以帮助大学生发展审辩思维，例如，中国青年政治学院的谷振诣教授、华中科技大学的陈刚教授、浙江大学的王彦君教授、南京林业大学的李广博教授等均开设了此类课程。

近年来，高中生审辩思维的发展和培养问题也开始得到关注。世界各国学界和教育界普遍认同在高中阶段培养和提高学生审辩思维能力的重要性和必要性（凌光明等，2019）。《教育部关于印发普通高中课程方案和语文等学科课程标准（2017 年版 2020 年修订）的通知》中就包括审辩思维能力的培养。一线教师已经开始尝试在阅读中培养初中生（陶莉，2017）和高中生（孟瑞等，2017）的审辩思维。但是，该领域还有很多问题没有得到解答。例如，高中生审辩思维的发展特点如何？如何培养高中生审辩思维？这是本次研究关注的问题。

二、研究一：高中生审辩思维的发展特点研究

（一）研究目的

本次研究拟探讨高中生审辩思维的发展轨迹，以及在性别、文理专业、出生顺序等方面的差异，以期为培养高中生审辩思维提供依据。

（二）研究方法

1. 被试

采用整群抽样的方法，从河北省保定市抽取了某高中的一至三年级学生作为被试（高一年级 14 个班，高二年级 14 个班，高三年级 7 个班）。共发放问卷 1672 份，回收有效问卷 1505 份，有效问卷回收率为 90.01%。被试的基本情况见表 5-2。

表 5-2　被试基本信息　　　　　　　　（单位：人）

人口学变量		n	人口学变量		n
年级	高一	716	性别	男	544
	高二	568		女	961
	高三	221	出生顺序	独生子女	715
专业	文科	428		排行最大	479
	理科	361		排行中间	47
	未分科	716		排行最小	264

2. 研究工具

采用彭美慈等（2004）修订的《加利福尼亚批判性思维倾向问卷（中文版）》（California critical thinking disposition inventory-Chinese version，CCTDI-CV）考察审辩思维，该问卷包含寻求真理、开放思想、分析能力、系统化能力、审辩思维自信心、求知欲、认知成熟度 7 个维度，每个维度包含 10 个项目，测试时间约为 20 分钟。本节研究中，该问卷的 Cronbach's α 系数为 0.86。

3. 研究程序

以班级为单位，由经过培训的心理学研究生对高中生进行集体施测。施测前，主试宣读指导语和注意事项，学生完全理解作答要求后开始答题，测试完成后当场回收问卷。

（三）研究结果

1. 高中生审辩思维的年级和性别差异

不同年级、不同性别高中生审辩思维各维度及总分的平均值、标准差及差异检验结果见表 5-3。由表 5-3 可知，高中生审辩思维总分具有不同的发展特点和性别差异。男女生在审辩思维总分上表现出相反的发展特点，高一时，男生得分显著高于女生（$p<0.01$），随后男生得分开始下降，直至高三得分显著低于高二得分；而女生得分开始上升，高二得分显著高于高一得分。因此，男女生在高二、高三时的得分差异不显著。

表 5-3 不同年级、不同性别高中生审辩思维得分描述性统计（$M \pm SD$）及差异比较

维度	性别	高一 （男=276，女=440）	高二 （男=191，女=377）	高三 （男=77，女=144）	F	事后检验
寻求真理	男	38.02±6.81	40.42±7.22	39.09±7.43	6.59***（2，541）	高一<高二
	女	37.68±6.82	40.33±6.67	40.77±6.11	20.96***（2，958）	高一<高二，高三
	t	0.66（714）	0.16（566）	-1.81（219）		
开放思想	男	42.13±5.73	42.42±5.87	40.38±6.61	3.45*（2，541）	高一，高二>高三
	女	42.90±4.75	43.11±4.93	42.37±5.32	1.19（2，958）	
	t	-1.94*（714）	-1.48（566）	-2.43*（219）		
分析能力	男	43.18±6.16	41.92±5.29	40.10±6.10	8.90***（2，541）	高一>高二>高三
	女	42.09±5.67	42.17±5.18	41.53±6.15	0.72（2，958）	
	t	2.42*（714）	-0.55（566）	-1.65（219）		

续表

维度	性别	高一 （男=276， 女=440）	高二 （男=191， 女=377）	高三 （男=77， 女=144）	F	事后检验
系统化 能力	男	37.78±6.83	38.85±7.17	38.42±6.27	1.40（2，541）	
	女	36.02±6.55	38.42±6.07	38.35±5.29	17.61***（2，958）	高一<高二，高三
	t	3.45***（714）	0.76（566）	0.08（219）		
审辩思 维自信 心	男	39.46±6.89	38.62±6.52	38.06±6.84	1.68（2，541）	
	女	35.98±6.60	36.62±6.13	36.07±6.25	1.10（2，958）	
	t	6.77***（714）	3.61***（566）	2.19*（219）		
求知欲	男	45.18±7.01	44.15±7.38	42.10±7.11	5.70**（2，541）	高一>高三
	女	43.58±7.06	43.50±6.73	43.22±7.01	0.15（2，958）	
	t	2.95**（714）	1.06（566）	−1.12（219）		
认知 成熟度	男	40.62±6.01	42.78±6.46	40.18±6.73	8.17***（2，541）	高一，高三<高二
	女	42.01±5.42	44.54±5.76	43.65±5.57	21.23***（2，958）	高一<高二，高三
	t	−3.21***（714）	−3.29***（566）	−4.09***（219）		
总分	男	286.37±29.23	289.17±32.25	278.34±32.50	3.40*（2，541）	高一，高二>高三
	女	280.25±27.76	288.68±26.78	285.97±28.71	9.79***（2，958）	高一<高二，高三
	t	2.81**（714）	0.19（566）	−1.80（219）		

注：F值、t值后面括号内为自由度，下同

审辩思维各维度得分也表现出不同的发展特点和性别差异。在系统化能力维度上，高一男生得分显著高于女生，高二女生得分显著高于高一女生（$p<0.001$）。在认知成熟度维度上，女生得分始终显著高于男生（$ps<0.001$），男女生都在高二时取得显著进步（$p<0.001$），不同的是女生将这种进步保持到了高三，男生在高三时又退回到高一的水平。在开放思想维度上，高一和高三女生得分显著高于男生（$ps<0.05$），女生得分从高一到高三保持相对稳定，而男生得分在高三开始下降，高三男生得分显著低于高一和高二男生（$ps<0.05$）；在分析能力维度上，高一男生得分显著高于女生（$p<0.05$），从高一到高三，女生得分相对保持稳定，而男生得分持续快速下降，导致不同年级之间的差异显著（$p<0.001$），因而高二、高三男女生差异不显著；在求知欲维度上，高一男生得分显著高于女生（$p<0.01$），随后男生得分持续缓慢下降，高三得分显著低于高一（$p<0.01$），因而高二、高三男女生差异不显著。

此外，审辩思维自信心维度上只表现出性别差异，寻求真理维度上只表现出年级差异。高中生在审辩思维自信心维度上的年级差异不显著，但各年级男生得分均显著高于女生（$ps<0.05$）。各年级高中生在寻求真理维度上的性别差异均不显著，但男女生高二得分均显著高于高一（$ps<0.001$）。

2. 高中生审辩思维的专业差异

不同文理科高中生审辩思维各维度及总分的平均值、标准差及差异检验结果见表 5-4。由于高一未进行文理分科，故只分析高二、高三学生。

表 5-4　不同文理科高中生审辩思维得分描述性统计（$M\pm SD$）及差异比较

维度	文科（n=428）	理科（n=361）	t	p
寻求真理	40.82±6.45	39.71±7.13	2.277	0.023
开放思想	42.73±5.36	42.32±5.58	1.058	0.290
分析能力	42.11±5.56	41.41±5.44	1.778	0.076
系统化能力	38.58±6.14	38.42±6.35	0.359	0.719
审辩思维自信心	37.07±6.44	37.23±6.32	−0.356	0.722
求知欲	43.02±6.95	44.01±7.01	−1.984	0.048
认知成熟度	44.34±5.77	42.55±6.42	4.081	<0.001
总分	288.67±29.00	285.65±29.45	1.447	0.148

由表 5-4 可知，在寻求真理（$p<0.05$）、认知成熟度（$p<0.001$）维度上，文科生得分显著高于理科生；在求知欲维度上，理科生得分显著高于文科生（$p<0.05$），在其他维度及总分上，文科生和理科生的差异均不显著。

3. 高中生审辩思维的出生顺序差异

将出生顺序分为独生子女、排行最大、排行中间、排行最小四类，不同出生顺序高中生审辩思维各维度及总分的平均值、标准差及差异检验结果见表 5-5。排行最大和排行最小高中生的认知成熟度得分显著高于独生子女和排行中间的高中生（$p<0.01$）。在其他维度及总分上，不同出生顺序高中生的差异均不显著。

表 5-5　不同出生顺序高中生审辩思维得分描述性统计（$M\pm SD$）及差异比较

维度	独生子女 （n=715）	排行最大 （n=479）	排行中间 （n=47）	排行最小 （n=264）	F（3, 1501）	事后比较
寻求真理	39.08±7.11	39.38±6.66	37.34±6.91	39.06±6.81	1.28	
开放思想	42.31±5.52	42.92±4.85	41.53±5.61	42.81±5.50	2.02	

维度	独生子女 （n=715）	排行最大 （n=479）	排行中间 （n=47）	排行最小 （n=264）	F（3,1501）	事后比较
分析能力	42.18±5.77	42.18±5.57	40.51±5.52	42.21±5.80	1.31	
系统化能力	37.61±6.77	38.02±6.16	36.89±7.24	37.22±6.36	1.11	
审辩思维自信心	37.53±6.73	36.91±6.40	37.45±7.09	36.95±6.75	1.02	
求知欲	43.67±7.08	44.26±7.02	41.85±6.42	43.75±7.03	1.96	
认知成熟度	42.10±6.19	43.15±5.47	40.77±6.56	43.00±6.24	4.86**	独生，中间<最大，最小
总分	284.49±29.46	286.81±28.36	276.34±27.62	285.01±28.70	2.10	

（四）讨论

1. 不同性别高中生审辩思维的发展特点

总体上，男女生的审辩思维发展趋势表现出相反特点。高一时，男生的审辩思维水平高于女生，随后开始下降，高三时的审辩思维水平低于高二；而女生的审辩思维水平持续上升，高二时的审辩思维水平高于高一，因而男女生的审辩思维水平在高二、高三相当。已有研究显示，高一学生审辩分析思维水平显著高于高二，男生的审辩分析思维水平显著高于女生（凌光明等，2019）。但该研究对象只涉及高一和高二学生，并且没有区分男女生审辩思维在不同年级的发展特点。本次研究结果启示教育者要根据男女生不同的发展特点有针对性地培养其审辩思维。具体来说，高一时要注重提升女生的审辩思维水平，高二时要防止男生审辩思维水平下降。

各维度上，男女生审辩思维发展趋势表现出三方面特点。第一，男生具有相对优势。在审辩思维自信心维度上，男生的发展水平始终高于女生。这与男高中生的一般自信水平显著高于女生的先前研究结果相一致（刘丽娟，2008）。在分析能力和求知欲维度上，高一时男生的发展水平高于女生，随后男生持续下降而女生保持稳定，因此高二和高三男女生的发展水平相当。在系统化能力维度上，高一时男生的发展水平高于女生，随后男生保持稳定而女生迅速发展并与男生持平。第二，女生具有相对优势。在认知成熟度维度上，女生的发展水平始终高于男生，男女生都在高二取得显著进步，不同的是女生将这种进步保持到了高三，而男生在高三时又退回到高一水平。在开放思想维度上，从高一到高三，女生的开放思想水平保持稳定而男生持续下降，高一和高三女生较男生更能开放思想。第三，男女生发展水平相当。在寻求真理维度上，各年级男女生的发展水平都相当，高二都是男女生发展的关键期。

2. 高中生审辩思维在专业上的差异

本次研究结果显示，文科和理科高中生的审辩思维总体水平相当。文科生在寻求真理和认知成熟度维度上的发展水平高于理科生；而理科生在求知欲维度上的发展水平高于文科生。

3. 高中生审辩思维在出生顺序上的差异

本次研究结果显示，不同出生顺序高中生的审辩思维总体水平相当，只在认知成熟度维度上表现出差异。排行最大和排行最小高中生的认知成熟度发展水平高于独生子女和排行中间高中生。一般而言，独生子女受到父母的关注最多，而排行中间的子女受到父母的关注最少。过多和过少的关注可能都不利于子女认知的成熟。排行最大的子女往往被教导要懂事、照顾好弟弟妹妹，因而其思维特点可能是更加周全、审慎。认知成熟度排行差异的认知机制还有待进一步探究。

三、研究二：高中生审辩思维的阅读干预研究

（一）研究目的

目前，高中生审辩思维培养研究多从语文、英语、历史、物理等学科教学角度切入，对审辩思维专门训练策略鲜有涉及。研究一表明，高中生审辩思维在不同年级、性别、文理科、出生顺序上都存在一定差异，干预能否促进高中生审辩思维发展？何种干预形式和内容能够取得积极效果？这是研究二关注的问题。

书籍带给读者理解世界的新颖视角。读书越多，大学生的审辩思维水平就越高（Karahan et al.，2020）。已有研究表明，阅读干预是促进学前流动儿童心理弹性发展的有效途径（张莉等，2019）。儿童在阅读中潜移默化地获得了多种多样的问题解决策略。由此推断，阅读干预对高中生审辩思维具有促进作用。此外，在团体中阐述自己的思想、与他人讨论问题以及评论他人观点等交

互行为也能够提升审辩思维水平（Gokhale，1995）。因此，本次研究采用材料阅读对高中生审辩思维进行阅读干预，并且设置团体辅导组和控制组以比较不同干预方法的效果。材料阅读组学生自学审辩思维材料，不参加任何活动和讨论；团体辅导组学生参与问题讨论等多种活动。本次研究假设，材料阅读和团体辅导都能提升高中生的审辩思维水平。

（二）研究方法

1. 被试

从参与过研究一的高一学生中招募被试。研究者在教学区 LED 显示屏上发布招募信息，同时召集高一年级各班班长开会，简单介绍活动的组织形式、活动内容和活动时间后，发给每个班长一份招募通知，让其在班级宣传活动并汇总自愿报名同学名单。研究者根据以下标准对报名学生进行筛选和分组：能够准时持续地参加干预活动，愿意以真诚心态与其他成员共同交流进步。最终选出的 42 人被随机分为三组，其中材料阅读组有 14 人（4 名男生，10 名女生），团体辅导组有 14 人（4 名男生，10 名女生），控制组有 14 人（5 名男生，9 名女生）。

2. 研究工具

审辩思维测量工具同研究一，本次研究中，该问卷的 Cronbach's α 系数为 0.861。采用自编问卷考察干预活动效果。在干预结束后，请材料阅读组和团体辅导组学生评价本次干预活动的效果和满意度，并提出改善建议。材料阅读组和团体辅导组的干预活动效果评价问卷题目略有不同。

3. 研究设计

本次研究采用材料阅读组、团体辅导组和控制组前后测的等组设计。自变量是组别（材料阅读组、团体辅导组、控制组）和测试时间（前测、后测），因变量是审辩思维。

4. 研究程序

材料阅读组参加审辩思维材料阅读活动，团体辅导组学生参加审辩思维团体辅导活动，控制组不进行干预。干预活动场所在学校二楼会议室，该会议室配备多媒体设备，环境舒适宽敞，不受外界环境干扰。学生来自不同班级，各班课程安排不同，所以只能在课外时间进行干预活动，材料阅读组的活动时间是晚上 19：50—21：10，团体辅导组的活动时间是中午 12：30—13：50。每个小组每次活动时间均为 1 小时 20 分钟左右，每周各组分别进行两次干预，持续 3 周，每组共进行 6 次干预。整个干预结束后采用《批判性思维倾向问卷》对三个组进行后测，采用干预活动效果评价问卷对材料阅读组和团体辅导组进行评估。

5. 干预方案

结合高中生身心特点和发展需求设计材料阅读和团体辅导活动方案，该方案主要借鉴国内外对审辩思维的干预模式设置（董毓，2017）。材料阅读组的干预材料来自研究者自编素材。为了确保材料阅读组学生充分阅读和思考材料，要求他们在阅读材料后写下相关问题的答案、分析思路以及学习感受，并在每次活动结束后上交给研究者。研究者在下一次的材料阅读课上，以纸质材料的形式将上次课程内容的答案和参考分析思路反馈给材料阅读组学生。团体辅导组和材料阅读组所学习的是相同的材料内容，不同之处在于材料阅读组在自学过程中没有团体互动和交流，而团体辅导组将学习内容融入团体活动和交流中。团体辅导活动的形式主要有团体游戏、讲授、团体讨论、角色扮演、互动、辩论、观看影片等。审辩思维团体辅导的具体方案见表 5-6。

表 5-6　审辩思维团体辅导的具体方案

活动名称	活动目标	活动内容
第一次活动：走进审辩思维	1. 团体成员相互熟悉，建立团队凝聚力 2. 初步了解审辩思维 3. 激发学习和探讨问题的兴趣	1. 暖场活动：滚雪球 2. 分成四个讨论组，选组长 3. 订立团体契约 4. 思考两道思维小题 5. 介绍审辩思维
第二次活动：审辩思维阅读方法	1. 通过思考材料尝试自己分析问题，小组讨论问题，学会审辩地对待他人观点和自己观点 2. 锻炼寻找论据的能力 3. 学会审辩思维阅读方法 4. 学习并体验反思质疑的精神	1. 暖场活动：虎克船长 2. 分组讨论材料：半费之讼 3. 阅读文章《孔乙己》并小组讨论问题 4. 介绍审辩思维阅读方法 5. 播放视频：余秋雨评价《孔乙己》
第三次活动：分析的思考	1. 学会基本的论证结构：论证=结论+论据 2. 学习拷问论证	1. 暖场活动：报数游戏 2. 分析材料《污染程度？不清楚》 3. 小组讨论材料，提出质疑 4. 布置辩论题目，选择持方

续表

活动名称	活动目标	活动内容
第四次活动：辩论会	1. 有依据地阐述己方观点 2. 挑出对方论据的破绽和逻辑漏洞 3. 尝试从不同立场看同一个问题	辩题：学校禁止高中生带手机是利大于弊还是弊大于利？
第五次活动：公正如何是好？	1. 了解前提和假设 2. 学习在隐含前提下进行推理论证	1. 暖场活动：数青蛙 2. 讨论问题：不死之酒 3. 讨论公正的案例
第六次活动：辩证的思考	1. 学习对问题进行多角度的探讨 2. 帮助学生回顾自己在团体中的经验和收获，观察自己和他人的成长与变化 3. 引导学生将自己的学习收获正迁移到今后的学业和生活中 4. 解散团体	1. 角色扮演：英国玛格丽特号事件 2. 讨论英国玛格丽特号事件 3. 回顾之前学习和讨论的内容 4. 分享自己的收获和感悟 5. 赠送礼物纪念 6. 合影留念

（三）研究结果

材料阅读组、团体辅导组和控制组在干预前后审辩思维各维度及总分的平均成绩和标准差见表 5-7。为考察干预组干预后审辩思维能力是否有所提升，以测验时间为自变量，以审辩思维各维度及总分为因变量，分别进行 3（组别：材料阅读组、团体辅导组、控制组）×2（测验时间：前测、后测）的重复测量方差分析。在审辩思维总分上，组别、测验时间各自的主效应和二者的交互作用均显著，简单效应分析结果显示，材料阅读组、团体辅导组和控制组在前测中的差异不显著（$p>0.05$），而在后测中，材料阅读组和团体辅导组得分都显著高于控制组（$p<0.01$），材料阅读组和团体辅导组的得分差异不显著（$p>0.05$）。

表 5-7   各组审辩思维前后测得分描述性统计（$M\pm SD$）及差异比较

审辩思维	材料阅读组（$n=14$）		团体辅导组（$n=14$）		控制组（$n=14$）		F		
	前测	后测	前测	后测	前测	后测	组别（2, 39）	测验时间（1, 39）	交互作用（2, 39）
寻求真理	38.57±5.19	41.07±4.78	34.64±6.83	40.14±8.47	33.00±6.66	33.86±8.37	3.82*	10.25**	2.17
开放思想	41.71±3.93	42.50±3.55	41.14±4.77	42.43±4.43	41.14±2.98	37.43±4.74	3.67*	0.40	3.38*
分析能力	38.21±3.45	41.64±6.11	41.00±7.96	42.29±5.84	41.71±6.38	40.57±3.28	0.56	1.09	1.34

续表

审辩思维	材料阅读组（n=14）		团体辅导组（n=14）		控制组（n=14）		F		
	前测	后测	前测	后测	前测	后测	组别(2, 39)	测验时间(1, 39)	交互作用(2, 39)
系统化能力	34.36±4.40	37.29±4.65	34.71±5.41	37.64±5.54	30.50±5.96	32.21±6.23	5.09*	7.16*	0.18
审辩思维自信心	33.57±5.10	35.57±6.60	37.50±7.44	38.64±5.27	35.57±7.13	36.36±7.47	1.24	2.24	0.17
求知欲	42.29±6.98	42.93±5.14	45.36±5.42	43.21±5.29	42.29±5.77	39.50±4.91	1.80	2.32	1.26
认知成熟度	41.00±3.72	45.86±3.88	40.71±6.51	44.07±6.66	40.00±6.05	37.93±5.62	3.07	7.62**	8.04**
总分	269.71±17.58	286.86±24.17	275.07±14.93	288.43±24.89	264.21±18.91	257.86±22.54	5.51**	5.64*	4.63*

根据 Cohen's d 统计技术计算效应值 $\left[d = \dfrac{M_1 - M_2}{\sqrt{(SD_1^2 + SD_2^2)/2}} \right]$，以此来进一步考察干预效果，结果如表 5-8 所示。在寻求真理、系统化能力、认知成熟度三个维度和总分上，两种干预方法的效应值都达到 0.5 以上，在分析能力维度上，材料阅读组的效应值达到 0.5 以上；而控制组的效应值在各维度及总分上都小于等于 0.35，在有些维度上甚至出现了负值。这表明与控制组相比，材料阅读组和团体辅导组的审辩思维水平都得到了有效提升。此外，材料阅读对分析能力和认知成熟度的提升作用优于团体辅导，团体辅导对寻求真理的提升作用优于材料阅读。

表 5-8 审辩思维各维度及总分的效应值

维度	寻求真理	开放思想	分析能力	系统化能力	审辩思维自信心	求知欲	认知成熟度	总分
材料阅读组	0.50	0.21	0.69	0.64	0.34	0.10	1.28	0.81
团体辅导组	0.71	0.28	0.18	0.53	0.17	0.40	0.51	0.65
控制组	0.11	−0.93	0.22	0.28	0.11	−0.52	0.35	0.30

（四）讨论

1. 材料阅读干预效果

本次研究结果显示，阅读干预显著提升了高中生的审辩思维水平，在寻求真理、分析能力、系统化能力、认知成熟度等维度上的提升效果尤其显著。提升效果可能源于材料内容设置合理以及在阅读材料后的反思，这促使高中生深入思考和反复推敲，进而增强了其寻求真理和分析的能力。通过审辩阅读的自主训练，结合参考分析思路的反馈，高中生自主掌握了系统分析问题的方法，能够谨慎地向着解决问题的方向努力，提升了系统化能力和认知成熟度。

2. 团体辅导干预效果

在审辩思维总分上，团体辅导组的后测成绩相比前测有显著提升，具体表现在寻求真理、系统化能力、认知成熟度维度上，其效应值为中等效应。团体辅导组成员在与教师就材料问题的互动过程中，不断剥离表面现象，接近问题核心，拓展思维视角，其审辩思维水平得到了有效提升。在最后一次活动时，团体辅导组有位同学在分享自己的收获和感悟时说道："我原本是一个非常袒护朋友的人。但是最近，我的好朋友与另外一位同学发生了矛盾，如果放在以前，我肯定毫不犹豫站在好朋友的一方，但是这次我没有站队，而是先思考双方的立场和矛盾点来判断是非，我想这就是这次活动带给我的改变吧。"这位同学在不知道干预目的的情况下，能够自觉地将团体活动的思维收益应用在实际生活中，把审辩思维与人际问题解决结合起来，体现了本次团体辅导活动的意义和价值。团体辅导干预效果显著的原因主要有如下几点。

第一，活动主题突出、内容新颖、层次鲜明。六次团体辅导活动都紧密围绕提升审辩思维水平展开，由基本概念到材料阅读和讨论，再到辩论、解决问题，层层深入的活动设计让高中生了解了什么是审辩思维，学会了论证，培养了其反思质疑精神，在小组讨论中真正体验到观点的碰撞和思考的愉悦。例如，在评价问卷中，对于"我感觉最有收获的活动或讨论的内容及其原因是什么"这个问题，有高中生这样描述道："关于法官判断老师和学生是否应该交学费的问题，原因是，法官从老师和学生两者各自角度出发，有不同的理由，会做出不同的判断。"也有高中生谈及："关于美国《时代周刊》发表的对北京天气的评价，使我能够更具质疑精神，敢于去讨论权威的对与错。"还有高中生提出："关于火车杀死一个人还是杀死五个人的问题，之前看过类似的问题，这次讨论使我学会更全面地看问题。"此外，学生们认为针对讨论材料的漏洞开展辩论会是很好的形式，总是可以从他人那里得到更好的意见。

第二，活动创造了轻松愉悦、民主平等的交流气氛。团体领导通过游戏和活动活跃了团体气氛，促进了团体成员之间的交流。大家在团体中淡化了教师角色和班干部角色，团体成员可以在团体活动中自然表达自己的观点和真实感受，坦诚交流。例如，评价问卷中对于"通过这次团体活动，你觉得团体内其他成员有什么明显的变化吗"这一问题，高中生的回答有"发现自己在后几次活动中的想象与思维比刚来时有提高，更加谨慎、想得多""从一开始腼腆、不敢说话，到后来敢大胆发言，敢表达自己的想法""笑容变多了，更有信心了""好多同学从陌生到渐渐无话不谈，一些同学会带动大家活跃起来，提供广阔的思路"等。

第三，活动形式灵活机动。本次研究设计的团体辅导活动与学生们平常接触的普通课堂大有不同，主要以问题讨论形式展开，结合游戏活动、辩论会以及角色扮演，很多团体成员都认为这些团体活动有趣、实用、新颖、丰富。

3. 材料阅读与团体辅导干预效果对比

在审辩思维总分上，材料阅读和团体辅导干预都产生了显著效果。具体而言，材料阅读干预对分析能力和认知成熟度的提升优于团体辅导干预。这可能是由于材料阅读组高中生要独立阅读材料并书面记录问题解答思路和答案，这个过程使其解题思路更加清晰缜密，锻炼了其独立思考分析问题的能力，提升了其认知成熟度。团体辅导干预对寻求真理的提升作用优于材料阅读干预，其原因还有待探究。

最后，高中生参加审辩思维干预活动的意愿非常强烈。很多学生表示今后如果还有类似的活动课程，他们非常愿意继续参加。学生对本次活动也提出了不少改进建议，主要有如下三点：第一，调整活动时间（不要选在中午），延长活动时间，增加活动次数；第二，希望进一步增加讨论材料的数量，增强趣味性；第三，活动场地调整为圆桌式讨论，或者不局限于室内场地。这些建议都非常具有实际意义，有助于我们今后更好地设计和实施审辩思维干预方案。

四、结论

本节研究主要得出以下结论：①高一男生的审辩思维水平显著高于女生；

文科生在寻求真理和认知成熟度维度上的发展水平高于理科生，理科生在求知欲维度上的发展水平高于文科生；排行最大和排行最小高中生的认知成熟度高于独生子女和排行中间的高中生。②材料阅读与团体辅导均能有效提升高中生审辩思维水平。材料阅读对分析能力和认知成熟度的提升作用优于团体辅导，团体辅导对寻求真理的提升作用优于材料阅读。

第六章 认知灵活性的培养

明明和亮亮同年同月同日生，也拥有同样的爸爸和妈妈，但他们却不是双胞胎。请问这是为什么？

认知灵活性决定了人们对上述问题的回答速度和所能给出的答案数量。不过生活中，我们很少会遇到类似问题，而是会面临许多更为复杂的情境与挑战。怎样选择食物、居所、职业和伴侣？怎样应对疾病？如何养育儿童？如何传承文化……现代人在饮食起居、工具制造与选择、自然资源利用、复杂社会关系管理等方面，比以往任何时候都更需具备认知灵活性（Cross，2001）。认知越灵活，人们越能从不止一个方面看待事物，越能主动适应不断变化的环境（Jacques et al.，2005；Kiesel et al.，2010）。

作为人类智能的重要标志，认知灵活性是人们面对生存问题时的突出特征（Ionescu，2012）。高水平的认知灵活性对于应对日益复杂多变的自然和社会环境，以及日新月异的科技发展尤为重要。2019 年，一场突如其来的新型冠状病毒肺炎疫情席卷全球，居家隔离、集中隔离、在线教学、复工复产、常态化抗疫……全人类都面临着前所未有的艰巨挑战。挑战意味着改变。从未想过开设网课的老师（无论是幼儿园、小学、中学老师还是大学老师）必须转变观念开展在线教学，遭遇裁员的职员第一次走上街头售卖杂货以补贴家用，不会做饭的人也不得不走进厨房从头学起。认知僵化的人拒绝变化并且需要更多时间来适应；认知灵活的人会因改变而兴奋并且随时准备开始探究。鉴于认知灵活性的重要作用，本章旨在探讨认知灵活性的影响因素和多样化培养策略，以及如何在阅读中培养认知灵活性。

第一节　认知灵活性的影响因素

一、生理因素：认知灵活性发展的可能性

认知灵活性由于成熟而发展，伴随衰老而下降（Alexopoulou et al.，2020）。因此，认知灵活性并非生命早期就自动具有的能力，而是由于生理因素（特别是脑）的影响在人的一生中不断变化。

认知灵活性的发展始于婴儿期，当婴儿能够将注意力从一个对象转移到另一个对象上时，就表明其认知初步具有了灵活性。伴随着脑的成熟，个体的认知灵活性也在不断发展。9 个月左右的婴儿在完成 A 非 B 任务时会出现持续性错误，到 12 个月左右，其认知灵活性得到较大发展，从而能够顺利完成该任务（Clearfield et al.，2012）。2 岁左右幼儿的分类能力进一步发展，但是 2—5 岁幼儿的认知灵活性总体水平仍偏低，主要表现为规则转换困难（李美华等，2006；彭杜宏等，2017）。此后，儿童面对前摄干扰进行知觉类别规则转换和保持表征的能力大大增强。伴随着额叶趋于成熟，6—9 岁儿童的认知灵活性进入快速发展期；直至 12 岁左右儿童的额叶发育成熟，其认知灵活性的发展渐趋平缓（武静文等，2016）。不过，在接下来的青少年阶段，认知灵活性发展的脚步并未完全停滞。年龄仍能显著预测 9—17 岁儿童和青少年定势转换能力的发展（Brennan et al.，2018）。难怪青少年在面对新的事实证据时最能克服先前偏见（Gopnik et al.，2017）。

认知灵活性在青年期基本发展成熟，此后，随着脑机能走向衰退，认知灵活性逐渐下降。在老年期，包括认知灵活性在内的日常认知功能（记忆、推理、视觉空间能力）进一步衰退（陈天勇等，2004）。不过值得注意的是，尽管总体上呈下降趋势，但认知灵活性的个体差异在中年以后似乎日益加大。例如，有研究表明，中年组（51—64 岁）甚至老年组（67—82 岁）中的某些个体在威斯康星卡片分类测验上的表现与年轻组（20—34 岁）一样好，年轻组测验成绩的标准分数呈单峰分布，而中年组特别是老年组则呈双峰分布，表明后

者认知灵活性的个体差异更大（Dias et al.，2015）。

在上述认知灵活性的发展过程中，幼儿是怎样不再执着于上一次找到过玩具的地方，而是转换到新地点去搜索玩具？人们又是怎样做到在不同活动间转换，做出灵活的任务安排或假期计划？从认知不灵活到认知灵活是一个渐进的过程，这有赖于个体前额叶皮层主动抽象目标表征能力的不断提升。认知灵活性的产生经历了 3 个转折阶段（Munakata et al.，2012）。第一阶段，从持续性到克服惯性。每个成人都曾经是一个"持续坚持的孩子"。强烈的惯性反应固然有助于个体更快、更好地学习规律，但有时也会阻碍人们的认知。抽象表征能力的发展使个体逐渐学会克服惯性反应，从而灵活应对环境变化。第二阶段，从被动到主动控制。个体常常为了应对即刻需求而做出被动反应，随后渐渐投入认知控制从而调整为主动反应，开始能够灵活应对新情境。第三阶段，从外部驱动到自主控制。个体从依赖外部环境线索（如被告知收好玩具并停止游戏）转变为更多自主控制（如主动关闭电视转而开始学习），灵活性得到了更大发展。

二、环境：认知灵活性发展的外在影响因素

除了生理因素外，环境也是影响认知灵活性发展的重要因素。诸如语言、社会结构、生活资料、教育、环境稳定性等环境因素都会影响认知灵活性的发展（Pope et al.，2019）。一般而言，即便是对于孩子，充满压力、资源贫乏的限制性环境也会导致不灵活的、实用主义的"成人式"学习；即便是对于成人，轻松自在、丰富多彩的保护性环境也能带来灵活的、探索性的"儿童式"学习（Gopnik et al.，2017）。值得注意的是，环境并非简单促进或阻碍认知灵活性的发展。尽管贫困、暴力、频繁流动、父母离异、受歧视等通常被看作阻碍认知灵活性发展的环境因素，但不利的成长环境对个体在某些不可预测情境下的认知表现反而具有促进作用。例如，拥有动荡童年的成人比那些拥有稳定童年者的认知灵活性更高（Mittal et al.，2015）。成长环境的复杂多变促使个体更善于根据当下情境而非内部目标引导行为，更快识别新模式和关系，更快抓住稍纵即逝的新机会。以下分别探讨家庭、学校和社会文化对认知灵活性的影响。

（一）家庭

家庭是影响认知灵活性发展的最早环境因素。从婴幼儿到成人早期，亲子关系会持续影响个体认知灵活性的发展。高质量亲子关系有助于儿童前额叶皮层结构和机能的完善，进而促进认知灵活性发展（Fatima et al.，2016）。通过训练，父母与儿童建立良好的依恋关系，进而能提升儿童的认知灵活性。例如，依恋与生物行为提升（attachment and biobehavioral catch-up，ABC）干预显著提升了4—6岁幼儿的认知灵活性（Lewis-Morrarty et al.，2012）。

高质量亲子关系得益于父母的积极教养行为。支持自主的积极教养行为可促进儿童认知灵活性的发展（Valcan et al.，2018）。支持自主指向的是支持儿童的目标、选择和意志感。支持自主的父母更多从儿童视角了解孩子的需求和渴望，更尊重儿童的节奏，更可能允许孩子去探索创新。支持自主家庭中的孩子更可能获得主动、独立解决困难问题的机会，而解决问题的过程本身极大地促进了孩子执行功能的发展。相反，过度控制、敌意乃至虐待的消极教养行为不利于儿童认知灵活性的发展（王湃等，2017；Meuwissen et al.，2015）。例如，父母的独裁型教养方式预测了7年级儿童6年后的低水平心理灵活性（Williams et al.，2012）。控制型父母常常是苛求和独裁的，更可能硬闯入儿童的活动并代替其做决定（Bindman et al.，2015）。这种做法直接导致儿童丧失了独立自主解决问题的机会。以下分别探讨父母教养行为在行为、言语和情感支持层面对认知灵活性的影响。

1. 行为

父母提供恰当的支架（如解释相关任务信息、提供适合儿童年龄的问题解决策略等）能有效促进儿童认知灵活性的发展。那么，支架越多越好吗？支架与认知灵活性之间并非简单的线性关系。高认知灵活儿童的父母在陪伴儿童完成分类任务时提出的观察引导性问题要么较少，要么较多（Spruijt et al.，2018）。这种曲线效应表明，父母有时提几个观察引导性问题就足以激发儿童灵活思考，有时又需要提出大量观察引导性问题才能促进儿童灵活思考。可见，父母必须学会根据问题情境采取适合的支持策略。

2. 言语

父母对心理状态词语的使用有助于提升儿童的心理定式转换能力，进而促进其认知灵活性的发展。如果心理状态词语常常被用于成人与儿童的日常互动中，儿童就有机会学习表达愿望、需求和情感的词语，从而获得必要的言语工具来反思。例如，母子谈话中心理状态词语（即描述自己和他人的愿望、情感和认知等）的使用能够正向预测 4 岁儿童 1 年后的心理定式转换能力（Baptista et al., 2017）。

此外，对比性语言的使用也有助于提高儿童的认知灵活性。对比性语言常采用对比否定（如"这是上，不是下""不是红的，是蓝的"）和强调"不同"的词语（如，"这是猫，那是不同的，那是狗"）。对比有助于整合冲突规则的表征。例如，对比性语言的使用显著提升了 3 岁儿童在 DCCS 任务中的成绩（Doebel et al., 2016）。

3. 情感支持

来自母亲的情感支持能够有效促进儿童认知灵活性的发展。温暖鼓励、支持自主的母亲使儿童能积极面对高认知挑战任务，灵活产生新颖解决策略并付诸实施。例如，母亲在儿童 4 岁时给予的情感支持（而非认知支持）与儿童 5 岁时的认知灵活性呈显著正相关（Zeytinoglu et al., 2017）。母亲的情感支持还能显著预测儿童从学前到小学 1 年级的认知灵活性（Zeytinoglu et al., 2019）。

综上，父母教养行为对儿童认知灵活性的发展具有重要影响。那么，如何使父母形成积极教养方式？灵活的父母养育出灵活的孩子。例如，母亲的认知灵活性能显著预测成年子女的认知灵活性，孩子感知到的母亲教养行为在其中起完全中介作用（Curran et al., 2017）。可见，要想培养孩子的认知灵活性，家长首先要提升自己的认知灵活性。

此外，教养行为与儿童的认知灵活性之间可能是双向关系。一方面，如上所述，父母在行为、言语和情感层面的教养行为会影响儿童的认知灵活性；另一方面，儿童认知灵活性的不同表现也会诱发父母不同的教养行为。认知灵活儿童通常会以更胜任、更多元的方式对教养行为做出反应，因而会诱发父母更多的情感和认知支持；而认知不灵活儿童因为在问题解决中更多表现为能力不足，因而会诱发父母更多的认知支持（Zeytinoglu et al., 2017）。

（二）学校

1. 知识

对于知识如何影响认知灵活性的发展，主要存在三种观点。一种观点认为，个体拥有的知识越多，其认知越灵活。坚实的知识基础会产生"真正"的认知灵活性。个体只有充分吸收利用先前知识，才能具备针对新问题产生新颖解决方案的认知灵活性（Rhodes et al.，2017）。教育教学中如果只关注创新而忽略了良好知识结构对灵活性的支撑，那将是很危险的（Ionescu，2019）。

与之相反，第二种观点认为，个体拥有的知识越多，其认知越不灵活。已有知识并非产生认知灵活性的必要条件，先前知识甚至会损害认知灵活性。例如，学前儿童、学龄儿童、青少年和成人在物理事件归因推理任务上的灵活性依次降低（Gopnik et al.，2017）。年龄较大的学习者不太可能采取虽与证据相一致但自己不熟悉的假设，而是更可能采取虽与证据不符但自己熟悉的假设。

综合以上两种观点，第三种观点认为，知识与认知灵活性之间并非简单的"全或无"关系。已有知识在一定程度上确实会阻碍个体找到新的问题解决方案，但是过了那个"点"就会起促进作用（Ionescu，2019）。对专家的研究为此提供了支持证据。例如，一般的象棋专家很难发现不熟悉但更简便的取胜方法，但是超级专家就能轻易做到这一点。超级专家能够一次看到所有可能的相关经验或知识点，并据此选择最优的应对方法。因此，真正的专长有助于认知灵活性的产生（Bilalić et al.，2008）。

2. 教学

学校教育有助于促进儿童认知灵活性的发展。例如，与进入游戏取向的幼儿园相比，5 岁儿童进入结构化、目标取向的正式学校 1 年后，其认知灵活性表现更好且右后顶叶皮层有更大激活（Brod et al.，2017）。学校教育能够为儿童提供新的思维方式和学习方式，以及与同龄人和权威人物进行互动（包括争论）的机会，还能够教会儿童从学业错误中学习。

学生知觉到的教育情境会影响其认知灵活性的发展（Loving，1993）。这是因为，第一，明确的教学指导有助于提升儿童的认知灵活性。例如，特定指示（如"把蝴蝶图片给明明"，或"把黄色的图片给明明"）比一般性指示（如"把相似形状的图片给明明"，或"把同样颜色的图片给明明"）更有助于3—4

岁儿童进行灵活分类（Ionescu，2017）。第二，元认知要求有助于儿童终止对无效策略的固着，进而提升认知灵活性（Moreno et al.，2017）。教师直接要求儿童反思或者提供与活动相关的叙述（如"你正在把这些书和杂志摆放整齐"）都是行之有效的方法。第三，评估标准会影响儿童认知灵活性的发展。尽管我们真心渴望提升儿童的认知灵活性，但在鼓励或评估儿童的认知灵活性方面却表现不佳。如果学生发现老师高度赞赏按照"标准"方法得出的"正确"答案，却忽视甚至否定同样得到答案的"非常规方法"，那么学生更有可能对"标准"方法推崇备至，而这则在一定程度上不利于其认知灵活性的发展。

值得注意的是，教学方法并非一成不变，教师应根据儿童的不同状态采取相应的教学方法来促进其认知灵活性的发展。如前所述，个体的认知灵活性在一生中不断发展变化。在认知发展过程中，个体有时需要达到一定的稳定性，有时又需要具有高度灵活性以便成功解决问题。变化性-稳定性-灵活性模式很好地描绘了儿童认知灵活性的发展图景（Ionescu，2017）。最初，儿童对某领域一无所知，会采用任何能够发现答案的方法去解决问题，这是一种变化性状态。随后，当对该领域有了一定了解后，儿童倾向于采用固定的已知方案去解决问题，就进入稳定性状态。最终，当儿童能够超越已知方法、采用新方案解决新问题时，就达到灵活性状态，实现了知识的迁移和创新。

教学如何促进儿童不同阶段的发展并帮助儿童最终达到灵活性阶段？Ionescu（2019）总结了不同阶段的教学方法（表6-1）。对于某一特定领域的学习，在学习者处于"变化性"状态时，先采用探究式教学激发学习者的好奇心，并给予大量指导（如专题讲座）以帮助其达到"稳定性"状态，然后在各种情境中大量练习并逐渐减少指导，直至只需给予少量提示线索，最终达到"灵活性"状态。促进灵活性的教学特别强调提高知识的情境敏感性，即尽可能地将已知内容在不同情境或视角下加以应用，充分激发学习者从多角度进行探究的动力和热情。以词语学习为例，处于"变化性"状态的儿童刚刚学会"挖掘机"这个词时，很可能会把见到的所有卡车都称为"挖掘机"。此后，儿童在成人的指导下不断探索各种典型情境中的新词意义。当儿童慢慢注意到不同卡车的细节差异并能在典型情境中正确使用"挖掘机"一词时，就达到了"稳定性"状态，最终，当儿童知道"挖掘机"也是"交通工具"时，其就学会了对已有知识的综合，从而达到"灵活性"状态。

表 6-1　儿童的状态、教学方法和教学效果

	变化性 （不了解某领域，功能参数不佳，不适应情境）	稳定性 （了解某领域，功能参数适配典型情境）	灵活性 （超越了领域中的已知路径；对情境变化敏感的良好功能参数）
状态			
教学方法	自由探究/在典型情境下的指导性教学	在典型、接近典型情境和新情境中采用指导性教学	在已有知识引导下对新情境进行探究
教学效果	·动机 ·潜在发现解决方案 ·获得解决问题的已知方案 ⇒通往稳定性状态	·坚实的知识基础 ·在新的、接近典型情境中应用已知解决方案 ⇒通往灵活性状态	·发现解决问题的新方案 ⇒转化为新的稳定状态或进入（对于该领域的新知识而言）新的变化状态

资料来源：Ionescu T. 2019. Putting the variability-stability-flexibility pattern to use：Adapting instruction to how children develop. New Ideas in Psychology，55，18-23

变化性-稳定性-灵活性模式反映了个体认知从"不知"（变化性）到"知"（稳定性）再到"挑战已知"（灵活性）的线性发展过程。变化性、稳定性和灵活性是紧密联系的三种认知发展阶段，是认知从低水平走向高水平的必经之路。但是，当今学校教育似乎更重视稳定性状态，往往以知识传递为教学目标和重心，更强调如何让学生学会（记住）已知有效的（常常是固化的、单一的）问题解决方案。教育者要善于了解学生处于何种状态及是否处于转换节点，并采取相应教学方法促进该阶段向更高阶段的发展。

（三）社会文化

认知灵活性是受不同文化经验影响的特定任务表现维度，还是跨越不同文化的统一特质？认知灵活性是执行功能的子成分。执行功能被认为是对文化敏感的认知工具而非现成的认知本能（Braem et al.，2019）。因此，认知灵活性也会受到社会文化的影响。认知灵活性正是在内部机制和情境的交互作用中产生的，认知系统在这个过程中日益灵活（Ionescu，2019）。社会文化情境因素主要包括社会经济地位、出生前后的营养状况、语言、学前经验、对测验任务的熟悉度等。不同类型认知灵活性受到社会文化情境因素的影响有所不同。词语学习灵活性更可能是跨文化变量，而规则转换灵活性更多依赖于文化经验。例如，3—5岁说英语的美国儿童和说茨瓦纳语的南非儿童在词语学习灵活性任务上的差异不显著，且都表现出随年龄增长而逐渐发展的特点，但美国儿童在规则转换灵活性任务（采用DCCS任务）中的表现随年龄增长而逐渐提升，南非儿童则没有变化（Legare et al.，2018）。此外，半游牧的辛巴族（Himba）比西方人在习得策略-直接策略任务上更具认知灵活性（Pope et al.，2019）。由于环境的高度不确定性和规则使用方面更小的教育压力，辛巴族人能够更灵活地使用策略。

　　文化多样性经验有助于提升认知灵活性。多元文化中的新刺激会迫使大脑建立更多的联系以快速适应。为了保持头脑敏锐和灵活，人们需要不断将新事物引入工作和生活中。那么，如何获得多元文化经验？首先，出国似乎是获得新异文化刺激最为直接的方式。出国经验能够有效促进认知灵活性发展（Tadmor et al.，2012）。当今世界国际化进程日益加快，越来越多的人拥有了出国经验。异域文化中的新规范促使个体打破思维定式，学会以多种不同方式重构知识来应对持续变化的情境需求。例如，一项面向高中生、大学生和中年人多个群体，采用纵向、相关和实验多种方法的研究表明，广泛的出国经验提升了个体的道德灵活性（Lu et al.，2017）。值得注意的是，出国不会自动带来高水平的认知灵活性。个体对多样化情境的积极卷入是更为重要的因素（Ritter et al.，2012）。其次，"读万卷书"和"行万里路"也能带来多样化经验。读书和旅游确实能促进创造性，而多样化经验在其中起完全中介作用（Xu et al.，2020）。最后，与不同文化背景下的人交流也是获取文化多样性经验的好方法。

第二节　认知灵活性的多样化培养

一、认知灵活性重要的原因

　　我们每天都在无数任务间穿梭——阅读书籍、网络聊天、草拟报告、查收邮件、刷微信、做日常家务、打电话、运动健身……如何完成这些接踵而至的任务？有时难免还会遇到预料之外或意想不到的各种"变故"——异地求学、移居国外、计划更改、工作变化、亲友逝去、发挥失常、汽车抛锚……怎样应对这些前所未有的新挑战？认知灵活性可以帮助我们轻松扫除"障碍"。高认知灵活个体能够同时寻求多重动机或完成多重任务，能够更快地学习，创造性地解决问题，在活动或程序改变时能够更快适应新情境要求。

在当今世界全球化和多元文化背景下，个体将面对更多崭新的问题和情境。认知灵活性日益成为"为未来而学习"的必要条件（Karpov，2016）。在面对困难、阻碍、新信息或错误时，高认知灵活个体不是一味坚持先前常规观点和行为方式，而是适时转换思路提出有效新方案并创造性地解决问题。高认知灵活带来高水平的心理弹性、审辩思维、人际适应、生活满意度、自尊和心理幸福感（Jen et al.，2019）。尽管认知灵活性在教育情境、工作场所和日常生活中都如此重要，但很少有研究关注认知灵活性的多样化培养策略。本节旨在探讨如何对认知灵活性进行多样化培养。以下首先分析认知不灵活带来的问题，然后探究认知灵活性的直接和间接干预策略，最后提出研究展望。

二、认知不灵活带来的问题

每个人在人生的某个阶段或者某些情境下都可能有过认知不灵活现象，特别是当事情没有按照预期发展时，认知不灵活的人常常被"卡住"，这会带来很多现实问题。

（一）认知不灵活降低学业成就

认知灵活性是重要的学习品质。认知灵活的学习者能够快速觉察情境的新异性，并对特定情境做出准确评估和重新规划，最终以灵活适应的方式去行动。认知不灵活对学业成就具有消极影响（闫嵘等，2006；李美华等，2007）。例如，认知越不灵活，儿童的阅读和写作成绩越差（Arán-Filippetti et al.，2020）。这是因为读书忌死读，忌钻牛角尖。第一，认知不灵活的学习者不善于觉察情境变化，具体表现为视角单一、僵化刻板，难以根据环境反馈改变决策。第二，认知不灵活的学习者不善于重新调整计划，具体表现为对计划改变心烦意乱，难以找到问题的多种解决方案，在应对开放性任务上存在困难，能够开始但难以保持新路线，如果被打断则难以回到原任务（Dawson et al.，2014）。第三，认知不灵活的学习者不愿尝试新方法，具体表现为自我中心、因循守旧。学生学习新概念的能力与其是否愿意放弃先前成功过但目前不适用的方法，并且灵活转换到有效的新方法上有关。认知僵化的学生往往难以做到这一点（Titz et al.，2014）。

（二）认知不灵活导致攻击行为

认知不灵活使个体倾向于固着在事件的单一解释上却无视其他可能解释，因而更可能攻击他人（Fatima et al.，2016）。这种影响在男孩和女孩身上可能有所不同。例如，无法灵活适应的3—8年级女孩更可能诉诸欺负行为，而认知不灵活男孩在看到欺负发生时更可能袖手旁观（Jenkins et al.，2018）。认知不灵活还可能会增加人们的自杀意念和行为（Marzuk et al.，2015）。

（三）认知不灵活影响日常生活

灵活调整认知和行为以适应情境变化并非易事。由脑功能尚未发展成熟导致的认知不灵活会给儿童和青少年带来许多问题行为（表6-2），这些问题行为将成为其在日常生活中必须应对的挑战（Huizinga et al.，2014）。同样地，认知功能老化带来的认知不灵活也会给老年人的日常生活带来诸多不便（Coubard et al.，2011）。

表 6-2　儿童和青少年认知不灵活带来的问题行为

群体	问题行为	举例
儿童	需要更多时间去适应未知环境	第一次去上学或转学，第一次参加生日会，第一次去看牙医
	与陌生人相处有困难	见到陌生来访者、新老师、新保姆、医生表现出分离焦虑和依赖性
	环境变化时会感到不安	家里买了新家具或家具挪了位置，东西（如鞋、玩具、书）换了位置
	难以停止正在做的行为并转向其他活动	当被告知"放学回家时间到了"或者"教室需要清理以开始新活动"时感到迷惑
	难以适应常规变化	当违反常规要从学校步行而不是坐车回家，或者放学后还要去买生活用品时感到心烦
	当别人违背规则或做出意想不到的行为时感到沮丧	当邻居没脱鞋就进入房间，或者说好要一起画农场而表弟却只画粉色花朵时感到生气
青少年	难以找到问题的替代解决方案	当发现公共汽车司机在罢工时，对如何到达学校陷入了困境
	在新情境中感到不安	对于换老师或换教室感到生气
	拒绝改变计划	先前计划意外改变时感到惊慌："我们必须先去取新眼镜，再去看望爷爷奶奶。"
	拒绝改变常规	晚餐比平常晚就会很恼怒
	难以接受失望或谴责	如果某些事（如很难的家庭作业）没有解决，就会长时间沮丧

资料来源：Huizinga M，Smidts D P，Ridderinkhof K R. 2014. Change of mind：Cognitive flexibility in the classroom. Perspectives on Language and Literacy，40（2）：31-35

那么，认知不灵活能否得到改善，或者说认知灵活性是否具有可塑性呢？由于大脑发育和环境变化的影响，认知灵活性在儿童早期和中期发展迅速，具有高度可塑性和延展性（Frances et al.，2017）。认知灵活性在青年期发展成熟，此后随年龄增长而逐渐下降。尽管根据执行衰退假说，执行功能的特异性衰退是引起认知老化的主要原因（West，1996），但认知灵活性的衰退仍可通过训练得到延缓（Kray et al.，2010）。由于认知灵活性在学习、工作和生活中的重要性，认知灵活性干预研究具有十分重要的实践意义。不过早期研究的重点主要针对认知灵活性发展特点及其认知机制，近年来，认知灵活性的干预研究才得到越来越多的关注。

三、认知灵活性的直接干预

1. 认知任务训练

认知任务训练旨在直接提升认知灵活性。基于任务转换（王晶等，2009b）、维度变化卡片分类任务（Espinet et al.，2013）、威斯康星卡片分类任务（Farrelly et al.，2015）、语音–语义灵活性任务（Cartwright et al.，2017b）的认知任务训练有效提升了个体的认知灵活性。认知任务训练主要有以下优势。

第一，认知任务训练应用群体广泛。首先，认知任务训练可被广泛应用于从幼儿（Mennetrey et al.，2018）、儿童和青少年（王晶等，2009b）、大学生（Olfers et al.，2018）到老年人（Buitenweg et al.，2018）的各年龄典型发展群体。例如，以重新描述规则理论为基础的维度卡片分类任务训练显著提升了3岁幼儿的认知灵活性水平（Mennetrey et al.，2018）。其次，认知任务训练还可被应用于自闭症（Farrelly et al.，2015）、中风患者（van de Ven et al.，2015）、癌症患者（Kesler et al.，2013）等特殊群体。例如，每周5次（每次30分钟）、共计12周的一对一认知任务训练显著提升了自闭症患者的认知灵活性（张秋月等，2015）。

第二，计算机化认知任务训练方式灵活。随着计算机技术的迅猛发展，计算机软件日益广泛地被应用于认知任务训练。计算机化认知任务训练大大减小了训练时间和训练地点的限制，受训者可以随时随地反复练习。计算机还能准确记录受训者的表现和训练进程，大大提升了训练效率。

第三，游戏化认知任务训练趣味性强、效果好。游戏可以很好地与认知任务相融合（Glass et al.，2013；Benzing et al.，2019）。相比于传统的益智游戏（如猜词和谜语），电脑游戏在现代社会中越来越普遍。电脑游戏的趣味性能够营造出轻松愉快的环境氛围，这极大地提升了人们的参与动机，有利于认知灵活性的提升（Colzato，2010；Davies et al.，2011；Scionti et al.，2020）。例如，在家中完成的每次 45 分钟、共计 20 次（持续 4—6 周）的电脑游戏认知任务训练显著提升了健康年轻人的认知灵活性（Olfers et al.，2018），并且电脑游戏认知任务训练能有效促进干预效果向非干预情境的迁移（Parong et al.，2020）。每次 30 分钟、共计 21 次（持续 4 周）的电脑游戏灵活性训练（采用连续计数任务、双任务、任务转换）有效提升了儿童的句子理解成绩（Johann et al.，2019）。此外，电脑游戏认知任务训练还能促进干预效果的近迁移和远迁移。有研究者探讨了益智训练游戏对 2 年级儿童学业技能近迁移和远迁移的影响（Wexler et al.，2016）。结果显示，5 分钟的益智训练游戏就能提高儿童随后的阅读或数学游戏成绩，持续 4 个月（每周 3 次，每次 20 分钟）的益智训练游戏组在阅读和数学学业测验成绩上显著高于控制组。

值得注意的是，由于先前干预研究大多没有包含足够的控制组，认知灵活性的提升可能并非源于特定的认知任务训练。例如，阿姆斯特丹老年人和中风训练项目（training project Amsterdam seniors and stroke，TAPASS）的参与者在家完成每次半小时、共计 58 次（持续 12 周）的计算机干预活动，训练任务包括推理、工作记忆和注意领域的 9 个电脑游戏（van de Ven et al.，2015）。对患有认知障碍的中风患者（van de Ven et al.，2017）和健康老年人（Buitenweg et al.，2017）的研究都表明，TAPASS 干预组与控制组取得了相似的提升效果。

2. 学习策略训练

学习策略训练有助于提升认知灵活性。例如，应用题解决策略训练显著提升了小学生的一般领域认知灵活性（何华等，2008）。持续 5 周、共 10 次（每次 1 小时）的数学应用题策略训练显著提升了小学生的认知灵活性和应用题解题策略（张丽华等，2011）。

3. 表征灵活性训练

表征灵活性涉及个体将情境属性重新编码为新表征的能力。高表征灵活个体在生存和发展的各种情境中更倾向于考虑不同的行动方案，采取多种认知框架、态度或心理定式，探索各种可能性，体验不同的生存方式（Hinton et al.，2017）。认知灵活性理论认为，概念的多重表征训练可以提升儿童的认知灵活性（Spiro et al.，1988）。建立灵活的多侧面自我表征有助于儿童以全新方式审视自己，减少僵化思维，增加开放思维，以更好地面对多变世界。例如，多重角色认同（如朋友、邻居等）有效促进了儿童问题解决和在分类任务中的认知灵活性（Gaither et al.，2019）。多重身份反思使儿童体验到更多的积极自我肯定，促进了思维的灵活性。

4. 培养质疑精神

生活中，固有思维方式常常使我们放弃自己的新想法，使我们错过学习的真正价值所在。勇于打破传统、大胆考虑不同选择的质疑精神有助于提升认知灵活性。例如，怀疑启动比信任启动条件下的个体倾向于表现出更高的灵活性（Mayer et al.，2011）。假如总是从单一角度看问题，我们的理解就会受限，甚至可能有失公允。质疑精神能够使我们做出改变。那么，如何培养开放质疑精神？如果个体在初学知识时就对新信息抱有包容的态度，并且能够从不同视角思考相同信息、提出不同解释方式，其就会对信息持更加开放的态度；相反，个体早期接受的知识越僵化，就越难以打破固有概念。此外，个体越早明确目标并不断反思，越有助于提升认知灵活性。例如，连续 7 天每日记录当天目标完成情况及反思有效性提升了成人在一物多用任务上的认知灵活性（Hodson et al.，2021）。

5. 认知行为疗法

认知行为疗法认为，人的情绪来自人对所遭遇事件的信念、评价、解释或哲学观点，而非来自事件本身。认知行为疗法能有效改善认知不灵活，使个体以更均衡和适应性的思维挑战并取代适应不良的想法（Moore et al.，2007）。已有大量研究采用认知行为疗法对注意缺陷多动障碍患者（Mitchell，2012；Tamm et al.，2014）、完美主义者（Nazarzadeh et al.，2015），以及抑郁症（Goodkind et al.，2016；Shapero et al.，2018）、惊恐症（Nagata et al.，2018）

等群体进行了有效干预。例如，基于网络的认知行为疗法压力管理训练提升了教师的认知灵活性并减轻了其主观痛苦（Oishi et al.，2018）。尽管已获得大量支持证据，但是关于认知行为疗法改善认知不灵活的潜在机制问题还缺乏详细研究，其研究结果的外部效度也需要广泛验证，并且它能否被运用到更多群体中尚需进一步探索。

四、认知灵活性的间接干预

诸如饮食营养（Khodarahimi，2018）、情绪（Isen，2001）、社会经济地位（Clearfield et al.，2012）、文化经验（Lu et al.，2017）等因素都会影响认知灵活性的发展。例如，饮食营养与认知灵活性密切相关。吃得越不健康，个体越不灵活；越不灵活，个体吃得越不健康。一方面，吃得过多或吃得不健康都会损害认知灵活性。例如，超重幼儿（王琇等，2019）和青少年（Verdejo-García et al.，2010）的认知灵活性都比正常体重组要差。饱和脂肪和胆固醇的高水平摄入会损害儿童的认知灵活性（Khan et al.，2015）。另一方面，认知灵活性也会影响饮食行为。有趣的是，一般领域认知灵活性和特殊领域认知灵活性对饮食行为的影响不同。作为执行功能的子成分，一般领域认知灵活性是儿童体重的负向预测因素（Wirt et al.，2015）。作为一种特殊领域认知灵活性，食物分类灵活性（即把食物分为多种类别的能力）能正向预测个体对不健康的享乐或放纵性食品（如芝士蛋糕）的偏爱程度（Khare et al.，2015）。

情绪与认知灵活性的关系如何？一方面，情绪会影响认知灵活性。消极情绪，如焦虑会损害个体的注意控制，进而导致认知灵活性下降（Eysenck et al.，2007）。例如，急性应激条件会增加学习和记忆的僵化惯常反应，降低婴儿（Seehagen et al.，2015）和男性成人（Shields et al.，2016）的认知灵活性；而积极情绪会通过拓展个体的知觉能力使其将不同想法联系起来，进而提升认知灵活性（Isen，2001）。另一方面，认知灵活性会影响情绪。转换意味着认知控制，认知控制意味着付出心理努力，这可能天生令人反感。人们真的讨厌变化吗？任务转换确实会带来情感代价（Vermeylen et al.，2019）。在 Vermeylen 等（2019）的研究中，被试先完成任务转换程序，接着完成情感启动程序，任务转换中的转换线索词（"switch""change""repeat""again"）用于情感启动程序中的启动刺激，结果显示，与任务重复启动相比，被试对任务转换启动的评价更为消极，这表明认知控制中存在潜在的情绪调节过程。

实际上，认知灵活性的影响因素常常交织在一起，且大多难以人为控制。因此，研究者常采用易于实施、轻松愉快的日常活动来间接提升认知灵活性（Takacs et al.，2019）。这些活动主要包括运动、睡眠、音乐和社交等。

1. 运动

运动是促进认知灵活性发展的积极因素。来自足球（陈爱国等，2017）、跑步（Venckunas et al.，2016）、跳绳（陈爱国等，2015）、自行车（陈爱国等，2011）、舞蹈（Coubard et al.，2011；Gao et al.，2019）、游泳（高俊宏等，2019）、太极拳（Mortimer et al.，2012）等项目的研究提供了大量支持证据。运动为什么有助于提升认知灵活性？认知神经科学研究为此提供了解释。体育锻炼有可能会触发神经递质和内啡肽的释放，从而改变大脑的结构。锻炼还会使流向大脑的血流量增加，进而提升认知神经活动效率，并且前额叶、扣带回、纹状体、下丘脑、小脑等脑区形成的脑网络动态激活有助于提升个体的转换能力（周玫等，2003；蔡春先等，2019）。此外，运动还可以增强注意力并降低焦虑、稳定情绪。运动干预具有以下特点。

第一，运动干预具有广泛的适用群体。成本低、易开展的运动干预适用于儿童（高俊宏等，2019；陈爱国等，2014）、青少年（Venckunas et al.，2016）、大学生（陈爱国等，2011）、中年人（Netz et al.，2007）和老年人（Peiffer et al.，2015）等不同年龄群体，以及聋哑儿童（陈爱国等，2015）、注意缺陷多动障碍儿童（Ludyga et al.，2018）和超重儿童（Davis et al.，2011）等特殊群体。此外，运动干预并非一定要研究者在特定场所亲自实施，家长也可以在研究者的指导下带领儿童在家中完成干预。例如，家长在研究者的指导下监督5岁儿童在体感游戏机上完成每次30分钟（每周5次，共计12周）的舞蹈运动游戏训练，结果显著提升了干预组的认知灵活性（Gao et al.，2019）。

第二，运动类型会影响认知灵活性的干预效果。运动干预项目灵活多样，可分为有氧运动（Masley et al.，2009）、阻力运动（Soga et al.，2018）和间歇运动（Dupuy et al.，2018）等不同类型。其中，有氧运动是以有氧代谢提供能量的一种运动方式。有氧运动能够有效提升成人的认知灵活性。例如，每周5—6次（每次30—45分钟）、共10周的有氧运动计划显著提升了18—70岁成年人的认知灵活性（Masley et al.，2009）。为期6个月的有氧运动（散步）显著提升了60—75岁习惯久坐的老年人的任务转换能力，而无氧运动组（伸展和拉伸）的任务转换能力没有得到提升（Kramer et al.，1999）。但是有氧运动对幼儿认知灵活性的提升效果并不显著。例如，8周中等强度足球运动游戏并未提升5—6岁幼儿的认知灵活性（江大雷等，2015）。这有可能是因为幼儿阶段的认知灵活性发展缓慢导致提升效果不明显。

第三，运动强度会影响认知灵活性的干预效果。运动强度指个体在做动作时的用力大小和身体紧张程度，可分为高强度、中等强度和低强度。在仅仅20分钟的高强度运动后，大脑就会释放使人体和大脑得以学习和成长的良好化学物质。根据运动-唤醒-认知交互理论（exercise-arousal-cognition interaction theory），运动强度与认知表现呈倒U形关系，中等强度运动会诱发中度唤醒并期望获得最优认知表现，而较高强度运动则会导致过度兴奋，对认知没有影响或影响较小（Davey，1973）。可见，中等强度运动对认知的影响更大（McMorris et al.，2012）。有研究考察了1次30分钟的不同强度篮球运球训练的效果，结果显示，中等强度组小学生（60%—69%最大心率）的转换功能提升效果大于高强度组（70%—79%最大心率）和低强度组（50%—59%最大心率）（陈爱国等，2014）。

2. 睡眠

睡眠与认知灵活性相互促进。一方面，个体睡得越好，其认知越灵活。例如，午后30分钟小睡就能有效提升18—30岁成人的认知灵活性（Slama et al.，2015）。夜间睡得越好的1岁幼儿，其4岁时的执行功能也越好（Bernier et al.，2013）。3年级儿童的睡眠总量能显著预测其5年级时的认知灵活性（Buckhalt et al.，2009）。反过来，个体睡得越差，其认知越不灵活。例如，45小时的睡眠剥夺显著降低了男大学生的认知灵活性（宋国萍等，2008）。不过，已有睡眠研究较多从临床角度探讨执行功能中抑制控制与工作记忆成分，较少专门考察认知灵活性，而认知灵活性本身具有综合性、测量难度高的特点，因而睡眠对认知灵活性的影响研究相对较为有限（王天宇等，2015）。

另一方面，认知越灵活，个体睡得越好。例如，4 年级儿童的认知灵活性能显著预测其 2 年后诸如入睡困难、醒来困难等睡眠问题（Tomaso et al.，2020）。高水平的认知灵活性有助于个体更好地维持平衡且更加高效地完成白天的各项任务，以便晚上能早一点儿上床睡觉。此外，与年幼儿童相比，年龄较大的儿童和青少年的认知灵活性水平更高，因而能够根据自己的学业、额外日程等事务制定更合理的睡眠日程。

3. 音乐

音乐活动有助于认知灵活性发展（Cross，2001）。音乐活动中，个体必须根据主题、音调、音域、速度、键盘、节奏和音乐风格等多种变化做出快速调整。器乐演奏，特别是合奏有助于提升执行功能技能（如持续注意、目标定向行为、任务转换等）。不过，不同的音乐专长可能会带来认知灵活性的差异。对于一般领域认知灵活性而言，音乐指挥家比钢琴家在不同注意焦点间转换时更灵活（Wöllner et al.，2016）。对于音乐领域认知灵活性而言，音乐专长的影响会随音乐专业训练时间的增长而减小（Slama et al.，2017）。在 Slama 等（2017）的研究中，被试要根据线索（G 调或 F 调的谱号）选择与用大写字母表示的音符（如 "MI"）对应的五线谱符号（二选一）。结果显示，1 年级时钢琴专业大学生的认知灵活性显著高于其他音乐专业，而 5 年级时大学生认知灵活性的专业差异不显著。这可能是由于 1 年级时钢琴专业大学生常常在不同谱号之间转换，从而使其认知灵活性优于其他专业，而几年的音乐专业训练也促进了其他音乐专业大学生的认知灵活性发展，最终缩小了专业差距。

4. 社交

认知灵活性与社交能力互相促进。一方面，认知灵活性有助于社交。认知越灵活的个体越善于解决人际冲突（Bonino et al.，1999），越能积极适应人际情境变化（Schouten et al.，2000）。例如，3—5 岁幼儿的认知灵活性在超重和同伴交往之间起完全中介作用（王琇等，2019）。另一方面，社交也有助于提升认知灵活性。例如，相对于控制组和无社会参与的大脑思维训练组，基本的相互认识互动（无论有无社会合作目标）就能提升成人的认知灵活性（Ybarra et al.，2011）。彼此接洽有助于建立友好关系，增加积极情绪，尝试理解他人的意图和愿望还会触发个体心灵感应和观点采择的加工过程，从而提升个体的认知灵活性。相反，拒绝尝试理解对方意图的竞争性互动会阻碍认知灵活性发展。

实践中，针对不同群体的综合干预方法更易操作，效果更为显著。例如，减肥干预与计算机训练课程相结合的方法显著提升了肥胖症儿童的认知灵活性（Hayes et al.，2018）。参加蒙台梭利课程的 5 岁幼儿的认知灵活性显著优于控制组（Lillard et al.，2006）。Moore 等（2018）探讨了音乐运动干预与单纯音乐干预对有轻度神经认知障碍症状老年人认知灵活性的影响。音乐运动干预是将运动与音乐相结合，包括欣赏乐器、录制熟悉乐器等活动，各种乐器演奏任务涉及以认知挑战的方式执行各种功能性运动，如交替或移动四肢、中线交叉等各种运动形式等。结果显示，音乐运动干预组的认知灵活性得到显著提升，而单纯音乐干预组没有得到提升，并且差异并非来自唤醒或运动，而是来自干预引起的动机和情绪状态。

五、研究展望

近年来，认知灵活性干预的对象群体日益广泛，干预方法逐渐多元。不过，由于干预的频次、环境、对象群体、控制组类型（是单纯对照还是从事某些活动）等方面的差异，认知灵活性的干预效果不尽相同。鉴于认知灵活性培养具有重要的理论和实践意义，未来研究可在以下几方面继续探索。

1. 开展有针对性的综合干预

已有研究大多将认知灵活性作为执行功能的子成分进行总体干预，较少专门针对认知灵活性展开训练。那么，是对认知灵活性与执行功能的其他成分一起干预好，还是单独干预好？对执行功能多种成分的综合干预可能会减少每一种成分的干预频次和强度，进而影响子成分的干预效果，因而认知灵活性的专门干预可能更为有效。但是已有研究大多发现，认知灵活性训练具有良好的近迁移效应和较差的远迁移效应。也就是说，个体只在训练任务涉及的认知能力上获得了提升，在未训练的成分上没有得到提升（Volckaert et al.，2015；Kassai et al.，2019）。不过，近期一项针对 3—6 岁儿童群体的元分析研究表明，包括认知灵活性在内的执行功能训练具有相似的近迁移和远迁移效应（Scionti et al.，2020）。这可能是由于幼儿的执行功能尚未分化，因而对某种执行功能成分的针对性训练也会影响其他未训练的成分。综上，对低龄儿童可以进行包含认知灵活性的综合干预，对年龄较大儿童和成人可以进行认知灵活性的专门干预。

值得注意的是，认知灵活性的专门训练同样会面临"成分杂质"问题，即考察同一认知成分的不同任务之间只有低到中度相关（Miyake et al., 2000），并且不同任务对认知发展的预测作用也不同。例如，采用从 A 到 B 转换任务、多重思维任务、维度变化任务、卡片排序任务和发散数学任务等考察认知灵活性的研究结果显示，只有从 A 到 B 转换任务和多重思维任务能够显著预测 5—6 岁儿童的认知灵活性发展（Jena et al., 2019）。因此，认知灵活性的测查任务会直接影响干预效果。此外，对不同年龄群体的干预研究常采用不同的认知灵活性任务，这显然不利于对不同研究结果进行解释和比较。

2. 合理设置干预频次和干预环境

由于干预频次、干预环境不同，干预效果也存在差异。第一，干预次数是否越多越好？一方面，量变产生质变。要想看到进步，总需要有一个最低的训练量。值得注意的是，影响干预效果的是干预总量而非干预次数（Scionti et al., 2020）。另一方面，过犹不及。单纯增加干预次数可能并不必然带来干预效果提升。例如，与团体训练相比，针对健康老年人的在家中每周 3 次以上无人监督的电脑任务的训练效果并不显著（Lampit et al., 2014）。对于不同群体，干预频次也要有相应调整。对于健康群体，过于频繁的训练可能不仅无法达到预计效果，还会适得其反；而对于认知功能严重受损的群体，大量训练必不可少（van de Ven et al., 2017）。第二，是否应采用计算机技术进行干预？虽然计算机技术大大简化了干预操作，也有助于提升参与动机，但该技术对干预条件（如计算机设备、软件、网络等）有一定要求，并且干预效果有可能会受到其他因素（如网络分心信息）的干扰。第三，在哪里干预？实验室、教室、家中还是其他场所更为合适？实验室环境虽然严谨，但与真实环境的较大差异可能会影响干预效果的生态效度。家庭训练虽然简便易行，但随时随地的干扰分心可能难以保证个体按时按量完成训练任务。第四，个体训练还是团体训练？个体训练有助于根据训练对象的特殊需求和预期增强训练的针对性（Moreau et al., 2014）。团体训练成本低、趣味性高，有助于提升参训动机，但往往难以顾及个体需求，且不易控制，场面可能较为混乱（Scionti et al.，2020）。

3. 深入考察个体差异对干预效果的影响

环境变化常会给人们带来或大或小的影响。生活中的小变化（如改变早餐食物、调整上班路线）通常比大变化（如转学、离婚、退休）对个体的影响更小。尽管人们适应环境变化的能力随年龄增长越来越强，但是人们对意外变化的反应仍然存在很大的个体差异。个体差异对认知灵活性的影响主要体现在性别、认知受损程度（van de Ven et al.，2017）、性格（齐冰等，2012）、主动性（Keith et al.，2015）等方面。例如，男性和女性的身体素质差异会影响其运动锻炼的适宜强度，而不同强度的运动锻炼对认知灵活性的影响程度存在差异（陈爱国等，2011）。由于雌激素的作用，体育运动对认知功能的改善作用对于女性个体更为明显（Colcombe et al.，2003）。在未来的干预研究中，干预效果的个体差异是一个值得探究的问题。

4. 重点关注特殊群体

国外已有大量研究关注特殊群体，但国内对特殊群体的认知灵活性干预研究还相当有限。由于研究对象的特殊性，特殊群体的认知灵活性干预往往受到合作机构、干预时间、干预条件的限制，其样本量通常较小，有时甚至缺乏控制组，且往往难以持续评估和跟进，因而研究结果的推广应用受到很大限制。例如，尽管对 12 名孤独症患儿的认知灵活性干预取得了明显且稳定的干预效果，但较少的样本量使研究结果存在一定的局限性（张秋月等，2015）。特殊群体的认知灵活性干预策略具有重要的理论意义和实践价值，是未来研究的重要方向。

5. 持续追踪干预效果

已有认知灵活性干预研究的持续效果大多较为短暂。例如，单次中等强度有氧运动（跑步机）训练显著提升了老年女性的认知灵活性，但提升效果仅持续了一个小时，随后便下降（Netz et al.，2009），而认知灵活性干预的长期效果尚不明确。已有研究大多并未对干预效果进行追踪，少数研究只短暂追踪了干预效果。例如，旨在提升教师认知灵活性的干预研究在干预 3 个月后就结束了效果评估，随后并未持续跟进，导致无法了解长期干预效果（Oishi et al.，2018）。在未来研究中，如何持续有效提升认知灵活性，并且确定其长期效果是有待解决的问题。

综上，认知灵活性干预的长期目标应着眼于提升儿童在学业成就、社会技能、情绪调节等方面的日常功能。认知灵活性是一个多维概念，认知灵活性的不同侧面有助于人们在各种各样的情境中表现出相应的适应行为，而这些复杂技能的获得有赖于多种因素的综合作用（Kassai et al., 2019）。因此，有必要对认知灵活性进行多角度综合干预，通过直接和间接的多样化培养策略提升个体的认知灵活性。

第三节　在阅读中培养认知灵活性

阅读可以同时激活大脑的多个区域，从整体上改善神经功能，进而有助于提升认知灵活性。此外，阅读是结构不良知识领域，阅读中知识的建构和应用都是个体化的，因而非常适合培养认知灵活性。首先，阅读者仅凭机械记忆显然无法"破译"文本中的陌生词句。其次，即使没有生词，阅读者也必须灵活高效地利用语音、词汇、先前知识、情境等多种信息才能真正理解文本意义。最后，基于不同的阅读目的和阅读材料特征，阅读者还要灵活调整阅读策略。最为重要的是，阅读会挑战读者的固有思维和信念，书中的不同想法、情境和人物能帮助读者转变思维、重塑自我。以下介绍在阅读中培养认知灵活性的基本原则和具体策略。

一、在阅读中培养认知灵活性的基本原则

（一）多元原则

认知灵活性理论指出，学习和教学应遵循多元原则，即尽可能采用相互之间紧密联系的多维心理表征、多种方法、多方视角、多元样例、多重类比等（Spiro et al., 1988）。学习者必须综合先前知识和已有经验才能灵活适应千变万化的新样例和新情境。这个过程绝非将已有理论、方法、知识要素等简单组合，而是要将它们有意义地结合在一起。要做到这一点，关键在于找到哪种角

度、方法和内容是最适合新情境的。在多元原则的基础上，Driscoll（2000）进一步提出了促进认知灵活性学习的两条基本原则：①多元学习模式（multiple modes of learning，MM），包括内容的多重表征、对学习内容进行探究的多种途径和方法；②多元学习视角（multiple perspectives on learning，MP），包括表达、对抗和处理多种观点。后来，Chieu（2007）进一步提出了培养认知灵活性的具体教学操作标准（表 6-3）。

表 6-3 培养认知灵活性的具体教学操作标准

学习成分	学习条件	
	多元学习模式	多元学习视角
学习内容	MM1：以不同形式（文本、图像、音频、视频等）呈现学习内容的概念及其关系	MP1：用其他概念来系统解释并应用同一抽象概念，要采用在复杂、现实和相关情境中应用、练习、个案研究的不同例子
教学法	MM2：鼓励学习者以不同目的、在不同时间、采用不同方法（如阅读、探究、知识重组等）学习同一个抽象概念	MP2：学习新概念时，鼓励学习者尽可能探究它与复杂、现实和相关情境中其他概念的关系 MP3：学习新概念时鼓励学习者探究它的不同解释（其他作者或同行）、表达个人观点并对他人观点给出反馈 MP4：面对新概念时，鼓励学习者考察、分析和综合多种不同观点
人际交流	MM3：参与者数量、类型（学习者、导师、专家等）、交流工具（电子邮件、面对面、聊天室、视频会议等）和地点（教室、校园等）有所不同	MP5：讨论中，鼓励学习者的多样化，即尽可能提出针对讨论主题的不同观点
评估	MM4：在学习过程中，鼓励学习者在不同时间、不同情境下采用不同评估方法和工具证明其解决不同问题的能力	MP6：在问题解决过程中，鼓励学习者比较不同的解决方式和多种可能性

资料来源：Chieu V M. 2007. An operational approach for building learning environments supporting cognitive flexibility. Journal of Educational Technology & Society，10（3）：32-46

（二）"知识解构"与"主题交叉"原则

"知识解构"和"主题交叉"是提升认知灵活性的重要原则（Spiro et al.，1990）。"知识解构"强调采用多维视角进行主题和样例选择。样例是与情境相联系的特定知识。样例可能会有不同的形式，如书中的一章、影片中的几个画面、一个事件等。样例可能涵盖或长或短的时间片段。每个样例还可以被分解为更小的部分，即微型样例。微型样例可以根据不同的角度（即主题）得到进一步分析。主题指有助于理解复杂知识的原则或规则，每个主题都能对微型样例提供新的洞见。应用知识的灵活性依赖于解构的微型样例。"主题交叉"指基于不同的角度或观点重新组织结构顺序。主题或概念交叉有助于建立高度关联的网络知识结构，这种高度灵活性的知识组合方式有助于理解和问题解决。

基于以上原则，Carvalho（2000）评估了课程结构如何影响认知灵活性的发展。28 名学习葡萄牙文学的大学生被分为两组在网上学习小说"*Cousin Basilio*"，主题注释组获得了基于认知灵活性理论设计的、用简洁语言表述的、与主题相关的微型样例；非主题注释组没有获得主题注释。结果显示，主题注释组的近迁移和远迁移成绩显著优于非主题注释组，表明通过主题注释的解构过程有助于提升认知灵活性。

二、在阅读中培养认知灵活性的具体策略

1. 基于执行功能的阅读任务训练

嵌入执行功能任务的绘本阅读是一种易实施、低成本的学前儿童认知灵活性干预方法。绘本是幼儿喜闻乐见的阅读形式。绘本绝非简单的儿童故事，而是多义、多模式、互文、元构想和后现代的，有时还具有某些讽刺意味（Roche，2016）。一本"简单"的绘本就可以引发深入的讨论，并且揭示关于世界的各种不同观点和假设。因此，绘本阅读有助于幼儿认知灵活性的发展（Holliday，1998）。Howard 等（2015）创作了嵌入执行功能认知活动的绘本——《Quincey Quokka 的探索》。该绘本包含以"儿童必须帮助主人公克服的困难"形式出现的 9 项执行功能活动（工作记忆、抑制和认知灵活性各 3 项），例如，记住一系列路线顺序并以倒序顺序回忆出来（涉及工作记忆）；当成人指着青蛙时说"嘶嘶"，指着蛇时说"呱呱"（涉及抑制）；先根据颜色再根据形状找到路线（涉及认知灵活性）。采用该套绘本的共享阅读促进了学前儿童执行功能的发展（Howard et al.，2017）。干预由一位富有儿童早期阅读研究经验的成人实施，形式包括一对一和小组干预。成人指导儿童在 15 分钟以内完成每页中出现的认知活动，每次嵌入执行功能认知活动的阅读都包含 9 个活动中的前半部分或后半部分（即第一页故事—前 4 个认知活动或后 5 个认知活动—最后一页故事）。绘本在创作时就考虑了以下因素：如果某些活动被跳过，儿童也不会感到故事发展不合逻辑。每个活动大概需要 2—4 分钟，具体

时间取决于活动的特点和儿童的完成速度。所有组每周阅读 2 次，共持续 5 周。

对于学龄儿童，基于执行功能的阅读任务包括类比工作记忆任务、指代消解工作记忆任务、不一致任务、推理任务和整合知识任务（García-Madruga et al.，2013）。①类比工作记忆任务：要求儿童读出屏幕上呈现的一系列语法或语义类比任务并选择正确词语，然后按顺序回忆每个问题所选词语。例如，"Teacher is to school as doctor is to __. A. medicine B. hospital"。②指代消解工作记忆任务：要求儿童默读屏幕上呈现的一系列任务并进行解答，然后顺序回忆每个问题所选词语。例如，呈现句子："Robert painted it white before the summer arrived."要求儿童在"roof"和"façade"中选出符合该句意义的词语。任务难度取决于要记住的词语数量。③不一致任务：要求儿童探查文本中的内部不一致和外部不一致两类错误。内部不一致错误指文本中表达的两种不一致的观点（如"Laura 戴上眼镜看书"与"Laura 的视力非常好"）。外部不一致错误指文本信息与其先前知识相冲突（如 Elena 决定回去的时候正在湖的深处飞行）。④推理任务：要求儿童阅读屏幕上呈现的不同短文并回答问题，要么需要整合短文中单独的句子（基于文本的推理），要么需要将一般知识与短文中的信息进行整合（精加工推理）。⑤整合知识任务：以不同形式（如文本、视频、图片等）呈现信息单元，要求儿童整合多种信息源以回答问题。例如，在观看视频并阅读文本后，儿童需要回答："图片中呈现的是哪种日食？"

2. 语言灵活性训练

（1）歧义探测能力训练

歧义探测能力是一种元语言意识。为了理解他人并与之交流，幼儿在学习情境中逐步获得了歧义探测能力。例如，妈妈问小明："你马上要睡觉了，为什么还要吃糖？"小明振振有词地反问："你不是要我晚上睡得甜吗？"但是相对于意义，儿童在入学后开始更加关注语言的形式（如语音、词汇等）。直到解码技能发展完善，儿童才开始不孤立地看待词语，转而注意它们在句子中的作用。但是对于有些儿童而言，从形式转回到意义的过程可能并不那么顺利。鼓励儿童考虑并清晰表达歧义词、短语、句子的多种不同意义，能够促进儿童歧义探测元语言意识的发展，进而促进其灵活性思维（Dias et al.，

2017）。例如，"床袜"（bed socks）既可以被理解为"穿着上床的袜子"（you wear them to bed），也可以被理解为"床穿的袜子"（the bed wears them）。

当学生在阅读文本过程中遇到不理解的字、词、句时，教师要教会他们停下来自问：这个词还有其他意思吗？它既可以用于名词也可以用于动词吗？可以通过强调不同的重音使意思发生改变吗？强调句子的不同部分能够改变它的意思吗？这段话包含诸如隐喻或者迷惑性表达吗？还要帮助学生掌握在"主要观点"和"支持性细节"（包含重要细节和无关细节）之间转换的阅读策略。这有助于学生使用情境、词性和重音线索来辨别多义词（Meltzer et al.，2010）。

歧义探测能力可以通过专门的元语言意识课程得到提升（Zipke et al.，2009）。该课程每周1次（每次45分钟），共持续4周。教师告诉儿童词语可以有不止一种含义，儿童采用头脑风暴讨论例词的含义，接下来要求儿童在40个单词中找出22个同形同音异义词。教师教授儿童再分类策略，如问学生："'watch（手表）'一词能否表示你的某种行为（看）？"

（2）言语流畅性训练

言语流畅性是个体运用语言进行信息传递的流利程度（杨雅颉等，2012）。字谜干预可以有效提升大学生的言语流畅性（Murphy et al.，2016）。在干预开始前，主试发给每个大学生一本包含30天字谜干预内容的小册子，结构化干预组中的字谜要求重新调整字母顺序以组成一个单词（如"WIMS __ __ __ __"），语义干预组中的字谜要求使用语义线索完成填字游戏（如"Hunger for food __ __ __ __ __ T E"），控制组的任务是写活动日记，记下每天发生的3件事即可。结果显示，4周后，结构化干预组的言语流畅性得到了提升。

（3）词汇灵活性训练

词汇灵活性训练方法包括换偏旁组字词、一字组多词、偏旁组字、一词造多句、连词写话等。这些方法有效提升了儿童对词汇多种相关含义进行编码的能力（卜希翠等，1998）。

3. 视角转换能力训练

阅读中的视角转换能力指读者对于作者及不同人物视角的转换能力。视角转换能力可以通过阅读儿童文学得到有效提升。儿童文学是帮助儿童表达自己观点并且考虑他人观点的自然工具。通过阅读文学故事，儿童自然而然地将故事与自己的生活乃至社会问题联系起来。Maddoux 等（2010）提出了通过阅读儿童文学提升视角转换能力、发展认知灵活性的四条策略。第一，他人视角。他人视角引导儿童去想象人们如何以不同视角看待故事中的情境。这能够有效促使儿童跳出自己的观点，并且考虑多种不同观点及其潜在联系。第二，角色扮演。对书中的人物进行角色扮演，按照该角色的身份来表达其感觉和思考，然后轮流交换角色，这有助于儿童灵活转换视角以理解故事主人公的心理状态。第三，表明立场。教师宣读一种观点，请儿童做出回应。教室的不同角落里贴上表示不同态度的标签（强烈同意、同意、反对、强烈反对），儿童站在相应位置表明立场并提供逻辑推理和数据支持。这样一方面可以培养儿童的说服性沟通能力，另一方面通过聆听同学的不同观点，可以有效提升儿童的认知灵活性。深入交流后，允许儿童改变立场和变换位置。第四，改写。为了促使儿童从不同角度思考，要求儿童改写故事中的对象和人物，改变故事发生的历史时期、文化背景等。

4. 朗读训练

语言能力与认知灵活性的早期发展密切相关。内部言语有助于明确任务规则、记住任务顺序、有效提取任务，从而促进儿童认知灵活性的发展（Cragg et al.，2010）。外部言语，如朗读也有助于提升儿童的认知灵活性。每周 5 次（每次 30 分钟）、持续 5 周的大声朗读训练能有效提升 8—10 岁自闭症儿童的认知灵活性（Tachibana et al.，2013）。与默读不同，大声朗读意味着不能跳读或回到先前的段落，而是必须按照文本顺序连贯、流畅地读，因而朗读者的注意力更加集中。此外，朗读不是私人行为，朗读者与听者可以就朗读材料提出自己的理解与观点，这种交流活动有助于提升朗读者的阅读能力和认知灵活性。

5. 阅读游戏

在阅读领域，诸如谜语、双关语、笑话等许多经典词语游戏可以帮助儿童转换心理模式，提升认知灵活性（Doolittle，1995）。以下主要介绍猜词游戏和谜题（riddle）两种常见的阅读游戏。

（1）猜词游戏

猜词游戏要求参与者根据某种特定规则猜出相应词语。角度转换是在猜词游戏中取胜的关键。有些猜词游戏强调非言语交流。例如，"看图说话"是通过画图使队友猜到正确的词或短语。"打哑谜猜字"与看图说话非常相似，但是要用动作表演出来而不是画出来。还有些猜词游戏可以使用语言进行交流。例如，直接说出（或写出）要同时考虑首字母（如"S"）和类别（如"调料"）的特定词语（如"salt"）。再如，"禁忌"游戏中一人用各种方式来描述词语，但不能用明显提示词语或禁忌词语。例如，"披萨"不能用"比萨""食物""晚餐""奶酪""意大利"等作为线索。"苹果派对"是一款英文配对游戏，游戏卡牌包括红、绿苹果。红苹果是一些英文名词，如人物、活动、地方；绿苹果是一些英文形容词，如圆的、平坦的。要求参与者将红苹果卡牌与对其描述的绿苹果卡牌相对应，有时二者的联系并不明显，因而可以培养个体的认知灵活性。

（2）谜题

谜题是能够变成笑话的问题。它始于一个令人费解的问题（例如，"地球上什么地方的出生率最高？"），止于一个令人意外却好笑的回答（例如，"产房"），这类回答被称为妙语。常见的谜题形式有词汇谜题和结构谜题（Zipke，2008）。词汇谜题涉及歧义探测能力。歧义探测能力是一种元语言意识，指能识别某种语言形式（如词或句子）有两种不同意义的能力（Zipke et al.，2009）。例如，"Do you have any fans in your house？（你家有扇子吗？）No，everybody hates me！（不，每个人都讨厌我！）"答语的巧妙之处在于利用"fans"的另一个含义"粉丝"给出了引人发笑的回答。再如，"Why are fish so smart？Because they swim in schools！"中的 "schools"既有"学校"也有"鱼群"的意义。与词汇谜题不同，结构谜题涉及语法。例如，"How do you stop your dog from barking in the house？（你怎样在屋里制止狗乱叫？）Put it outside！（把它扔出去！）"答语的巧妙之处在于重构问句的语法结构（你怎样制止狗在屋里乱叫），从而给出令人意想不到的回答。

谜题是一种很好的语言灵活性游戏教学材料。谜题虽然简短但意义完整，特别适合低龄儿童。妙趣横生的谜题使儿童感到熟悉和轻松自在，大大提升了儿童的学习动机和投入度。向儿童提供谜题书籍，每天在班上大声朗读谜题，教授谜题写作方法，这些都有助于儿童理解词句的多种含义，灵活考虑最优含义，从而促进儿童阅读理解能力的发展。

谜题干预能够提升儿童的阅读理解技能（Yuill，1998）。开玩笑使我们能退后一步看到全景，而不必陷入字面含义。这个过程有助于认知灵活性的提升，并且进一步促进阅读理解能力的发展。在 Yuill（2009）的干预研究中，研究者将 7—9 岁儿童按照阅读理解能力较好和阅读理解能力较差为一组的标准分为 2 人同性别小组，小组成员采用"笑话城"软件（Yuill et al.，1998）共同讨论谜题的歧义解决方法，2 周内均匀间隔完成 3 个阶段的训练，每个阶段大约为 20 分钟。结果显示，与控制组相比，干预组的阅读理解成绩显著提升。

总之，个体的认知在阅读中变得日益灵活。多元的阅读经验使阅读者能够重新评估意义并接受新意义，这一过程促进了认知灵活性的发展。我们希望本书能够引发人们对于认知灵活性与高效阅读关系的思考，并为在阅读中培养认知灵活性的教学实践提供参考。

参 考 文 献

卜希翠，艾军，冯瑞琴. 1998. 小学二年级词汇教学中思维灵活性训练的研究. 心理发展与教育，（2）：59-61

蔡春先，张运亮. 2019. 运动改善大脑执行功能机制的研究进展. 成都体育学院学报，45（6）：120-126

蔡林，张亚旭. 2014. 句子理解过程中句法与语义加工的 EEG 时频分析. 心理科学进展，22（7）：1112-1121

陈爱国，陈丽萍，颜军. 2017. 8 周足球运动改善留守儿童执行功能的实验研究. 山东体育学院学报，33（1）：85-89

陈爱国，蒋任薇，吉晓海等. 2015. 8 周中等强度的花样跳绳运动对聋哑儿童执行功能的影响. 体育与科学，36（4）：105-109

陈爱国，殷恒婵，颜军等. 2011. 不同强度短时有氧运动对执行功能的影响. 心理学报，43（9）：1055-1062

陈爱国，赵莉，李焕玉等. 2014. 不同强度短时篮球运球训练对小学生执行功能的影响. 天津体育学院学报，29（4）：352-355

陈宝国，陈雅丽. 2008. 小学儿童句法意识、语音意识与阅读理解成绩的关系. 心理科学，（4）：892-895

陈红君，赵英，伍新春等. 2019. 小学儿童词汇知识与阅读理解的关系：交叉滞后研究. 心理学报，51（8）：924-934

陈俊，刘海燕，张积家. 2007. Stroop 效应研究的新进展——理论、范式及影响因素. 心理科学，30（2）：415-418

陈宁. 2016. 美国儿童绘本出版中的性别理念研究——兼论国内儿童读物中性别教育的缺失. 出版科学，24（5）：57-61

陈宁，赵若姝. 2018. 现代公民教育与中国原创儿童绘本的创新发展——基于社会性别视角的考察. 出版科学，26（1）：51-55

陈天勇，韩布新，罗跃嘉等. 2004. 认知年老化与执行衰退假说. 心理科学进展，12（5）：729-736

程亚华，王健，伍新春. 2018. 小学低年级儿童汉语语素意识在阅读理解中的作用：字词阅读流畅性的中介效应. 心理学报，50（4）：413-425

崔冲，吴黛舒. 2019. 教材中性别角色的实证分析：以部编本语文教材为例. 全球教育展望，48（4）：105-118

东尼·博赞. 2015. 快速阅读（卜煜婷，译）. 北京：化学工业出版社

董毓. 2017. 批判性思维原理和方法——走向新的认知和实践（第二版）. 北京：高等教育出
版社

杜巧新，钱英，王玉凤. 2010. 执行功能行为评定量表成人版自评问卷的信效度. 中国心理卫
生杂志，24（9）：674-679

高俊宏，胡玥. 2019. 一次短时游泳运动对儿童执行功能的影响. 浙江体育科学，41（4）：
99-103

高志华，鲁忠义，崔新颖. 2017. 否定加工的机制到底是什么？——否定加工的心理学理论
述评. 心理科学进展，25（3）：413-423

高志华，鲁忠义，马红霞. 2011. 汉语简单否定陈述句理解的心理模拟过程. 心理学报，43
（12）：1380-1387

耿雅津. 2014. 汉语发展性阅读困难儿童语素意识测量及干预研究. 厦门大学硕士学位论文，
59-70

龚少英，彭聃龄. 2005. 句法意识的发展及其与阅读理解关系的研究进展. 心理科学，28
（3）：754-756

龚少英，彭聃龄. 2008. 4～10 岁汉语儿童句法意识的发展. 心理科学，31（2）：346-349

郭晶晶，陈宝国. 2011. 汉、英句法结构相似性与第二语言的熟练度对第二语言句法加工的
影响. 心理科学，34（3）：571-575

郭文娟，刘洁玲. 2017. 核心素养框架构建：自主学习能力的视角. 全球教育展望，46（3）：
16-28

何华，李凌云，刘电芝. 2008. 小学五年级儿童执行功能特点研究. 心理科学，31（2）：353-
355

何纪全. 1988. 关于小学生对应用题结构认知发展的初步研究（Ⅰ）. 心理学报，（1）：8-14

何淑华，静进. 2008. 注意缺陷多动障碍儿童执行功能和工作记忆特点的初步探讨. 中国心理
卫生杂志，22（6）：419-422

黄瑾，田方，叶美蓉. 2018. 促进儿童早期模式能力发展的教育策略. 学前教育研究，（11）：
70-72

江大雷，曾从周. 2015. 8 周中等强度足球强度运动游戏对学龄前儿童执行功能发展的影响.
中国体育科技，51（2）：43-50

李立新. 2013.《纽约时报》关于中国报道中的女性形象. 中华女子学院学报，25（6）：75-80

李龙，王云娣，王跃飞. 2020. 性别平等视阈下女性阅读推广项目功能探析——以 Bold Girls
等 4 个项目为例. 图书馆学研究，（6）：71-77

李美华，白学军. 2005. 不同认知灵活性大学生工作记忆和科技文阅读成绩的比较. 心理科
学，28（2）：329-331

李美华，沈德立. 2006. 3～4 岁幼儿认知灵活性实验研究. 心理学探新，26（1）：52-55

李美华，沈德立，白学军. 2007. 不同年级学生认知灵活性研究. 中国特殊教育，86（8）：
80-86

李文玲，舒华. 2016. 儿童阅读的世界. Ⅲ，让孩子学会阅读的教育理论研究. 北京：北京师
范大学出版社

李晓庆，权朝鲁. 2005. 刻板印象对印象形成过程中信息加工的影响. 心理科学，28（3）：
598-601

李莹. 2016. 论语言理解中否定意义的心理机制. 河南师范大学学报（哲学社会科学版），43（5）：166-171

李昱霖，杨帆，王琳等. 2019. 汉字位置信息加工的脑电变化进程. 心理与行为研究，17（3）：296-303

李正栓，李迎新. 2015. 中国大学生批判性思维教育实施的策略研究. 外语教学理论与实践，（3）：49-56

廖雨维. 2014. 小学中段汉语发展性阅读障碍的个案研究——以重庆市巴南区××小学4年级B班学生为例. 西南大学硕士学位论文，49-52

廖宗卿，张佳昱，苏彦捷. 2015. 从毕生发展的角度看个体分类倾向的两次转变——材料的生命性和可操作性的作用. 心理发展与教育，31（5）：531-538

林崇德. 2017. 中国学生核心素养研究. 心理与行为研究，15（2）：145-154

凌光明，刘欧. 2019. 中国高中生批判性思维能力的测量及其影响因素初探. 中国考试，（9）：1-10

刘丽娟. 2008. 高中生自信与其父母教养方式的关系研究. 中国健康心理学杂志，（6）：661-664

刘丽群，曲茜. 2014. 童话中的性别书写与儿童社会性别的建构. 学前教育研究，（2）：43-48

刘伟方，华晓腾，封洪敏等. 2014. 算术策略运用能力的年龄差异：元认知监测与算术知识的作用. 心理发展与教育，30（3）：234-243

刘晓晔，陈思宇. 2018. 早期阅读推广中的性别偏见现象及分析——对"男孩/女孩必读绘本"的分析. 图书馆理论与实践，（12）：17-20

刘娅琼，陶红印. 2011. 汉语谈话中否定反问句的事理立场功能及类型. 中国语文，（2）：110-120

刘哲宁. 1999. Wisconsin卡片分类测验的临床运用. 国外医学精神病学分册，26（1）：6-9

陆莉，刘鸿香. 1994. 修订皮博迪儿童图片词汇测验. 台北：心理出版社

路腾飞，帅澜，张劲松等. 2017. 中文版学龄前儿童执行功能行为评定问卷（BRIEF-P）父母版的效度和信度. 中国心理卫生杂志，31（2）：138-143

马瑞洁，张聪. 2019. 关于生命的思考与智慧——儿童性教育绘本研究. 出版科学，27（5）：45-51

孟瑞，叶守义. 2017. 审辩式思维在高中阅读中的意义及运用要领. 学语文，（1）：15-17

彭杜宏，廖渝，苏蕙. 2017. 5～6岁幼儿认知灵活性的发展特征与个体差异. 学前教育研究，（4）：37-47

彭美慈，汪国成，陈基乐等. 2004. 批判性思维能力测量表的信效度测试研究. 中华护理杂志，（9）：7-10

齐冰. 2013. 认知灵活性与高效率学习研究. 北京：科学出版社

齐冰，潘峰. 2012. 谁更灵活：内向者还是外向者. 河北大学学报（哲学社会科学版），37（6）：109-112

齐冰，赵兵，王琨等. 2013. 大学生认知灵活性问卷的修订及初步使用. 心理与行为研究，11（1）：120-123

齐沪扬，丁婵婵. 2006. 反诘类语气副词的否定功能分析. 汉语学习，（5）：3-13

钱英，王玉凤. 2007. 学龄儿童执行功能行为评定量表父母版的信效度. 北京大学学报（医学

版），39（3）：277-283

钱英，王玉凤. 2009. 学龄儿童执行功能行为评定量表教师版信效度. 中国心理卫生杂志，23
　　（10）：742-747

乔以钢，王帅乃. 2017. 中国儿童文学的性别研究实践及其反思. 中国现代文学研究丛刊，
　　（5）：17-29

瑞伊·莱瑟·布鲁伯格，张惠. 2016. 隐蔽在醒目处——教科书中的性别偏见. 比较教育研
　　究，38（6）：68-76

时蓉华，吴庆麟. 1981. 提高小学生解答应用题能力的实验研究. 心理科学通讯，（4）：18-24

史蒂文·罗杰·费希尔. 2009. 阅读的历史（李瑞林，贺莺，杨晓华，译）. 北京：商务印书
　　馆

史亚娟，庞丽娟，陶沙等. 2003. 3～5 岁儿童模式认知能力发展的研究. 心理发展与教育，19
　　（4）：46-52

宋国萍，张侃，苗丹民等. 2008. 不同时间的睡眠剥夺对执行功能的影响. 心理科学，31
　　（1）：32-34

宋洁，平凡，佘瑞琴等. 2017. 高低批判性思维倾向个体在判断类词汇 Stroop 效应上的差异.
　　中国临床心理学杂志，25（1）：25-27

宋娟，吕勇. 2008. 类别表征与策略的脑科学研究及对思维教学的启示. 心理与行为研究，6
　　（1）：75-80

宋香丽. 2018. 网络舆论视域下大学生审辩式思维培养. 青少年学刊，（3）：44-49

苏红. 2016. 核心素养视角下批判性思维的测评与培养. 中小学管理，（11）：24-26

隋雪，李昱霖. 2018. 身份和位置信息编码自动化程度对阅读的影响. 辽宁师范大学学报（社
　　会科学版），41（3）：70-75

隋雪，王晓彤，任桂琴. 2015. 词汇识别中字母换位效应的研究. 辽宁师范大学学报（社会科
　　学版），38（3）：345-350

孙庆括，徐帆，胡启宙. 2017. 初中数学教科书中的性别刻板印象研究. 数学教育学报，26
　　（3）：53-56

陶莉. 2017. 基于审辩式思维发展训练的名著阅读指导策略. 语文教学通讯，（26）：26-29

田社平，王立科，邱意弘. 2020. "双一流"建设高校大学生批判性思维能力评价的实证研究.
　　上海教育评估研究，9（1）：54-59

王晶，陈英和，仲宁宁. 2009a. 小学儿童执行功能各成分的发展特点. 中国临床心理学杂
　　志，17（4）：403-404

王晶，陈英和，仲宁宁. 2009b. 对低执行功能小学儿童的训练研究. 中国临床心理学杂志，
　　17（6）：777-779

王娟，张积家. 2009. Ad hoc 类别研究：理论与价值. 华南师范大学学报（社会科学版），
　　（2）：120-125

王湃，刘爱书. 2017. 童年期虐待对执行功能认知灵活性的影响（综述）. 中国心理卫生杂
　　志，31（3）：241-246

王天宇，王明怡. 2015. 睡眠对儿童执行功能的影响. 心理科学进展，23（9）：1560-1567

王婷，吴琼. 2018. 基于"机会——倾向"理论的学习机会有效性及对策研究. 课程教学研
　　究，（3）：28-31

王晓艳.2015.性别平等意识对中国儿童绘本出版的启示.出版广角,(8):62-63

王孝玲,陶保平.1996.小学生识字量测试题库及评价量表.上海:上海教育出版社

王瑈,张乾一,李雪君等.2019.超重对于3~5岁幼儿同伴交往的影响研究:认知灵活性的中介效应.教育观察,8(3):18-21

王阳,杨燕,肖婉婷等.2016.认知灵活性问卷中文版测评大学生样本的效度和信度.中国心理卫生杂志,30(1):58-63

韦力慧.2014.浅谈学生数学阅读能力的培养.教育理论与实践,34(29):58-59

魏佳,肖萍,罗萍萍.2015.小学数学教科书性别刻板插图的调查与思考:教科书发展的视角——以人教版小学数学高年级教科书为例.数学教育学报,24(5):96-99

魏勇刚,尹荣,庞丽娟.2010.儿童模式认知的推理机制.心理科学,33(3):649-650

温忠麟,叶宝娟.2014.中介效应分析:方法和模型发展.心理科学进展,22(5):731-745

吴亚楠,石雷,曲云鹏等.2019.儿童概念组织的两种偏好:分类学关系和主题关系.心理研究,12(4):300-309

吴彦茹.2014.混合式学习促进大学生批判性思维能力发展的实证研究.电化教育研究,35(8):83-88

武静文,鲍丹丹.2016.儿童认知灵活性发展研究综述.兰州教育学院学报,32(3):159-160

武宁宁,舒华.2002.句子语境中汉语词类歧义词的意义激活.心理学报,34(5):454-461

肖少北,刘海燕.2011.听障儿童听觉Stroop效应的研究综述.中国特殊教育,(12):58-61

辛自强.2004.数学中的阅读理解.教育科学研究,(9):49-51

辛自强,张梅.2013.数学学优生的认知特点及影响因素.中国特殊教育,(3):86-91

邢福义.1995.小句中枢说.中国语文,(6):420-428

徐火辉.1990.汉语儿童量化否定句理解的发展.心理科学,(4):15-20

徐莉,莫诗逸.2018.幼儿园教材中的性别刻板印象分析——以幼儿用书《幼儿园主题式课程》(春季版)为例.教师教育学报,5(2):39-44

徐琴芳,胡欣怡.2019.听障儿童汉语阅读能力研究:语音加工和口语词汇的作用.中国特殊教育,(9):35-41

许为卫,杨光,朱梦茹等.2019.心理韧性与大学生创造性的关系——认知灵活性的中介作用.中国健康心理学杂志,27(12):1885-1890

闫冰.2020.否定结构"不就"的主观化与肯定识解.现代语文,(2):48-52

闫嵘,俞国良.2006.阅读困难儿童认知灵活性发展特点研究.中国临床心理学杂志,14(1):33-35

杨雅颉,张富昌,高晓彩等.2012.言语流畅性的特点及其与执行功能子成分关系的实验研究.浙江大学学报(理学版),39(2):239-244

杨中枢.2003.有关九年义务教育语文教科书中的性别倾向研究.当代教育论坛,(3):26-29

于晓晴,于开莲.2010.中国童话中的性别刻板印象研究.幼儿教育,(27):13-17

于泽,韩玉昌,任桂琴.2007.偏向句子语境中不同类型歧义词的歧义消解.心理与行为研究,5(4):300-304

张怀涛.2013."阅读"概念的词源含义、学术定义及其阐释.图书情报研究,6(4):32-35

张焕香.2013.汉语双重否定范畴的逻辑语义分析.语言科学,12(2):193-202

张佳昱，苏彦捷. 2008. 主题还是分类学？对事物分类倾向的发展研究. 心理科学，31（6）：
1322-1325

张莉，周兢，田怡楠等. 2019. 阅读干预：促进学前流动儿童心理弹性发展的有效途径. 学前
教育研究，（12）：20-29

张丽华，冯敬一，王彩霞. 2011. 学习策略对小学数学差生认知灵活性的促进研究. 中小学心
理健康教育，（3）：11-13

张茂林. 2016. 不同阅读水平听障大学生认知灵活性的特点研究. 现代特殊教育，21（9）：
17-23

张秋月，李艳玮，王凤梅等. 2015. 孤独症谱系障碍儿童执行功能干预研究. 广西医学，37
（5）：623-625

张伟锋. 2018. CI 术后听障儿童句子阅读中语音加工作用的研究. 华东师范大学博士学位论
文，63-66

张学而. 2018. 幼儿园教育环境创设中的性别刻板印象：表现、危害及预防. 教育研究与实
验，（1）：83-87

张谊生. 2015. 汉语否定的性质、特征与类别——兼论委婉式降格否定的作用与效果. 汉语学
习，（1）：3-12

张云秋. 2002. 现代汉语口气问题初探. 汉语学习，（2）：44-50

赵鑫，李红利，金戈等. 2020. 语音记忆和中央执行功能在不同年级儿童解码和语言理解中
的作用. 心理学报，52（4）：469-484

赵雪汝，周苗，赖斯燕等. 2014. 祈使句和反问句中双重否定的早期加工机制. 心理科学，37
（5）：1100-1104

郑文静，邹义壮，陈楠等. 2014. 老年精神分裂症患者前瞻性记忆的损伤阶段初探. 中国心理
卫生杂志，28（7）：499-505

周加仙. 2008. 学习科学专业课程的设置与人才培养. 全球教育展望，（4）：36-40

周玫，周晓林. 2003. 儿童执行功能与情绪调节. 心理与行为研究，1（3）：194-199

周治金，赵雷，杨文娇等. 2007. 汉语同形歧义词歧义消解的两半球差异. 心理科学，30
（1）：48-51

朱玉英. 1965. 小学一年级第二学期学生解答算术应用题产生错误的思维特点. 心理学报，
（1）：38-49

祝智庭，肖玉敏，雷云鹤. 2018. 面向智慧教育的思维教学. 现代远程教育研究，（1）：47-57

Abad C，Pruden S M. 2013. Do storybooks really break children's gender stereotypes? Frontiers
in Psychology，4：986

Adi-Japha E，Berberich-Artzi J，Libnawi A. 2010. Cognitive flexibility in drawings of bilingual
children. Child Development，81（5）：1356-1366

Alexopoulou A，Batsou A，Drigas A. 2020. Mobiles and cognition：The associations between
mobile technology and cognitive flexibility. International Journal of Interactive Mobile
Technologies，14（3）：146-155

Allport A，Styles E A，Hsieh S. 1994. Shifting Intentional Set：Exploring The Dynamic Control
of Tasks. Cambridge：MIT Press

Amani M. 2017. Effect of strengthening executive functions on the academic achievement in the children with nonverbal learning disabilities. Middle Eastern Journal of Disability Studies, 7: 1-7

Arán-Filippetti V, Krumm G. 2020. A hierarchical model of cognitive flexibility in children: Extending the relationship between flexibility, creativity and academic achievement. Child Neuropsychology, 26（6）: 770-800

Arán-Filippetti V, Richaud M C. 2017. A structural equation modeling of executive functions, IQ and mathematical skills in primary students: Differential effects on number production, mental calculus and arithmetical problems. Child Neuropsychology, 23（7）: 864-888

Arnold A P, Cheek J M. 1986. Shyness, self-preoccupation and the Stroop color and world test. Personality and Individual Differences, 7（4）: 571-573

Aslan D. 2013. The effects of socioeconomic status on children's categorization and cross-classification skills. International Journal of Social Sciences & Education, 3（3）: 644-657

August-Brady M. 2000. Flexibility: A concept analysis. Nursing Forum, 35（1）: 5-13

Augustinova M, Ferrand L. 2014. Automaticity of word reading: Evidence from the semantic Stroop paradigm. Current Directions in Psychological Science, 23（5）: 343-348

Awan A G, Rasheed H. 2019. Gender stereotypes in the Pakistani novels. Global Journal of Management, Social Sciences and Humanities, 5（3）: 608-623

Axell C, Boström J. 2021. Technology in children's picture books as an agent for reinforcing or challenging traditional gender stereotypes. International Journal of Technology and Design Education, 31: 27-39

Banse R, Gawronski B, Rebetez C, et al. 2010. The development of spontaneous gender stereotyping in childhood: Relations to stereotype knowledge and stereotype flexibility. Developmental Science, 13（2）: 298-306

Baptista J, Osório A, Martins E C, et al. 2017. Maternal and paternal mental-state talk and executive function in preschool children. Social Development, 26（1）: 129-145

Barbarotto R, Laiacona M, Macchi V, et al. 2002. Picture reality decision, semantic categories and gender: A new set of pictures, with norms and an experimental study. Neuropsychologia, 40（10）: 1637-1653

Barclay J R, Bransford J D, Franks J J, et al. 1974. Comprehension and semantic flexibility. Journal of Verbal Learning and Verbal Behavior, 13（4）: 471-481

Battig W F. 1979. Are the important "individual differences" between or within individuals? Journal of Research in Personality, 13（4）: 546-558

Benedek M, Könen T, Neubauer A C. 2012. Associative abilities underlying creativity. Psychology of Aesthetics, Creativity, and the Arts, 6（3）: 273-281

Bennett J, Müller U. 2010. The development of flexibility and abstraction in preschool children. Merrill-Palmer Quarterly, 56（4）: 455-473

Benzing V, Schmidt M, Jäger K, et al. 2019. A classroom intervention to improve executive functions in late primary school children: Too 'old' for improvements? British Journal of Educational Psychology, 89（2）: 225-238

Bernier A, Beauchamp M H, Bouvette-Turcot A A, et al. 2013. Sleep and cognition in preschool years：Specific links to executive functioning. Child Development，84（5）：1542-1553

Bigler R S，Liben L S. 1992. Cognitive mechanisms in children's gender stereotyping：Theoretical and educational implications of a cognitive-based intervention. Child Development，63：1351-1363

Bilalić M，McLeod P，Gobet F. 2008. Inflexibility of experts—Reality or myth? Quantifying the Einstellung effect in chess masters. Cognitive Psychology，56（2）：73-102

Bindman S W，Pomerantz E M，Roisman G I. 2015. Do children's executive functions account for associations between early autonomy-supportive parenting and achievement through high school? Journal of Educational Psychology，107（3）：756-770

Bizama M，Saldaño D，Rodriguez C. 2019. Fluid intelligence，working memory，reading fluency and comprehension in Chilean school children. Electronic Journal of Research in Educational Psychology，17（48）：295-316

Bjork I M，Bowyer-Crane C. 2013. Cognitive skills used to solve mathematical word problems and numerical operations：A study of 6- to 7-year-old children. European Journal of Psychology of Education，28（4）：1345-1360

Blaye A，Jacques S. 2009. Categorical flexibility in preschoolers：Contributions of conceptual knowledge and executive control. Developmental Science，12（6）：863-873

Blaye A，Chevalier N，Paour J L. 2007. The development of intentional control of categorization behaviour：A study of children's relational flexibility. Cognition，Brain，Behavior，11（4）：791-808

Blaye A，Bernard-Peyron V，Paour J L，et al. 2006. Categorical flexibility in children：Distinguishing response flexibility from conceptual flexibility：The protracted development of taxonomic representations. European Journal of Developmental Psychology，3（2）：163-188

Bock A，Cartwright K B，Gonzalez C，et al. 2015. The role of cognitive flexibility in pattern understanding. Journal of Education and Human Development，4（1）：19-25

Bock A，Cartwright K B，Mcknight P E，et al. 2018. Patterning，reading，and executive functions. Frontiers in Psychology，9：1802

Bonino S，Cattelino E. 1999. The relationship between cognitive abilities and social abilities in childhood：A research on flexibility in thinking and cooperation with peers. International Journal of Behavioral Development，23（1）：19-36

Braem S. 2017. Conditioning task switching behavior. Cognition，166：272-276

Braem S，Egner T. 2018. Getting a grip on cognitive flexibility. Current Directions in Psychological Science，27（6）：470-476

Braem S，Hommel B. 2019. Executive functions are cognitive gadgets. Behavioral & Brain Sciences，42：18-19

Brennan E，Luke A，Murphy Y，et al. 2018. Examining the relationship between anxiogenic parenting practices and cognitive flexibility in youth. Behavior Modification，42（6）：864-884

Brimo D，Apel K，Fountain T. 2017. Examining the contributions of syntactic awareness and

syntactic knowledge to reading comprehension. Journal of Research in Reading，40（1）：
57-74

Brod G，Bunge S A，Shing Y L. 2017. Does one year of schooling improve children's cognitive
control and alter associated brain activation? Psychological Science，28（7）：967-978

Buckhalt J A，El-Sheikh M，Keller P S，et al. 2009. Concurrent and longitudinal relations
between children's sleep and cognitive functioning：The moderating role of parent education.
Child Development，80（3）：875-892

Buitenweg J I V，van de Ven R M，Prinssen S，et al. 2017. Cognitive flexibility training：A
large-scale multimodal adaptive active-control intervention study in healthy older adults.
Frontiers in Human Neuroscience，11：529

Buitenweg J I V，van de Ven R M，Ridderinkhof K R，et al. 2018. Does cognitive flexibility
training enhance subjective mental functioning in healthy older adults？ Aging，
Neuropsychology，and Cognition，26（5）：688-710

Burgoyne K，Witteveen K，Tolan A，et al. 2017. Pattern understanding：Relationships with
arithmetic and reading development. Child Development Perspectives，11（4）：239-244

Butterfuss R，Kendeou P. 2018. The role of executive functions in reading comprehension.
Educational Psychology Review，30（3）：801-826

Byrnes J P，Miller D C. 2007. The relative importance of predictors of math and science
achievement：An opportunity-propensity analysis. Contemporary Educational Psychology，
32（4）：599-629

Cabeza R，Andersen N D，Locantore J K，et al. 2002. Aging gracefully：Compensatory brain
activity in high-performing older adults. Neuroimage，17（3）：1394-1402

Cantin R H，Gnaedinger E K，Gallaway K C，et al. 2016. Executive functioning predicts
reading，mathematics，and theory of mind during the elementary years. Journal of
Experimental Child Psychology，146：66-78

Capraro R M，Capraro M M，Rupley W H. 2012. Reading-enhanced word problem solving：A
theoretical model. European Journal of Psychology of Education，27（1）：91-114

Carston R. 2012. Word meaning and concept expressed. The Linguistic Review，29（4）：607-
623

Cartwright K B. 2002. Cognitive development and reading：The relation of reading-specific
multiple classification skill to reading comprehension in elementary school children. Journal
of Educational Psychology，94（1）：56-63

Cartwright K B. 2006. Fostering flexibility and comprehension in elementary students. The
Reading Teacher，59（7）：628-634

Cartwright K B. 2007. The contribution of graphophonological-semantic flexibility to reading
comprehension in college students：Implications for a less simple view of reading. Journal of
Literacy Research，39（2）：173-193

Cartwright K B. 2008. Literacy Processes：Cognitive Flexibility in Learning and Teaching. New
York：Guilford Press

Cartwright K B. 2015. Executive function and reading comprehension：The critical role of cognitive flexibility//Parris S R, Headley K. Comprehension Instruction: Research-Based Best Practices (pp. 56-71). New York: Guilford

Cartwright K B, Duke N K. 2019a. The DRIVE model of reading: Making the complexity of reading accessible. The Reading Teacher, 73 (1): 7-15

Cartwright K B, Marshall T R, Dandy K L. 2010. The development of graphophonological-semantic cognitive flexibility and its contribution to reading comprehension in beginning readers. Journal of Cognition and Development, 11 (1): 61-85

Cartwright K B, Marshall T R, Hatfield N A. 2020a. Concurrent and longitudinal contributions of a brief assessment of reading-specific executive function to reading comprehension in first and second grade students. Mind, Brain, and Education, 14 (2): 114-123

Cartwright K B, Marshall T R, Huemer C M. 2019b. Executive function in the classroom: Cognitive flexibility supports reading fluency for typical readers and teacher-identified low-achieving readers. Research in Developmental Disabilities, 88: 42-52

Cartwright K B, Bock A M, Clause J H, et al. 2020b. Near- and far-transfer effects of an executive function intervention for 2nd to 5th-grade struggling readers. Cognitive Development, 56: 100932

Cartwright K B, Bock A M, Coppage E A, et al. 2017a. A comparison of cognitive flexibility and metalinguistic skills in adult good and poor comprehenders. Journal of Research in Reading, 40 (2): 139-152

Cartwright K B, Coppage E A, Lane A B, et al. 2017b. Cognitive flexibility deficits in children with specific reading comprehension difficulties. Contemporary Educational Psychology, 50: 33-44

Cartwright K B, Lee S A, Barber A T, et al. 2019c. Contributions of executive function and cognitive intrinsic motivation to university students' reading comprehension. Reading Research Quarterly, 55 (3): 345-369

Carvalho A A. 2000. How to develop cognitive flexibility in a WWW course. Poster Session Presented at the 23rd Annual Proceedings of AECT, Denver

Chan J S, Wade-Woolley L. 2018. Explaining phonology and reading in adult learners: Introducing prosodic awareness and executive functions to reading ability. Journal of Research in Reading, 41 (1): 42-57

Chevalier N, Blaye A. 2009. Setting goals to switch between tasks: Effect of cue transparency on children's cognitive flexibility. Developmental Psychology, 45 (3): 453-782

Chieu V M. 2007. An operational approach for building learning environments supporting cognitive flexibility. Journal of Educational Technology & Society, 10 (3): 32-46

Chowdhury T G, Murshed F, Khare A. 2018. Flexible flexibility! Food categorization flexibility and utilitarian preference. Journal of Consumer Marketing, 351: 1-10

Chrysikou E G, Motyka K, Nigro C, et al. 2016. Functional fixedness in creative thinking tasks depends on stimulus modality. Psychology of Aesthetics, Creativity, and the Arts, 10 (4): 425-435

Cirino P T, Miciak J, Ahmed Y, et al. 2019. Executive function: Association with multiple reading skills. Reading and Writing，32：1819-1846

Clark H H，Lucy P. 1975. Understanding what is meant from what is said：A study in conversationally conveyed requests. Journal of Verbal Learning and Verbal Behavior，14（1）：56-72

Clearfield M W，Niman L C. 2012. SES affects infant cognitive flexibility. Infant Behavior and Development，35（1）：29-35

Clerc J，Clément É. 2016. Metacognition and cognitive flexibility in transfer of learning//Benson J. Metacognition：Theory，Performance and Current Research（pp. 17-42）. New York：Nova Sciences Publishers

Cobano-Delgado V C，Llorent-Bedmar V. 2019. Identity and gender in childhood. Representation of Moroccan women in textbooks. Women's Studies International Forum. Pergamon，74：137-142

Cocoradă E. 2018. Gender stereotypes in school textbooks. Revista Romaneasca Pentru Educatie Multidimensionala，10（4）：65-81

Colcombe S，Kramer A F. 2003. Fitness effects on the cognitive function of older adults：A meta-analytic study. Psychological Science，14（2）：125-130

Coldren J T. 2013. Cognitive control predicts academic achievement in kindergarten children. Mind，Brain，and Education，7：40-48

Colé P，Duncan L G，Blaye A. 2014. Cognitive flexibility predicts early reading skills. Frontiers in Psychology：Cognitive Science，5：565

Colombo L，Sulpizio S，Peressotti F. 2017. Serial mechanism in transposed letters effects：A developmental study. Journal of Experimental Child Psychology，161：46-62

Colzato L S. 2010. DOOM'd to switch：Superior cognitive flexibility in players of first person shooter games. Frontiers in Psychology，1：8

Cook J L，Rieser J J. 2005. Finding the critical facts：Children's visual scan patterns when solving story problems that contain irrelevant information. Journal of Educational Psychology，97（2）：224-234

Coubard O A，Duretz S，Lefebvre V，et al. 2011. Practice of contemporary dance improves cognitive flexibility in aging. Frontiers in Aging Neuroscience，3：13

Cragg L，Nation K. 2010. Language and the development of cognitive control. Topics in Cognitive Science，2（4）：631-642

Cross I. 2001. Music，mind and evolution. Psychology of Music，29（1）：95-102

Curran T. 2018. An actor-partner interdependence analysis of cognitive flexibility and indicators of social adjustment among mother-child dyads. Personality and Individual Differences，126：99-103

Curran T，Andersen K K. 2017. Intergenerational patterns of cognitive flexibility through expressions of maternal care. Personality and Individual Differences，108：32-34

Dahlgren C L，Hage T W，Wonderlich J A，et al. 2019. General and eating disorder specific flexibility：Development and validation of the eating disorder flexibility index EDFLIX questionnaire. Frontiers in Psychology，10：663

Dajani D R, Uddin L Q. 2015. Demystifying cognitive flexibility: Implications for clinical and developmental neuroscience. Trends in Neurosciences, 38 (9): 571-578

Darley E J, Kent C, Kazanina N. 2020. A 'no' with a trace of 'yes': A mouse-tracking study of negative sentence processing. Cognition, 198: 104084

Davey C P. 1973. Physical exertion and mental performance. Ergonomics, 16 (5): 595-599

Davies M A, McNulty C P, Maddox M A. 2011. Turn the kaleidoscope: Fifteen strategies to shift perspectives when learning. Childhood Education, 87 (3): 154-160

Davis C L, Tomporowski P D, McDowell J E, et al. 2011. Exercise improves executive function and achievement and alters brain activation in overweight children: A randomized, controlled trial. Health Psychology, 30 (1): 91-98

Dawson P, Guare R. 2014. Interventions to promote executive development in children and adolescents//Goldstein S, Naglieri J A. Handbook of Executive Functioning (pp. 427-443). New York: Springer

de Dreu C K W, Baas M, Nijstad B A. 2008. Hedonic tone and activation level in the mood-creativity link: Toward a dual pathway to creativity model. Journal of Personality and Social Psychology, 94 (5): 739-756

de Dreu C K W, Nijstad B A, Baas M. 2011. Behavioral activation links to creativity because of increased cognitive flexibility. Social Psychological and Personality Science, 2 (1): 72-80

Deacon S H, Kieffer M. 2018. Understanding how syntactic awareness contributes to reading comprehension: Evidence from mediation and longitudinal models. Journal of Educational Psychology, 110 (1): 72-86

Deák G O. 2000. The growth of flexible problem solving: Preschool children use changing verbal cues to infer multiple word meanings. Journal of Cognition and Development, 1 (2): 157-191

Deák G O. 2004. The development of cognitive flexibility and language abilities. Advances in Child Development & Behavior, 31: 271-327

Deák G O, Narasimham G. 2014. Young children's flexible use of semantic cues to word meanings: Converging evidence of individual and age differences. Journal of Child Language, 41 (3): 511-542

Deák G O, Wiseheart M. 2015. Cognitive flexibility in young children: General or task-specific capacity? Journal of Experimental Child Psychology, 138: 31-53

Denney N, Lennon M L. 1972. Classification: A comparison of middle and old age. Developmental Psychology, 7 (2): 210-213

Dennis J P, van der Wal J S. 2010. The cognitive flexibility inventory: Instrument development and estimates of reliability and validity. Cognitive Therapy and Research, 34: 241-253

Diamond A. 2013. Executive functions. Annual Review of Psychology, 64: 135-168

Dias N M, Seabra A G. 2017. Intervention for executive functions development in early elementary school children: Effects on learning and behaviour, and follow-up maintenance. Educational Psychology, 37 (4): 468-486

Dias N S, Ferreira D, Reis J, et al. 2015. Age effects on EEG correlates of the Wisconsin card sorting test. Physiological Reports，3：7

Doebel S，Zelazo P D. 2016. Seeing conflict and engaging control：Experience with contrastive language benefits executive function in preschoolers. Cognition，157：219-226

Doolittle J H. 1995. Using riddles and interactive computer games to teach problem-solving skills. Teaching of Psychology，22（1）：33-36

Driscoll，M P. 2000. Psychology of Learning for Instruction. Boston：Allyn and Bacon

Dupuy O，Billaut F，Raymond F，et al. 2018. Effect of acute intermittent exercise on cognitive flexibility：The role of exercise intensity. Journal of Cognitive Enhancement，2：146-156

Eilam B，Yarden A. 2007. Learning with a unified curriculum：Science students' knowledge organisation and cognitive flexibility. Curriculum & Teaching，22（2）：5-27

Endendijk J J，Groeneveld M G，van der Pol L D，et al. 2014. Boys don't play with dolls：Mothers' and fathers' gender talk during picture book reading. Parenting，14（3-4）：141-161

Eslinger P J，Grattan L M. 1993. Frontal lobe and frontal-striatal substrates for different forms of human cognitive flexibility. Neuropsychologia，31（1）：17-28

Espinet S D，Anderson J E，Zelazo P D. 2013. Reflection training improves executive function in preschool-age children：Behavioral and neural effects. Developmental Cognitive Neuroscience，4：3-15

Eysenck M W，Derakshan N，Santos R，et al. 2007. Anxiety and cognitive performance：Attentional control theory. Emotion，7（2）：336-353

Facione N C，Facione P A，Sanchez C A. 1994. Critical thinking disposition as a measure of competent clinical judgment：The development of the California critical thinking disposition inventory. Journal of Nursing Education，33（8）：345-350

Farrelly K，Mace S. 2015. An intervention to enhance cognitive flexibility in boys aged 11—13 with autism spectrum disorder. Surrey Undergraduate Research Journal，1：1-19

Fatima S，Sheikh H. 2016. Adolescent aggression as predicted from parent-child relationships and executive functions. American Journal of Psychology，129（3）：283-294

Follmer D J. 2018. Executive function and reading comprehension：A meta-analytic review. Educational Psychologist，53（1）：42-60

Fong C Y C，Chung P Y. 2020. The role of orthographic flexibility in Chinese word reading among kindergarten children. Educational Psychology，40（7）：804-819

Forsman J A，Barth J M. 2016. The effect of occupational gender stereotypes on men's interest in female-dominated occupations. Sex Roles，76（7-8）：460-472

Frances B，Julia K. 2017. Development and plasticity of cognitive flexibility in early and middle childhood. Frontiers in Psychology，8：1040

Fuchs L S，Fuchs D，Compton D L，et al. 2015. Is word-problem solving a form of text comprehension? Scientific Studies of Reading，19（3）：204-223

Fuchs L S，Fuchs D，Compton D L，et al. 2006. The cognitive correlates of third-grade skill in arithmetic，algorithmic computation，and arithmetic word problems. Journal of Educational Psychology，98（1）：29-43

Fuchs L S, Gilbert J K, Fuchs D, et al. 2018. Text comprehension and oral language as predictors of word-problem solving: Insights into word-problem solving as a form of text comprehension. Scientific Studies of Reading, 22（2）: 152-166

Gabrys R L, Tabri N, Anisman H, et al. 2018. Cognitive control and flexibility in the context of stress and depressive symptoms: The cognitive control and flexibility questionnaire. Frontiers in Psychology, 9: 2219

Gadzichowski K M, Peterson M S, Pasnak R, et al. 2018. A place for patterning in cognitive development. Psychology, 9: 2073-2082

Gaither S E, Fan S P, Kinzler K D. 2019. Thinking about multiple identities boosts children's flexible thinking. Developmental Science, 23（1）: e0012871

Galdi S, Mirisola A, Tomasetto C. 2017. On the relations between parents' and children's implicit and explicit academic gender stereotypes. Psicologia Sociale, 2: 215-238

Gallagher A M, De Lisi R, Holst P C, et al. 2000. Gender differences in advanced mathematical problem solving. Journal of Experimental Child Psychology, 75（3）: 165-190

Gao T, Zhao J, Dou K, et al. 2018. Impact of cognitive flexibility on rapid reading skills training outcomes for primary school students in China. School Psychology International, 39（3）: 273-290

Gao Z, Lee J E, Zeng N, et al. 2019. Home-based exergaming on preschoolers' energy expenditure, cardiovascular fitness, body mass index and cognitive flexibility: A randomized controlled trial. Journal of Clinical Medicine, 8（10）: 1745

García-Madruga J A, Elosúa M R, Gil L, et al. 2013. Reading comprehension and working memory's executive processes: An intervention study in primary school students. Reading Research Quarterly, 48（2）: 155-174

García-Madruga J A, Vila J O, Gómez-Veiga I, et al. 2014. Executive processes, reading comprehension and academic achievement in 3th grade primary students. Learning and Individual Differences, 35: 41-48

Gentner D. 1989. The mechanisms of analogical learning//Vosniadou S, Ortony A. Similarity and Analogical Reasoning（pp. 199-241）. Cambridge: Cambridge University Press

Georgiou G K, Das J P. 2018. Direct and indirect effects of executive function on reading comprehension in young adults. Journal of Research in Reading, 41（2）: 243-258

Gioia G A, Espy K A, Isquith P K. 2003. Behavior Rating Inventory of Executive Function-Preschool Version（BRIEF-P）. Odessa: Psychological Assessment Resources

Gioia G A, Isquith P K, Guy S C, et al. 2000. Test review behavior rating inventory of executive function. Child Neuropsychology, 6（3）: 235-238

Glass B D, Maddox W T, Love B C. 2013. Real-time strategy game training: Emergence of a cognitive flexibility trait. PLoS One, 8（8）: e70350

Gnaedinger E K, Hund A M, Hesson-McInnis M S. 2016. Reading-specific flexibility moderates the relation between reading strategy use and reading comprehension during the elementary years. Mind, Brain, and Education, 10（4）: 233-246

Goclowska M A, Crisp R J, Labuschagne K. 2012. Can counterstereotypes boost flexible thinking? Group Processes & Intergroup Relations, 16: 217-231

Gokhale A A. 1995. Collaborative learning enhances critical thinking. Journal of Technology Education, 7 (1): 22-30

Goldstein-Schultz M. 2016. The living gender curriculum: Helping FCS students analyze gender stereotypes. Journal of Family & Consumer Sciences, 108 (3): 56-62

Goñi J, Arrondo G, Sepulcr J, et al. 2011. The semantic organization of the animal category: Evidence from semantic verbal fluency and network theory. Cognitive Processing, 12 (2): 183-196

Goodkind M S, Gallagher-Thompson D, Thompson L W, et al. 2016. The impact of executive function on response to cognitive behavioral therapy in late-life depression. International Journal of Geriatric Psychiatry, 31 (4): 334-339

Gopnik A, O'Grady S, Lucas C G, et al. 2017. Changes in cognitive flexibility and hypothesis search across human life history from childhood to adolescence to adulthood. Proceedings of the National Academy of Sciences, 114 (30): 7892-7899

Goral M, Clark-Cotton M, Spiro A, et al. 2011. The contribution of set switching and working memory to sentence processing in older adults. Experimental Aging Research, 37 (5): 516-538

Gough P B, Tunmer W E. 1986. Decoding, reading, and reading disability. Remedial and Special Education, 7 (1): 6-10

Gouvias D, Alexopoulos C. 2018. Sexist stereotypes in the language textbooks of the Greek primary school: A multidimensional approach. Gender and Education, 30 (5): 642-662

Green V A, Bigler R, Catherwood D. 2004. The variability and flexibility of gender-typed toy play: A close look at children's behavioral responses to counterstereotypic models. Sex Roles, 51 (7-8): 371-386

Grimm L R, Markman A B, Maddox W T, et al. 2008. Differential effects of regulatory fit on category learning. Journal of Experimental Social Psychology, 44 (3): 920-927

Grimm L R, Markman A B, Maddox W T, et al. 2009. Stereotype threat reinterpreted as a regulatory mismatch. Journal of Personality and Social Psychology, 96 (2): 288-304

Guajardo N R, Cartwright K B. 2016. The contribution of theory of mind, counterfactual reasoning, and executive function to pre-readers' language comprehension and later reading awareness and comprehension in elementary school. Journal of Experimental Child Psychology, 144: 27-45

Halford G S, Wilson W H, Phillips S. 1998. Processing capacity defined by relational complexity: Implications for comparative, developmental, and cognitive psychology. Behavioral and Brain Sciences, 21 (6): 803-831

Halim M L, Ruble D. 2010. Gender identity and stereotyping in early and middle childhood//Chrisler J C, McCreary D R. Handbook of Gender Research in Psychology (pp. 495-525). New York: Springer

Hayes J F, Eichen D M, Barch D M, et al. 2018. Executive function in childhood obesity: Promising intervention strategies to optimize treatment outcomes. Appetite, 124: 10-23

He W，Bi X. 2020. Perspective-shifting are helpful for children in Chinese passive sentence comprehension. Acta Psychologica，205：103059

Herrero L，Carriedo N. 2020. The role of cognitive flexibility and inhibition in complex dynamic tasks：The case of sight reading music. Current Psychology，（4）：1-13

Hess M，Ittel A，Sisler A. 2014. Gender-specific macro- and micro-level processes in the transmission of gender role orientation in adolescence：The role of fathers. European Journal of Developmental Psychology，11（2）：211-226

Heyder A，Kessels U. 2013. Is school feminine? Implicit gender stereotyping of school as a predictor of academic achievement. Sex Roles，69（11-12）：605-617

Hinton D E，Kirmayer L J. 2017. The flexibility hypothesis of healing. Culture，Medicine，and Psychiatry，41（1）：3-34

Hodson L，MacCallum F，Watson D G，et al. 2021. Dear diary：Evaluating a goal-oriented intervention linked with increased hope and cognitive flexibility. Personality and Individual Differences，168：110383

Hodzik S，Lemaire P. 2011. Inhibition and shifting capacities mediate adults' age-related differences in strategy selection and repertoire. Acta Psychologica，137（3）：335-344

Hoffman A B，Rehder B. 2010. The costs of supervised classification：The effect of learning task on conceptual flexibility. Journal of Experimental Psychology：General，139（2）：319-340

Holliday K N. 1998. Modeling divergent thinking through picture books. Roeper Review，21（1）：5-6

Homer B，Olson D R. 1999. Literacy and children's conception of words. Written Language & Literacy，2（1）：113-140

Hommel B. 2015. Between persistence and flexibility：The Yin and Yang of action control. Advances in Motivation Science，2（14）：33-67

Hommel B，Colzato L S. 2017. The social transmission of metacontrol policies：Mechanisms underlying the interpersonal transfer of persistence and flexibility. Neuroscience & Biobehavioral Reviews，81：43-58

Horowitz-Kraus T. 2015. Improvement in non-linguistic executive functions following reading acceleration training in children with reading difficulties：An ERP study. Trends in Neuroscience and Education，4（3）：77-86

Howard S J，Chadwick S. 2015. Quincey Quokka's Quest：A Picture Book to Support Children's Cognitive Development. Dibden Perlieu：Ceratopia Books

Howard S J，Powell T，Vasseleu E，et al. 2017. Enhancing preschoolers' executive functions through embedding cognitive activities in shared book reading. Educational Psychology Review，29（1）：153-174

Huizinga M，Smidts D P，Ridderinkhof K R. 2014. Change of mind：Cognitive flexibility in the classroom. Perspectives on Language and Literacy，40（2）：31-35

Hung C O Y，Loh E K Y. 2020. Examining the contribution of cognitive flexibility to metalinguistic skills and reading comprehension. Educational Psychology，10：1-18

Ionescu T. 2012. Exploring the nature of cognitive flexibility. New Ideas in Psychology，30（2）：

190-200

Ionescu T. 2017. The variability-stability-flexibility pattern: A possible key to understanding the flexibility of the human mind. Review of General Psychology, 21（2）: 123-131

Ionescu T. 2019. Putting the variability-stability-flexibility pattern to use: Adapting instruction to how children develop. New Ideas in Psychology, 55: 18-23

Isen A M. 2001. An influence of positive affect on decision making in complex situations: Theoretical issues with practical implications. Journal of Consumer Psychology, 11（2）: 75-85

Islam K M M, Asadullah M N. 2018. Gender stereotypes and education: A comparative content analysis of Malaysian, Indonesian, Pakistani and Bangladeshi school textbooks. PLoS One, 13（1）: e0190807

Jacobson L A, Koriakin T, Lipkin P, et al. 2017. Executive functions contribute uniquely to reading competence in minority youth. Journal of Learning Disabilities, 50（4）: 422-433

Jacques S, Zelazo P D. 2005. On the possible roots of cognitive flexibility//Homer B, Tamis-Lamonda C. The Development of Social Understanding and Communication（pp. 53-81）. Mahwah: Lawrence Erlbaum Associates Publishers

Janssen T, Braaksma M, Rijlaarsdam G, et al. 2012. Flexibility in reading literature, differences between good and poor adolescent readers. Scientific Study of Literature, 2（1）: 83-107

Jen C H, Chen W W, Wu C W. 2019. Flexible mindset in the family: Filial piety, cognitive flexibility, and general mental health. Journal of Social & Personal Relationships, 36（6）: 1715-1730

Jena A K, Das J, Bhattacharjee S, et al. 2019. Cognitive development of children in relation to inhibition control, working memory, and cognitive flexibility. I-manager's Journal on Educational Psychology, 13（2）: 29-48

Jenkins L N, Tennant J E, Demaray M K. 2018. Executive functioning and bullying participant roles: Differences for boys and girls. Journal of School Violence, 17（4）: 521-537

Johann V E, Karbach J. 2019. Effects of game-based and standard executive control training on cognitive and academic abilities in elementary school children. Developmental Science, （2）: e12866

Johann V, Könen T, Karbach J. 2020. The unique contribution of working memory, inhibition, cognitive flexibility, and intelligence to reading comprehension and reading speed. Child Neuropsychology, 26（3）: 324-344

Joseph H S S, Liversedge S P. 2013. Children's and adults' on-line processing of syntactically ambiguous sentences during reading. PLoS One, 8（1）: e54141

Kaizer C, Shore B M. 1995. Strategy flexibility in more and less competent students on mathematical word problems. Creativity Research Journal, 8（1）: 77-82

Karahan A, İskifoğlu G. 2020. Using demographic variables to predict graduating university students' critical thinking disposition. Social Behavior and Personality: An International Journal, 48（10）: 1-13

Karpov A O. 2016. Generative learning in research education for the knowledge society. International Electronic Journal of Mathematics Education, 11（6）: 1621-1633

Kassai R, Futo J, Demetrovics Z, et al., 2019. A meta-analysis of the experimental evidence on the near-and far-transfer effects among children's executive function skills. Psychological Bulletin, 145（2）: 165-188

Katz P A, Ksansnak K R. 1994. Developmental aspects of gender role flexibility and traditionality in middle childhood and adolescence. Developmental Psychology, 30（2）: 272-282

Kaup B, Lüdtke J, Zwaan R A. 2006. Processing negated sentences with contradictory predicates: Is a door that is not open mentally closed? Journal of Pragmatics, 38（7）: 1033-1050

Keith J, Velezmoro R, Brien O, et al. 2015. Correlates of cognitive flexibility in veterans seeking treatment for posttraumatic stress disorder. The Journal of Nervous and Mental Disease, 203（4）: 287-293

Kercood S, Lineweaver T T, Frank C C, et al. 2017. Cognitive flexibility and its relationship to academic achievement and career choice of college students with and without attention deficit hyperactivity disorder. Journal of Postsecondary Education and Disability, 30（4）: 329-344

Kesler S, Hosseini S H, Heckler C, et al. 2013. Cognitive training for improving executive function in chemotherapy-treated breast cancer survivors. Clinical Breast Cancer, 13（4）: 299-306

Khan N A, Raine L B, Drollette E S, et al. 2015. The relation of saturated fats and dietary cholesterol to childhood cognitive flexibility. Appetite, 93: 51-56

Khare A, Chowdhury T G. 2015. Food categorization flexibility increases the preference for indulgent foods. Journal of Consumer Psychology, 25（4）: 546-560

Khodarahimi S. 2018. Self-reported nutritional status , executive functions , and cognitive flexibility in adults. Journal of Mind and Medical Sciences, 5（2）: 210-217

Kidd J K, Carlson A G, Gadzichowski K M, et al. 2013. Effects of patterning instruction on the academic achievement of 1st-grade children. Journal of Research in Childhood Education, 27（2）: 224-238

Kidd J K, Lyu H, Peterson M, et al. 2019. Patterns, mathematics, early literacy, and executive functions. Creative Education, 10（13）: 3444-3468

Kidd J K, Pasnak R, Gadzichowski K M, et al. 2014. Instructing first-grade children on patterning improves reading and mathematics. Early Education and Development, 25（1）: 134-151

Kieffer M J, Vukovic R K, Berry D. 2013. Roles of attention shifting and inhibitory control in fourth-grade reading comprehension. Reading Research Quarterly, 48（4）: 333-348

Kiesel A, Steinhauser M, Wendt M, et al. 2010. Control and interference in task switching: A review. Psychological Bulletin, 136（5）: 849-874

Knudsen H B S, de López K J, Archibald L M D. 2018. The contribution of cognitive flexibility to children's reading comprehension—The case for Danish. Journal of Research in Reading, 41（S1）: 130-148

Koch I, Poljac E, Müller H, et al. 2018. Cognitive structure, flexibility, and plasticity in human multitasking—An integrative review of dual-task and task-switching research. Psychological Bulletin, 144（6）: 557-583

Kollmayer M, Schober B, Spiel C. 2018. Gender stereotypes in education: Development, consequences, and interventions. European Journal of Developmental Psychology, 15（4）: 361-377

Kotsopoulos D, Lee J. 2012. A naturalistic study of executive function and mathematical problem-solving. The Journal of Mathematical Behavior, 31（2）: 196-208

Kramer A F, Hahn S, Cohen N J, et al. 1999. Ageing, fitness and neurocognitive function. Nature, 400: 418-419

Krause S, Moore E J. 1997. Effects of cognitive flexibility and phonemic awareness training on kindergarten and first-grade students' phonemic awareness, cognitive flexibility, reading, and spelling ability. Paper Presented at the Annual Meeting of the American Education Research Association, Chicago

Kray J, Lucenet J, Blaye A. 2010. Can older adults enhance task-switching performance by verbal self-instructions? The influence of working-memory load and early learning. Frontiers in Aging Neuroscience, 2: 147

Kropp J J, Halverson C F. 1983. Preschool children's preferences and recall for stereotyped versus nonstereotyped stories. Sex Roles, 9（2）: 261-272

Kyle F E, Harris M. 2010. Predictors of reading development in deaf children: A three year longitudinal study. Journal of Experimental Child Psychology, 107（3）: 229-243

Lampit A, Hallock H, Valenzuela M. 2014. Computerized cognitive training in cognitively healthy older adults: A systematic review and meta-analysis of effect modifiers. PLoS Medicine, 11（11）: 1-18

Lanting S, Haugrud N, Crossley M. 2009. The effect of age and sex on clustering and switching during speeded verbal fluency tasks. Journal of the International Neuropsychological Society, 15（2）: 196-204

Latzman R, Elkovitch N, Young J, et al. 2010. The contribution of executive functioning to academic achievement among male adolescents. Journal of Clinical and Experimental Neuropsychology, 32（5）: 455-462

Lawson R, Chang F, Wills A J. 2017. Free classification of large sets of everyday objects is more thematic than taxonomic. Acta Psychologica, 172: 26-40

Lee K, Ng E L, Ng S F. 2009. The contributions of working memory and executive functioning to problem representation and solution generation in algebraic word problems. Journal of Educational Psychology, 101（2）: 373-378

Lee K, Ng S F, Bull R, et al. 2011. Are patterns important? An investigation of the relationships between proficiencies in patterns, computation, executive functioning, and algebraic word problems. Journal of Educational Psychology, 103（2）: 269-281

Lee K, Ng S F, Pe M L, et al. 2012. The cognitive underpinnings of emerging mathematical skills: Executive functioning, patterns, numeracy, and arithmetic. British Journal of

Educational Psychology，82（1）：82-99

Legare C H，Dale M T，Kim S Y，et al. 2018. Cultural variation in cognitive flexibility reveals diversity in the development of executive functions. Scientific Reports，8：1-14

Lewis-Morrarty E，Dozier M，Bernard K，et al. 2012. Cognitive flexibility and theory of mind outcomes among foster children：Preschool follow-up results of a randomized clinical trial. Journal of Adolescent Health，51（2）：17-22

Lillard A，Else-Quest N. 2006. The early years：Evaluating montessori education. Science，313（5795）：1893-1894

Lin E L，Murphy G L. 2001. Thematic relations in adults' concepts. Journal of Experimental Psychology：General，130（1）：3-28

Liu R D，Wang J，Star J R，et al. 2018a. Turning potential flexibility into flexible performance，moderating effect of self-efficacy and use of flexible cognition. Frontiers in Psychology，9：646

Liu Y Y，Sun H L，Lin D，et al. 2018b. The unique role of executive function skills in predicting Hong Kong kindergarteners' reading comprehension. British Journal of Educational Psychology，88（4）：628-644

Loving G. 1993. Competence validation and cognitive flexibility：A theoretical model grounded in nursing education. Journal of Nursing Education，32（9）：415-421

Lu J G，Martin A E，Usova A，et al. 2019. Creativity and humor across cultures：Where aha meets haha//Luria S R，Baer J，Kaufman J C. Explorations in Creativity Research：Creativity and Humor（pp. 183-203）. San Diego：Academic Press

Lu J G，Quoidbach J，Gino F，et al. 2017. The dark side of going abroad：How broad foreign experiences increase immoral behavior. Journal of Personality and Social Psychology，112（1）：1-16

Luchins A S. 1942. Mechanization in problem solving：The effect of einstellung. Psychological Monographs，54（6）：1-95

Ludwig R P，Lazarus P J. 1983. Relationship between shyness in children and constricted cognitive control as measured by the Stroop color-word test. Journal of Consulting and Clinical Psychology，51（3）：386-389

Ludyga S，Gerber M，Mücke M，et al. 2018. The acute effects of aerobic exercise on cognitive flexibility and task-related heart rate variability in children with ADHD and healthy controls. Journal of Attention Disorders，24（5）：693-703

Lupyan G，Thompson-Schill S L. 2012. The evocative power of words：Activation concepts by verbal and nonverbal means. Journal of Experimental Psychology：General，141（1）：170-186

Maddoux M，Mcnulty C，Davies M A . 2010. Living in the global village：Strategies for teaching mental flexibility. Social Studies and the Young Learner，23（2）：21-24

Maddox W T，Markman A B，Baldwin G C. 2006. Using classification to understand the motivation-learning interface. Psychology of Learning and Motivation，47：213-249

Magalhães S，Carneiro L，Limpo T，et al. 2020. Executive functions predict literacy and mathematics achievements: The unique contribution of cognitive flexibility in grades 2, 4, and 6. Child Neuropsychology, 26 (7): 934-952

Maintenant C, Pennequin V. 2016. Categorical flexibility and conceptualization. L'Année Psychologique, 116 (1): 21-44

Maintenant C, Blaye A, Paour J L. 2011. Semantic categorical flexibility and aging: Effect of semantic relations on maintenance and switching. Psychology and Aging, 26 (2): 461-466

Maintenant C, Blaye A, Pennequin V, et al. 2013. Predictors of semantic categorical flexibility in older adults. British Journal of Psychology, 104 (2): 265-282

Malyutina S, den Ouden D B. 2017. Task-dependent neural and behavioral effects of verb argument structure features. Brain and Language, 168: 57-72

Martin M M, Rubin R B. 1995. A new measure of cognitive flexibility. Psychological Reports, 76 (2): 623-626

Marzocchi G M, Oosterlaan J, Zuddas A, et al. 2008. Contrasting deficits on executive functions between ADHD and reading disabled children. The Journal of Child Psychology and Psychiatry, 49 (5): 543-552

Marzuk P M, Hartwell N, Leon A C, et al. 2015. Executive functioning in depressed patients with suicidal ideation. Acta Psychiatrica Scandinivica, 112 (4): 294-301

Mărcuş O, Stanciu O, MacLeod C, et al. 2015. A fistful of emotion: Individual differences in trait anxiety and cognitive-affective flexibility during preadolescence. Journal of Abnormal Child Psychology, 44 (7): 1231-1242

Masley S, Roetzheim R, Gualtieri T. 2009. Aerobic exercise enhances cognitive flexibility. Journal of Clinical Psychology in Medical Settings, 16 (2): 186-193

Matthew C T, Stemler S E. 2013. Assessing mental flexibility with a new word recognition test. Personality and Individual Differences, 55 (8): 915-920

Matthews J S. 2017. When am I ever going to use this in the real world? Cognitive flexibility and urban adolescents' negotiation of the value of mathematics. Journal of Educational Psychology, 110 (5): 726-746

Mayer J, Mussweiler T. 2011. Suspicious spirits, flexible minds: When distrust enhances creativity. Journal of Personality and Social Psychology, 101 (6): 1262-1277

McGeown S P, Warhurst A. 2019. Sex differences in education: Exploring children's gender identity. Educational Psychology, 40 (1): 103-1119

McGeown S, Goodwin H, Henderson N, et al. 2012. Gender differences in reading motivation: Does sex or gender identity provide a better account? Journal of Research in Reading, 35 (3): 328-336

McIntyre R B, Lord C G, Gresky D, et al. 2005. A social impact trend in the effects of role models on alleviating women's mathematics stereotype threat. Current Research in Social Psychology, 10 (9): 116-136

McMorris T, Hale B J. 2012. Differential effects of differing intensities of acute exercise on speed and accuracy of cognition: A meta-analytical investigation. Brain and Cognition, 80 (3): 338-351

McNeil N M. 2014. A change-resistance account of children's difficulties understanding mathematical equivalence. Child Development Perspectives, 8（1）: 42-47

Meltzer L, Bagnato J S. 2010. Shifting and flexible problem solving: The anchors for academic success//Meltzer L. Promoting Executive Function in the Classroom（pp. 140-159）. New York: Guilford Press

Mennetrey C, Angeard N. 2018. Cognitive flexibility training in three-year-old children. Cognitive Development, 48: 125-134

Meuwissen A S, Carlson S M. 2015. Fathers matter: The role of father parenting in preschoolers' executive function development. Journal of Experimental Child Psychology, 140: 1-15

Miller M R, Rittle-Johnson B, Loehr A M, et al. 2016. The influence of relational knowledge and executive function on preschoolers' repeating pattern knowledge. Journal of Cognition and Development, 17（1）: 85-104

Mirman D, Landrigan J F, Britt A E. 2017. Taxonomic and thematic semantic systems. Psychological Bulletin, 143（5）: 499-520

Mitchell J T. 2012. Cognitive-behavioral therapy for adult ADHD : Targeting executive dysfunction. Archives of Clinical Neuropsychology, 27（8）: 934-935

Mittal C, Griskevicius V, Simpson J A, et al. 2015. Cognitive adaptations to stressful environments: When childhood adversity enhances adult executive function. Journal of Personality and Social Psychology, 109（4）: 604-621

Miyake A, Friedman N P, Emerson M J, et al. 2000. The unity and diversity of executive functions and their contributions to complex "frontal lobe" tasks: A latent variable analysis. Cognitive Psychology, 41（1）: 49-100

Mohtasham M K, Patterson A B, Vennergrund K C, et al. 2019. Emotional competence, behavioural patterning, and executive functions. Early Child Development and Care, 189（10）: 1647-1656

Monsell S. 2003. Task switching. Trends in Cognitive Sciences, 7（3）: 134-140

Moore C, Lesiuk T. 2018. The effect of a music-movement intervention on arousal and cognitive flexibility in older adults with and without mild neurocognitive disorder. Music Therapy Perspectives, 36（1）: 127-128

Moore M T, Fresco D M. 2007. The relationship of explanatory flexibility to explanatory style. Behavior Therapy, 38（4）: 325-332

Moreau C P, Markman A B, Lehmann D R. 2001. "What is it? " Categorization flexibility and consumers' responses to really new products. Journal of Consumer Research, 27（4）: 489-498

Moreau D, Conway A R A. 2014. The case for an ecological approach to cognitive training. Trends in Cognitive Science, 18（7）: 334-336

Moreno A J, Shwayder I, Friedman I D. 2017. The function of executive function: Everyday manifestations of regulated thinking in preschool settings. Early Childhood Education Journal, 45（2）: 143-153

Morgan P L, Li H, Farkas G, et al. 2016. Executive functioning deficits increase kindergarten children's risk for reading and mathematics difficulties in first grade. Contemporary Educational Psychology, 50: 23-32

Morra S, Panesi S, Traverso L, et al. 2018. Which tasks measure what? Reflections on executive function development and a commentary on Podjarny, Kamawar, and Andrews (2017). Journal of Experimental Child Psychology, 167: 246-258

Mortimer J A, Ding D, Borenstein A R, et al. 2012. Changes in brain volume and cognition in a randomized trial of exercise and social interaction in a community-based sample of non-demented Chinese elders. Journal of Alzheimer's Disease, 30 (4): 757-766

Morton J B, Munakata Y. 2002. Are you listening? Exploring a developmental knowledge action dissociation in a speech interpretation task. Developmental Science, 5 (4): 435-440

Munakata Y, Snyder H R, Chatham C H, et al. 2012. Developing cognitive control: Three key transitions. Current Directions in Psychological Science, 21 (2): 71-77

Muntoni F, Retelsdorf J. 2018. Gender-specific teacher expectations in reading—The role of teachers' gender stereotypes. Contemporary Educational Psychology, 54: 212-220

Muntoni F, Wagner J, Retelsdorf J. 2020. Beware of stereotypes: Are classmates' stereotypes associated with students' reading outcomes? Child Development, doi: 10.1111/cdev. 13359

Murphy M, Spillane K, Cully J, et al. 2016. Can word puzzles be tailored to improve different dimensions of verbal fluency? A report of an intervention study. The Journal of Psychology, 150 (6): 743-754

Murray N, Sujan H, Hirt E R, et al. 1990. The influence of mood on categorization: A cognitive flexibility interpretation. Journal of Personality and Social Psychology, 59 (3): 411-425

Müller, Barbara C N, Gerasimova A, et al. 2016. Concentrative meditation influences creativity by increasing cognitive flexibility. Psychology of Aesthetics, Creativity, and the Arts, 10 (3): 278-286

Nagata S, Seki Y, Shibuya T, et al. 2018. Does cognitive behavioral therapy alter mental defeat and cognitive flexibility in patients with panic disorder? BMC Research Notes, 11 (1): 23

Naglieri J A, Goldstein S. 2013. Comprehensive Executive Functioning Index. Toronto: Multi Health Systems

Naigles L R, Hoff E, Vear D, et al. 2009. Flexibility in early verb use: Evidence from a multiple-N diary study. Monographs of the Society for Research in Child Development, 74 (2): 1-144

Nazarzadeh R S, Fazeli M, Aval M M, et al. 2015. Effectiveness of cognitive-behavior therapy on cognitive flexibility in perfectionist. Psychology, 6 (14): 1780-1785

Nesayan A, Amani M, Gandomani R A. 2019. Cognitive profile of children and its relationship with academic performance. Basic and Clinical Neuroscience, 10 (2): 165-174

Netz Y, Argov E, Inbar O. 2009. Fitness's moderation of the facilitative effect of acute exercise on cognitive flexibility in older women. Journal of Aging and Physical Activity, 17 (2): 154-166

Netz Y, Tomer R, Axelrad S, et al. 2007. The effect of a single aerobic training session on cognitive flexibility in late middle-aged adults. International Journal of Sports and Medicine，28（1）：82-87

Nguyen S P. 2007. Cross-classification and category representation in children's concepts. Developmental Psychology，43（3）：719-731

Nguyen T，Duncan G J. 2019. Kindergarten components of executive function and third grade achievement：A national study. Early Childhood Research Quarterly，46：49-61

Nhundu T J. 2007. Mitigating gender-typed occupational preferences of zimbabwean primary school children：The use of biographical sketches and portrayals of female role models. Sex Roles：A Journal of Research，56（9-10）：639-649

Nigg J T. 2017. Annual research review：On the relations among self-regulation，self-control，executive functioning，effortful control，cognitive control，impulsivity，risk-taking，and inhibition for developmental psychopathology. Journal of Child Psychology and Psychiatry，58（4）：361-383

Nouwens S，Groen M A，Verhoeven L. 2016. How storage and executive functions contribute to children's reading comprehension. Learning and Individual Differences，47：96-102

Novick J M，Trueswell J C，Thompson-Schill S L. 2005. Cognitive control and parsing：Reexamining the role of broca's area in sentence comprehension. Cognitive Affective and Behavioral Neuroence，5（3）：263-281

Ober T M，Brooks P J，Plass J L, et al. 2019. Distinguishing direct and indirect effects of executive functions on reading comprehension in adolescents. Reading Psychology，40（6）：551-581

Oh K E. 2017. Types of personal information categorization：Rigid，fuzzy，and flexible. Journal of the Association for Information Science and Technology，68（6）：1491-1504

Oishi S，Takizawa T，Kamata N, et al. 2018. Web-based training program using cognitive behavioral therapy to enhance cognitive flexibility and alleviate psychological distress among schoolteachers：Pilot randomized controlled trial. Jmir Research Protocols，7（1）：e32

Olfers K J E，Band G P H. 2018. Game-based training of flexibility and attention improves task-switch performance：Near and far transfer of cognitive training in an EEG study. Psychological Research，82：186-202

O'Toole C，Barnes-Holmes D，Murphy C, et al. 2009. Relational flexibility and human intelligence：Extending the remit of skinner's verbal behavior. International Journal of Psychology and Psychological Therapy，9（1）：1-17

Panesi S，Morra S. 2016. Drawing a dog：The role of working memory and executive function. Journal of Experimental Child Psychology，152：1-11

Parong J，Wells A，Mayer R E. 2020. Replicated evidence towards a cognitive theory of game-based training. Journal of Educational Psychology，112（5）：922-937

Pasnak R. 2017. Empirical studies of patterning. Psychology，8：2276-2293

Pasnak R，Gagliano K，Righi M, et al. 2019. Teaching early literacy，mathematics，and patterning to kindergartners. Psychology，10（11）：1493-1505

Pasnak R，Schmerold K L，Robinson M F, et al. 2016. Understanding number sequences leads to understanding mathematics concepts. The Journal of Educational Research, 109（6）: 640-646

Patterson A, Bock A, Pasnak R. 2015. Executive function and academic skills in first grade: Evidence for a male advantage in patterning. Journal of Education and Human Development, 4（4）: 58-62

Paula J J, Paiva G C C, Costa D S. 2015. Use of a modified version of the switching verbal fluency test for the assessment of cognitive flexibility. Dementia and Neuropsychologia, 9（3）: 258-264

Peiffer R, Darby L A, Fullenkamp A, et al. 2015. Effects of acute aerobic exercise on executive function in older women. Journal of Sports Science and Medicine, 14（3）: 574-583

Perfetti C. 2007. Reading ability: Lexical quality to comprehension. Scientific Studies of Reading, 11（4）: 357-383

Podjarny G, Kamawar D, Andrews K. 2017. The multidimensional card selection task, a new way to measure concurrent cognitive flexibility in preschoolers. Journal of Experimental Child Psychology, 159: 199-218

Podjarny G, Kamawar D, Andrews K. 2018. Measuring on the go: Response to Morra, Panesi, Traverso, and Usai. Journal of Experimental Child Psychology, 171: 131-137

Pope S M, Fagot J, Meguerditchian A, et al. 2019. Enhanced cognitive flexibility in the seminomadic himba. Journal of Cross-Cultural Psychology, 50（1）: 47-62

Purpura D J, Schmitt S A, Ganley C M. 2017. Foundations of mathematics and literacy: The role of executive functioning components. Journal of Experimental Child Psychology, 153: 15-34

Ralli A M, Niasti K A. 2018. Taxonomic and thematic categorizations from preschool years to adulthood: Looking behind the choices. Cognition, Brain, Behavior, 22（4）: 197-213

Reimers S, Maylor E A. 2005. Task switching across the life span: Effects of age on general and specific switch costs. Developmental Psychology, 41（4）: 661-671

Ren X Z, Tong Y, Peng P, et al. 2020. Critical thinking predicts academic performance beyond general cognitive ability: Evidence from adults and children. Intelligence, 82: 101487

Rhodes A E, Rozell T G. 2017. Cognitive flexibility and undergraduate physiology students: Increasing advanced knowledge acquisition within an ill-structured domain. Advances in Physiology Education, 41（3）: 375-382

Ridderinkhof K R, Span M M, van Der Molen M W. 2002. Perseverative behavior and adaptive control in older adults: Performance monitoring, rule induction, and set shifting. Brain and Cognition, 49（3）: 382-401

Ritter S M, Damian R I, Simonton D K, et al. 2012. Diversifying experiences enhance cognitive flexibility. Journal of Experimental Social Psychology, 48（4）: 961-964

Rittle-Johnson B, Star J R. 2007. Does comparing solution methods facilitate conceptual and procedural knowledge? An experimental study on learning to solve equations. Journal of Educational Psychology, 99（3）: 561-574

Rittle-Johnson B, Star J R, Durkin K. 2011. Developing procedural flexibility: Are novices prepared to learn from comparing procedures? British Journal of Educational Psychology, 82（3）: 436-455

Roberts K L, Norman R R, Cocco J. 2015. Relationship between graphical device comprehension and overall text comprehension for third-grade children. Reading Psychology, 36（5）: 389-420

Roche M. 2016. Developing children's critical thinking through picturebooks: A guide for primary and early years students and teachers. Children's Literature, 44: 256-261

Rodd J M, Berriman R, Landau M, et al. 2012. Learning new meanings for old words: Effects of semantic relatedness. Memory and Cognition, 40（70）: 1095-1108

Rogers R D, Monsell S. 1995. Costs of a predictable switch between simple cognitive tasks. Journal of Experimental Psychology, 124（2）: 207-231

Sagone E, de Caroli M E, Falanga R, et al. 2018. Flexibility of gender stereotypes: Italian study on comparative gender-consistent and gender-inconsistent information. Psicología Educativa, 24: 93-98

Scheibling-Sève C, Sander E, Pasquinelli E. 2017. Developing cognitive flexibility in solving arithmetic word problems. Paper Presented at the Meeting of the 39th Annual Conference of the Cognitive Science Society, Austin

Schmerold K, Bock A, Peterson M, et al. 2017. The relations between patterning, executive function, and mathematics. The Journal of Psychology, 151（2）: 207-228

Schommer-Aikins M. 2011. Spontaneous cognitive flexibility and an encompassing system of epistemological beliefs//Elen J, Stahl E, Bromme R, et al. Links between Beliefs and Cognitive Flexibility: Lessons learned（pp. 61-77）. Dordrecht: Springer

Schouten A, Oostrom K J, Peters A C B, et al. 2000. Set-shifting in healthy children and in children with idiopathic or cryptogenic epilepsy. Developmental Medicine and Child Neurology, 42（6）: 392-397

Schumacher R F, Fuchs L S. 2012. Does understanding relational terminology mediate effects of intervention on compare word problems? Journal of Experimental Child Psychology, 111（4）: 607-628

Schwartz S, Baldo J, Graves R E, et al. 2004. Pervasive influence of semantics in letter and category fluency: A multidimensional approach. Brain and Language, 87（3）: 400-411

Scionti N, Cavallero M, Zogmaister C, et al. 2020. Is cognitive training effective for improving executive functions in preschoolers? A systematic review and meta-analysis. Frontiers in Psychology, 10: 2812

Seehagen S, Schneider S, Rudolph J, et al. 2015. Stress impairs cognitive flexibility in infants. Proceedings of the National Academy of Sciences, 112（41）: 12882-12886

Serrien D J, O'Regan L. 2019. Stability and flexibility in cognitive control: Interindividual dynamics and task context processing. PLoS One, 14（7）: e0219397

Shapero B G, Greenberg J, Mischoulon D, et al. 2018. Mindfulness-based cognitive therapy improves cognitive functioning and flexibility among individuals with elevated depressive symptoms. Mindfulness, 9: 1457-1469

Shaw S T, Pogossian A A, Ramirez G. 2020. The mathematical flexibility of college students: The role of cognitive and affective factors. British Journal of Educational Psychology, 90 (4): 981-996

Sherman J W, Lee A Y, Bessenoff G R, et al. 1998. Stereotype efficiency reconsidered: Encoding flexibility under cognitive load. Journal of Personality and Social Psychology, 75 (3): 589-606

Sherman M A. 1976. Adjectival negation and the comprehension of multiply negated sentences. Journal of Verbal Learning and Verbal Behavior, 15 (2): 143-157

Shields G S, Trainor B C, Lam J C W, et al. 2016. Acute stress impairs cognitive flexibility in men, not women. Stress, 19 (5): 542-546

Siegler R S. 2005. Children's learning. American Psychologist, 60: 769-778

Slama H, Rebillon E, Kolinsky R. 2017. Expertise and cognitive flexibility: A Musician's Tale. Journal of Cultural Cognitive Science, 1: 119-127

Slama H, Deliens G, Schmitz R, et al. 2015. Afternoon nap and bright light exposure improve cognitive flexibility post lunch. PLoS One, 10 (5): e0125359

Sloutsky V M, Fisher A V. 2008. Attentional learning and flexible induction: How mundane mechanisms give rise to smart behaviors. Child Development, 79: 639-651

Snyder H R, Munakata Y. 2010. Becoming self-directed: Abstract representations support endogenous flexibility in children. Cognition, 116 (2): 155-167

Sodian B, Barchfeld P. 2011. Development of cognitive flexibility and epistemological understanding in argumentation//Elen J, Stahl E, Bromme R, et al. Links Between Beliefs and Cognitive Flexibility: Lessons learned (pp. 141-156). Dordrecht: Springer

Soga K, Masaki H, Gerber M, et al. 2018. Acute and long-term effects of resistance training on executive function. Journal of Cognitive Enhancement, 2: 200-207

Sontam V, Christman S D, Jasper J D. 2009. Individual differences in semantic switching flexibility: Effects of handedness. Journal of the International Neuropsychological Society, 15 (6): 1023-1027

Spencer M, Richmond M C, Cutting L E. 2019. Considering the role of executive function in reading comprehension: A structural equation modeling approach. Scientific Studies of Reading, 24 (3): 179-199

Spinner L, Cameron L, Calogero R. 2018. Peer toy play as a gateway to children's gender flexibility: The effect of (counter) stereotypic portrayals of peers in children's magazines. Sex Roles, 79: 314-328

Spiro R J, Jehng J C. 1990. Cognitive flexibility, random access instruction, and hypertext: Theory and technology for the nonlinear and multidimensional traversal of complex subject matter//Nix D, Spiro R J. Cognition, Education, and Multimedia (pp. 163-205). Hillsdale: Erlbaum

Spiro R J, Coulson R L, Feltovich P J, et al. 1988. Cognitive Flexibility Theory: Advanced Knowledge Acquisition in Ill-Structured Domains (Technical Report No. 441). Champaign: University of Illinois, Center for the Study of Reading

Spruijt A M, Dekker M C, Ziermans T B. 2018. Attentional control and executive functioning in school-aged children: Linking self-regulation and parenting strategies. Journal of Experimental Child Psychology, 166: 340-359

Srinivasan, M. 2016. Concepts as explanatory structures: Evidence from word learning and the development of lexical flexibility//Barner D, Baron A S. Core Knowledge and Conceptual Change (pp. 225-243). Oxford: Oxford University Press

Srinivasan M, Berner C, Rabagliati H. 2019. Children use polysemy to structure new word meanings. Journal of Experimental Psychology General, 148 (5): 926-942

Srinivasan M, Al-Mughairy S, Foushee R, et al. 2017. Learning language from within: Children use semantic generalizations to infer word meanings. Cognition, 159: 11-24

Stahl E. 2011. The generative nature of epistemological judgments: Focusing on interactions instead of elements to understand the relationship between epistemological beliefs and cognitive flexibility//Elen J, Stahl E, Bromme R, et al. Links between Beliefs and Cognitive Flexibility: Lessons Learned (pp. 37-60). Dordrecht: Springer

Star J R, Newton K, Pollack C, et al. 2015. Student, teacher, and instructional characteristics related to students' gains in flexibility. Contemporary Educational Psychology, 41: 98-208

Tachibana Y, Hwang Y, Abe Y, et al. 2013. Reading aloud improves executive function of children with autism spectrum disorder: A pilot randomized controlled trial. International Journal on Disability and Human Development, 12 (1): 91-101

Tadmor C T, Galinsky A D, Maddux W W. 2012. Getting the most out of living abroad: Biculturalism and integrative complexity as key drivers of creative and professional success. Journal of Personality and Social Psychology, 103 (3): 520-542

Taillan J, Ardiale E, Lemaire P. 2015. Relationships between strategy switching and strategy switch costs in young and older sdults: A study in arithmetic problem solving. Experimental Aging Research, 41 (2): 136-156

Takacs Z K, Kassai R. 2019. The efficacy of different interventions to foster children's executive function skills: A series of meta-analyses. Psychological Bulletin, 145 (7): 653-697

Tamm L, Nakonezny P A, Hughes C W. 2014. An open trial of a metacognitive executive function training for young children with ADHD. Journal of Attention Disorders, 18 (6): 551-559

Taş S, Deniz S. 2018. Prediction concerning the learned helplessness about mathematics of the 8th grade students: Problem-solving skills and cognitive flexibility. Turkish Journal of Computer and Mathematics Education, 9 (3): 618-635

Tchanturia K, Morris R, Surguladze S A, et al. 2002. An examination of perceptual and cognitive set shifting tasks in acute anorexia nervosa and following recovery. Eating and Weight Disorders, 7 (4): 312-315

Titz C, Karbach J. 2014. Working memory and executive functions: Effects of training on academic achievement. Psychological Research, 78 (6): 852-868

Tomaso C C, Nelson J M, Espy K A, et al. 2020. Associations between different components of executive control in childhood and sleep problems in early adolescence: A longitudinal study.

Journal of Health Psychology, 25 (13-14): 2440-2452

Tong X H, McBride C. 2017. A reciprocal relationship between syntactic awareness and reading comprehension. Learning and Individual Differences, 57: 33-44

Trautner H M, Ruble D N, Cyphers L, et al. 2005. Rigidity and flexibility of gender stereotypes in children: Developmental or differential? Infant and Child Development, 14 (4): 365-381

Trepanier-Street M, Romatowski J A. 1999. The Influence of children's literature on gender role perceptions: A reexamination. Early Childhood Education Journal, 26 (3): 155-159

Troyer A K, Moscovitch M, Winocur G. 1997. Clustering and switching as two components of verbal fluency: Evidence from younger and older healthy adults. Neuropsychology, 11 (1): 138-146

Tsao Y L. 2008. Gender issues in young children's literature. Reading Improvement, 45 (3): 108-114

Tsujii T, Yamamoto E, Masuda S, et al. 2009. Longitudinal study of spatial working memory development in young children. Neuroreport, 20 (8): 759-763

Urada D I, Miller N. 2000. The impact of positive mood and category importance on crossed categorization effects. Journal of Personality and Social Psychology, 78 (3): 417-433

Valcan D, Davis H, Pino-Pasternak D. 2018. Parental behaviours predicting early childhood executive functions: A meta-analysis. Educational Psychology Review, 30 (2): 607-649

van de Ven R M, Buitenweg J I V, Schmand B, et al. 2017. Brain training improves recovery after stroke but waiting list improves equally: A multicenter randomized controlled trial of a computer-based cognitive flexibility training. PLoS One, 12 (3): 1-20

van de Ven R M, Schmand B, Groet E, et al. 2015. The effect of computer-based cognitive flexibility training on recovery of executive function after stroke: Rationale, design and methods of the TAPASS study. BMC Neurology, 15 (1): 144-155

van der Pol L D, Groeneveld M, van Berkel S R, et al. 2015. Fathers' and mothers' emotion talk with their girls and boys from toddlerhood to preschool age. Emotion, 15 (6): 854-864

van der Sluis S, de Jong P F, van der Leij A. 2007. Executive functioning in children, and its relations with reasoning, reading, and arithmetic. Intelligence, 35 (5): 427-449

Vandenbroucke L, Verschueren K, Baeyens D. 2017. The development of executive functioning across the transition to first grade and its predictive value for academic achievement. Learning and Instruction, 49: 103-112

Venckunas T, Snieckus A, Trinkunas E, et al. 2016. Interval running training improves cognitive flexibility and aerobic power of young healthy adults. Journal of Strength and Conditioning Research, 30 (8): 2114-2121

Verdejo-Garcerdejo-GarteExpósito M, Schmidt-Río-Valle J, et al. 2010. Selective alterations within executive functions in adolescents with excess weight. Obesity, 18 (8): 1572-1578

Vermeylen L, Braem S, Notebaert W. 2019. The affective twitches of task switches: Task switch cues are evaluated as negative. Cognition, 183: 124-130

Verschaffel L, Luwel K, Torbeyns J, et al. 2009. Conceptualizing, investigating, and enhancing adaptive expertise in elementary mathematics education. European Journal of Psychology of Education, 24 (3): 335-359

Vilenius-Tuohimaa P M, Aunola K, Nurmi J E. 2008. The association between mathematical word problems and reading comprehension. Educational Psychology, 28 (4): 409-426

Viterbori P, Traverso L, Usai M C. 2017. The role of executive function in arithmetic problem-solving processes: A study of third graders. Journal of Cognition and Development, 18 (5): 595-616

Volckaert A M S, Noël M P. 2015. Training executive function in preschoolers reduce externalizing behaviors. Trends in Neuroscience and Education, 4 (1-2): 37-47

Walwanis M M, Ponto S J. 2019. Clarifying cognitive flexibility from a self-regulatory perspective//Schmorrow D, Fidopiastis C. Augmented Cognition (pp. 631-643). Cham: Springer

Wang W. 1998. Gender role stereotypes in Chinese primary school textbooks. Asian Journal of Women's Studies, 4 (4): 39-59

Ware E A. 2017. Individual and developmental differences in preschoolers' categorization biases and vocabulary across tasks. Journal of Experimental Child Psychology, 153: 35-56

Wassenburg S I, de Koning B B, de Vries M H, et al. 2017. Gender differences in mental simulation during sentence and word processing. Journal of Research in Reading, 40 (3): 274-296

Waters G, Caplan D. 2005. The relationship between age, processing speed, working memory capacity, and language comprehension. Memory, 13 (3-4): 403-413

Welsh J A, Nix R L, Blair C, et al. 2010. The development of cognitive skills and gains in academic school readiness for children from low-income families. Journal of Educational Psychology, 102 (1): 43-53

West R L. 1996. An application of prefrontal cortex function theory to cognitive aging. Psychological Bulletin, 120 (2): 272-292

Wexler B E, Iseli M, Leon S, et al. 2016. Cognitive priming and cognitive training: Immediate and far transfer to academic skills in children. Scientific Reports, 6: 32859

Wijns N, Torbeyns J, De Smedt B, et al. 2019. Young children's patterning competencies and mathematical development: A review//Robinson K, Osana H, Kotsopoulos D. Mathematical Learning and Cognition in Early Childhood (pp. 139-161). New York: Springer

Williams K E, Ciarrochi J, Heaven P C L. 2012. Inflexible parents, inflexible kids: A 6-year longitudinal study of parenting style and the development of psychological flexibility in adolescents. Journal of Youth and Adolescence, 41 (8): 1053-1066

Wirt T, Schreiber A, Kesztyüs D, et al. 2015. Early life cognitive abilities and body weight: Cross-sectional study of the association of inhibitory control, cognitive flexibility, and sustained attention with BMI percentiles in primary school children. Journal of Obesity, doi: 10.1155/2015/534651

Wöllner C, Halpern A R. 2016. Attentional flexibility and memory capacity in conductors and pianists. Attention，Perception and Psychophysics，78（1）：198-208

Wong T T Y，Ho C S H. 2017. Component processes in arithmetic word-problem solving and their correlates. Journal of Educational Psychology，109（4）：520-531

Xu L，Liu R D，Star J R，et al. 2017. Measures of potential flexibility and practical flexibility in equation solving. Frontiers in Psychology，8：1368-1378

Xu X B，Pang W G. 2020. Reading thousands of books and traveling thousands of miles：Diversity of life experience mediates the relationship between family SES and creativity. Scandinavian Journal of Psychology，61（2）：177-182

Ybarra O，Winkielman P，Yeh I，et al. 2011. Friends（and sometimes enemies）with cognitive benefits：What types of social interactions boost executive functioning? Social Psychological and Personality Science，2（3）：253-261

Yeatts P P，Strag G A. 1971. Flexibility of cognitive style and its relationship to academic achievement in fourth and sixth grades. The Journal of Educational Research，64（8）：345-346

Yeniad N，Malda M，Mesman J，et al. 2013. Shifting ability predicts math and reading performance in children：A meta-analytical study. Learning and Individual Differences，23：1-9

Yu C，Beckmann J F，Birney D P. 2019. Cognitive flexibility as a meta-competency. Studies in Psychology，40（3）：563-584

Yuill N. 1998. Reading and riddling：The role of riddle appreciation in understanding and improving poor text comprehension in children. Cahiers de Psychologie Cognitive，17（2）：313-342

Yuill N. 2009. The relation between ambiguity understanding and metalinguistic discussion of joking riddles in good and poor comprehenders：Potential for intervention and possible processes of change. First language，29（1）：65-79

Yuill N，Bradwell J. 1998. The laughing PC：How a software riddle package can help children's reading comprehension. Proceedings of the British Psychological Society，6：119

Zaehringer J，Falquez R，Schubert A-L，et al. 2018. Neural correlates of reappraisal considering working memory capacity and cognitive flexibility. Brain Imaging and Behavior，12（6）：1529-1543

Zakka Z M. 2018. A model of gender equity in Nigeria mathematics textbooks. Management Science，2（1）：39-48

Zeytinoglu S，Calkins S D，Leerkes E M. 2019. Maternal emotional support but not cognitive support during problem-solving predicts increases in cognitive flexibility in early childhood. International Journal of Behavioral Development，43（1）：12-23

Zeytinoglu S，Calkins S D，Swingler M M，et al. 2017. Pathways from maternal effortful control to child self-regulation：The role of maternal emotional support. Journal of Family Psychology，31（2）：170-180

Zhang D，Ding Y，Barrett D E，et al. 2014. A comparison of strategic development for multiplication problem solving in low-，average-，and high-achieving students. European

Journal of Psychology of Education, 29（2）: 195-214.

Zhao Y, Sun P, Xie R B, et al. 2019. The relative contributions of phonological awareness and vocabulary knowledge to deaf and hearing children's reading fluency in Chinese. Research in Developmental Disabilities, 92: 103444

Zipke M. 2008. Teaching metalinguistic awareness and reading comprehension with riddles. The Reading Teacher, 62（2）: 128-137

Zipke M, Ehri L C, Cairns H S. 2009. Using semantic ambiguity instruction to improve third graders' metalinguistic awareness and reading comprehension: An experimental study. Reading Research Quarterly, 44（3）: 300-332

Zivot M T, Cohen A L, Kapucu A. 2013. Modeling the effect of mood on dimensional attention during categorization. Emotion, 13（4）: 703-710

附　　录

附录一　4年级儿童语法–语义灵活性训练课程

第一次课程

【目标】

1）能够同时对两个不同规则做出正确反应，增强工作记忆、抑制控制和认知灵活性。

2）能够区分一般肯定句、一般否定句、双重否定句、肯定反问句、否定反问句，并在不同句型间灵活转换完成句子分类任务，增强句法意识以及分类灵活性。

【步骤与过程】

一、热身活动：信号传递

第一个同学做一个动作，第二个同学迅速模仿，然后第三个同学迅速模仿，以此类推，记录大家都完成之后所用的总时间。接下来进行第二次，看大家能否比第一次用时短。

二、一般灵活性的训练：手口不一

将学生分为两组，每组第一个学生要说"手口不一　我说2"，但手比出来的是"1—5"中除2以外的数字，第一个学生做完之后，第二个学生再开始做，看哪一组所用的时间最短，出错最少。

三、句法意识训练：火眼金睛

首先讲解一般肯定句、一般否定句、双重否定句、肯定反问句、否定反问句五种句子类型，然后给每位同学发一张 A4 纸（附图 1），上面有很多打乱顺序的句子。老师先说出规则（如"找出所有的肯定句"），学生按照规则找句子，当老师说出规则后，学生可以抢答，谁找到就给所在的组加 1 分，重复或者错误的不加分。如果出现了错误，要重新进行抢答，直至回答正确为止。当一轮结束后，让所有的同学给自己的同桌在 A4 纸上指出正确的句子在什么位置上。

我热爱祖国的大好河山　　　　　　　我从没见过漓江这样的水

他看见过大海　　　　　　　　月光照亮了林间的小路

你怎能摘下这朵花呢　　　难道有人能不爱美丽月夜吗　　　我们不得不承认科技改变生活

他非把这道题解出来不可　　　　种子不能发芽了

你怎能不去开会呢　　　我们难道能嘲笑别人吗　　　　难道你做了错事能不道歉吗

我们怎能不谦虚呢　　　你怎么能不声不响就跑掉呢

难道我修改得不好吗　　　这个古镇很美　　　　他一个人不敢走夜路

你怎能轻易放弃自己的理想呢　　　他不得不把牛奶喝完

他不喜欢吃火腿　　　　升旗怎能不戴红领巾呢

附图 1　句法意识训练材料

第二次课程

【目标】

1）能够同时对两个不同规则做出正确反应，增强工作记忆、抑制控制和认知灵活性。

2）能够应用一般肯定句、一般否定句、双重否定句、肯定反问句、否定反问句五种句子类型造句。

3）能够正确区分句子主语是施事者还是受事者。

【步骤与过程】

一、热身活动：阿水的故事

从前有座山，山下有一个小村庄，村子里有个小伙子名字叫阿呆，他养了一条小狗叫阿水，阿呆每天早上都会提着两个大水桶，去村子的小河边抓鱼，抓鱼后就会挑着两桶水回家。阿呆每天心情都很愉快，回家路上，野花点点，青草幽幽，一派大自然美景，和谐的田园风光，他的那只小狗也在他身边溜来蹿去，"阿水乖，慢点跑，别捣乱"，阿呆经常笑着说。回家后，阿呆把水倒进家中的水缸里，正好满满一缸，不多不少。然后开始给小狗喂食，"阿呆喂你吃骨头，要吃吗？骨头可好吃了"，阿呆对着小狗说，"阿水啊，要吃你就说啊，你不说我怎么知道你要吃呢？虽然你很有诚意地看着我，可是还是要说啊，不可能你说了我不给你吃的"。看着小狗围着骨头急得直打转，阿呆就很高兴地笑，再把骨头丢给可怜的小阿水，阿水啃着骨头，阿呆就开始了一天的辛勤劳作。狗是非常有灵性的，看见阿呆累了就给他叼来毛巾，让他擦汗，阿呆渴了，只需一招手，阿水就会摇头晃脑地给他叼来水壶。他们就这样快快乐乐地生活在这个风景如画的小山村里，怡然自得。

开始讲故事，当有"水"字或者"数字"出现的时候，就要去抓旁边的人的食指，同时，另一只手的食指要快速躲闪，不能被旁边的人抓到。

二、句法意识训练：句子表达

将儿童分成两组，小组成员共同讨论 5 分钟，把符合规则的句子写在纸上，句法正确且数量多的组获胜。

一般肯定句　一般否定句　双重否定句　肯定反问句　否定反问句

三、句法意识训练：施事和受事

对画线词语是施事者还是受事者进行分类，可以进行小组讨论，3 分钟后，两组派代表回答，正确数量多的小组获胜。

狼把羊咬死了。

两只水鸟在水边梳理羽毛。

羊被狼咬死了。

小明被分到了三班。

他把蛋糕分成了四份。

她全身被雨淋透了。

风把乌云吹散了。

手帕被我洗干净了。

我把刚买的铅笔弄丢了。

第三次课程

【目标】

1）能够同时对两个不同规则做出正确反应，增强工作记忆、抑制控制和认知灵活性。

2）能够对缺少成分、成分多余、词类误用、词序错误四种句法错误进行诊断并改正。

【步骤与过程】

一、热身活动：反口令

根据老师的口令，做出相应的反动作。

口令（起立）—反应（坐着）

口令（抬左腿）—反应（抬右腿）

口令（睁眼）—反应（闭眼）

二、一般领域认知灵活性训练：火眼金睛

将儿童分为两组，随机将 80 个红、绿各一半的数字呈现在电脑上，每次呈现一个红色或者绿色的数字，从每组第一个学生开始，数字是奇数则读出数字的读音，数字是偶数则报告数字的颜色，规则转换或者报告错误则换人，请下一个同学继续回答，如果小组所有人都回答完后，80 个试次还未完成，可继续从第一人开始轮流回答，最快完成 80 个试次的小组获胜。

三、句法意识训练：句子诊所

先给学生讲解四类句法错误：缺少成分、成分多余、词类误用、词序错误。小组抽题签，然后进行小组讨论，5 分钟后，每组派一个学生代表展示小组答案，先回答句子错误类型再对句子错误进行修改，答对题目多的组胜出。

经常担心会失败。

他不喜欢阅读电视剧。

由于游泳技术的提高，为深入开展群众性游泳活动提供了条件。

不干净的一件衣服。

带我去爬山。

我们必须克服、随时发现日常生活中的缺点。

我们要尽快提高全民族的科学文化。

大厅里摆满了看演出的观众。

我站在操场上看着练习身体的同学们。

春天的景色我觉得十分美丽。

你必须一定要认真负责。

香山的秋天是令人向往的地方。

爷爷常常给我们讲起从前有趣的往事。

哥哥最喜欢打篮球和足球。

老师布置的所有一切习题，他都做完了。

每次老师提问，他总是首先第一个发言。

我校请教授经常作报告。

第四次课程

【目标】

1）能够同时对两个不同规则做出正确反应，增强工作记忆、抑制控制和认知灵活性。

2）能够对一般肯定句、一般否定句、肯定反问句，否定反问句四种句型进行正确分类。

3）能够用词卡拼出语义和句法都正确的句子。

【步骤与过程】

报数分组：学生按照 1、2 报数，分别站到教室的两边。

一、热身活动：大西瓜、小西瓜

学生嘴上说着大西瓜，手上要比划小西瓜的形状；反之，则比划大西瓜的形状。

第一组从第一个同学开始，按照"大小大小"的顺序依次进行；第二组从第一个同学开始，按照"小大小大"的顺序依次进行。

二、句法意识训练：句型分类

这里有一些卡片，包含一般肯定句、一般否定句、肯定反问句、否定反问句四种不同的句子类型，在30秒内按照句子类型进行卡片分类，正确分类数量多者胜出。

这件事情十分清楚。

今天天气太热。

泰山的风景很美。

老师不让他上课看小说。

她不想学习跳舞。

如果不互相尊重的话，爱也难以持久。

你一定能听到海浪拍打沙滩的声音。

你不可以踩踏草坪。

你快去里面休息一下。

他难道会说这种糊涂话吗。

你怎能看我的日记本呢。

你难道可以不经同意就动别人东西吗。

他怎能不把垃圾扔进垃圾箱呢。

你怎能不看这本书呢。

三、句法意识训练：句子表达

根据卡片上的字或者词语将卡片拼成完整的句子，每次只能拿三张卡片组成一句话，每张卡片不可重复使用，2分钟内所拼语义和句法都正确的句子数量多的组胜出。

我　花生　屋顶　红旗　打　登上　电话　复习　酸奶　你　吵闹　吃

燕子　在　饭店　烧饼　毛巾　生活　月球　操场　飞行　洗澡　盛开着

天气　做　课本　春天　的　实验　太阳　温暖　最近　读完　玫瑰花
渴望　科学家　美好的　科技　创造　得到　启示　飞机　玩耍　居住
来　研究　人类　拥有　改善　可以　学校　草地　兔子　喜欢　爱护
蓝天　休息　孩子　假期　喝水　地上　飞翔　爬山　去　成功　对方
接受　我在　种子　花盆里　越飞越高　播种　种下　秋天　我发现
发芽　风筝　做过　发生　一件　今天　带给　我们　开心的事　需要
好朋友　弄坏了　成为　木船　他　同学　学习　热爱　需要　考试前
你　他　它　阅读　打扫　水果　是　西瓜　改变　生活　庄稼　秋天
在一起　卖完了　获得　奖励　穿上　羽绒服　老奶奶　艰难地　爬上山
他俩　站在　放学　回家　我们　她　收到了　礼物　告诉　夜晚　月亮
出现　爱　这个　古镇　很美　豆荚　被　鸽子　吃掉了　掉落　树叶
盛开着　吃着　胡萝卜

第五次课程

【目标】

1）能够正确说出词语的反义词。

2）能够同时加工句中特定词语的语法和语义表征。

3）能够正确运用双重否定短语、肯定反问短语、否定反问短语组成双重否定句、肯定反问句和否定反问句。

【步骤与过程】

一、热身活动：快速说出反义词

将学生分为两组，即1组和2组，两组进行比赛。

上升　清楚　仔细　开始　黎明　减少　接受　悲惨　忘记　认真
勇敢　乌黑　喜欢　诚实　容易　巨大　漫长　危险　热闹　紧张
寒冷　方便　温暖　合拢　美丽　来　黑　高　粗　多
是　新　苦　胖　明　大　前　左　有

二、语法-语义灵活性训练

同时根据画线词语的意思（可以吃的/不可以吃的）和位置（主语/宾语）

对句子进行分类，将 16 句子卡片摆放在 2×2 的矩阵纸上，保证矩阵横向和纵向的句子都有共同的特点（附图 2）。

西瓜是王老师最喜欢的水果 土豆不能直接吃 螃蟹怎能不蒸熟就吃呢 难道西瓜能烤着吃吗 （主语、可以吃的）	自行车被扔在草地上 渔船不能在台风天出海 电脑难道不能用来看视频吗 机器怎么可能完全替代人类呢 （主语、不可以吃的）
我们每天都要吃一个鸡蛋 鸽子没有吃掉谷粒 难道猫不会偷吃生肉吗 我们怎能随意摘取别人的芒果呢 （宾语、可以吃的）	他把水杯摔坏了 雷达没有发现那架飞机 他怎可能会不喜欢姐姐送他的钢笔呢 船长怎能放弃汽船独自逃走呢 （宾语、不可以吃的）

附图 2　语法-语义灵活性任务正确样例

三、众里寻它

按照指定规则，从打乱顺序的词语中找出符合句意的选项。

1. 找出可以构成双重否定句且最符合句意的词语

工蜂（　　）蜂后的命令。

大家（　　）他的勇敢果断。

这么多水果（　　）。

2. 找出可以构成否定反问句且最符合句意的词语

班主任（　　）以身作则吗？

猫（　　）老鼠呢？

字典（　　）我们的良师益友吗？

3. 找出可以构成肯定反问句且最符合句意的词语

高中生在上课期间（　　）手机游戏吗？

我们（　　）这深厚的情谊呢？

我们（　　）打扰同学们学习吗？

难道能玩　不得不听　怎会不吃　必须要听　难道不是　怎能忘记

不可以玩　怎能不玩　一定要夸　肯定会坏　怎能允许　难道不许

非笑不可　难道可以　不可以听　难道不该　不得不夸　非坏不可

怎能放弃　一定喜欢　必须要去

第六次课程

【目标】

1）能够同时根据语法和语义规则做出正确反应。

2）能够对肯定句、否定句、双重否定句和反问句进行句型转换。

【步骤与过程】

一、热身活动：兔子舞

学生围成一个圈，然后右转把双手放在右边人的肩膀上，音乐响起，学生扶着前面人的肩膀往前走，可以根据情况让学生加快速度，当听到"left"的时候抬高右腿，当听到"right"的时候抬高左腿。

二、语法-语义灵活性训练

给每位同学发一张A4纸（附图3），上面有很多打乱顺序的句子。先找出作为主语的动物或者水果，再找出作为宾语的学习文具或者交通工具。

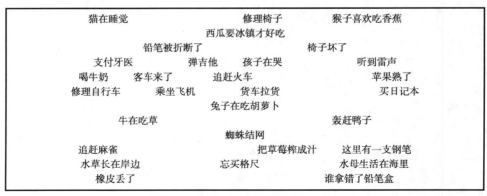

猫在睡觉	修理椅子	猴子喜欢吃香蕉
	西瓜要冰镇才好吃	
铅笔被折断了		椅子坏了
支付牙医	弹吉他　孩子在哭	听到雷声
喝牛奶　客车来了	追赶火车	苹果熟了
修理自行车　乘坐飞机	货车拉货	买日记本
	兔子在吃胡萝卜	
牛在吃草		轰赶鸭子
	蜘蛛结网	
追赶麻雀	把草莓榨成汁	这里有一支钢笔
水草长在岸边	忘买格尺	水母生活在海里
橡皮丢了		谁拿错了铅笔盒

附图3　语法-语义灵活性训练材料

三、句型转换训练

1. 将双重否定句变成肯定句

为了我的将来，我不得不好好学习。
我不得不承认我刚刚没有说实话。
他非去参加演唱会不可。
他不得不放弃报钢琴班。
2. 将肯定句变成反问句
我知道答案是正确的。
农民需要文化知识。
战士坚守自己的阵地。
人类和动物友好相处。
3. 将否定句变成反问句
我刚刚没有说真话。
困难不能阻止我们前进。
我们不能允许破坏纪律的人和事。
我们不可以随地扔垃圾。

附录二 3年级儿童语音–语义灵活性训练课程

第一次课程

【目标】

1）能够同时对两个不同规则做出正确反应，增强工作记忆、抑制控制和认知灵活性。

2）能够同时加工词语的语音表征和语义表征。

【步骤与过程】

一、热身活动：信号传递

第一个同学做一个动作，第二个同学要快速模仿，紧接着第三个同学也要快速模仿，以此类推，看大家都完成之后所用的时间是多少，然后再进行第二次，看大家能否比第一次所用的时间要短。这样做的目的是训练学生的注意力，为接下来的活动做好准备。

二、一般灵活性训练：手口不一

该游戏除了锻炼学生的注意力外，也锻练学生的灵活转换能力，在阅读的过程中还会涉及语音–语义的灵活性转换，通过训练一般的灵活转换能力，对语音–语义灵活性的发展产生一定的迁移作用，进而帮助学生提升阅读能力。

根据班级的情况，将学生分为6—8组，每组第一个学生要说"手口不一我说2"，但手比出来的是"1—5"中除2以外的数字，第一个学生做完之后，第二个学生再开始做，看哪一组所用的时间最短，出错最少。

三、语音–语义灵活性训练：按照指定规则找词语

给每位同学发一张A4纸，上面有很多打乱顺序的词语，老师先说出规则，学生按照规则进行寻找，根据班级的情况，将学生分为6—8组。当老师说出一定的规则（如以"y"开头的蔬菜）之后，每组的学生可以进行抢答，谁找到就给哪一组学生加1分，重复或者错误的就不加分，如果出现了错误，要重新进行抢答，直到回答正确为止，当一轮结束后，让所有的同学给自己的同桌在 A4 纸上指出正确的词语在什么位置。

豆角	草药	冰糖	春天	火烧	虫子	花瓶	袋鼠	糕点	花茶
鸭梨	炒米	火腿	大地	冰柜	杜鹃	墨鱼	草原	拐棍	草莓
面条	蜜蜂	甜美	冰箱	甜瓜	春卷	草鱼	甜菜	橙子	甜头
果冻	火焰	花生	花布	火山	油菜	羊群	冰糕	冰山	花蜜
杨树	洋葱	草地	冰糕	窗户	蘑菇	蚂蚱	桂圆	甜枣	豆芽
蚂蚁	柜子	稻子	火鸡	甜蜜	花帽	钢铁	羽毛	草鞋	火焰

第二次课程

【目标】

1）能够在 1 分钟内尽可能多地说出某种物品（如交通工具、动物等）的名称。

2）能够同时加工词语的语音和语义表征。

【步骤与过程】

一、热身活动：阿水的故事

同附录一中第二次课程的"热身活动：阿水的故事"。

二、言语流畅性训练

将学生分为两组，第一组在一分钟之内要说出"交通工具"的名称，第二组在 1 分钟之内要说出"家用电器"的名称。看哪一组说得最多。第一轮结束之后，进行第二轮，第一组在 1 分钟之内说出"动物"的名称，第二组在 1 分钟之内说出"水果"的名称。看哪一组说得多。第二轮结束后，进行第三轮，第一组在 1 分钟之内说出"植物"的名称，第二组在 1 分钟之内说出"蔬菜"的名称。

三、语音练习

说出包含某一个字的词语：春，雨，大，面，飞，风

说出以某一个声母开头的字：p，d，t，j，z

说出指定第一个字声母的、可以吃的词语：m，y，t，b

说出指定第一个字声母的、不可以吃的词语：m，y，t，b

第三次课程

【目标】

1）能够正确说出词语的反义词。

2）能够同时加工词语的语音和语义表征。

【步骤与过程】

一、热身活动：反口令

根据老师的口令，做出相应的反动作。

口令—反应：起立—坐着、抬左腿—抬右腿、坐下—起立、睁眼—闭眼、举左手—举右手、大西瓜—小西瓜、闭眼—睁眼、抬右腿—抬左腿、向前走—向后退、小西瓜—大西瓜、举右手—举左手、向后退—向前走

二、快速说出反义词

将学生分为 1 组和 2 组，两组进行比赛。

上升	清楚	仔细	开始	黎明	减少	接受	悲惨	忘记	认真
勇敢	乌黑	喜欢	诚实	容易	巨大	漫长	危险	热闹	紧张
寒冷	方便	温暖	合拢	美丽	来	黑	高	粗	多
是	新	苦	胖	明	大	前	左	有	

三、拼音牌

将学生分为两两一组，每组随机抽选两张一样的声母牌，一张是绿色的（不加粗），另一张是红色的（加粗）。

壁虎	风筝	狐狸	石头	信纸	舞鞋	栏杆
鲍鱼	飞机	猴子	山羊	杏仁	尾巴	轮船
白兔	斧子	货物	狮子	鞋带	乌鸡	绿豆
被子	飞虫	鸿雁	鲨鱼	雪糕	窝头	萝卜
布匹	凤凰	禾苗	书本	馅饼	豌豆	粮食
报纸	蜂鸟	海洋	水瓶	西梅	袜子	楼房

第四次课程

【目标】

1）能够根据词语的"语义类别"在正常顺序和正话反说之间变换语序。
2）能够在词语的"语音"和"语义"表征间灵活转换

【步骤与过程】

报数分组：学生按照"1、2"报数，分别坐到教室的两边。

一、语言灵活性训练：正话反说

1. 练习一

给学生一些两字词语，教师来制定规则，比如，当说出的词语是"动物类"（如"犀牛"）的时候就要将这个词语反着说出来（如"牛犀"），当说出的词语是"蔬菜类"（如"洋葱"）的时候就按照这个词语的原来顺序说出来（如"洋葱"）。

动物类：犀牛　天鹅　白鼠　乌鸦　豹子　狐狸　松鼠　乌龟　大象　小猫
蔬菜类：洋葱　黄瓜　茄子　土豆　白菜　香菇　番茄　豆角　菜花　油菜
衣服类：短裤　袜子　棉袄　毛衣　裙子　单鞋　裤子　棉鞋　秋衣　短裙
家用电器类：冰箱　空调　电视　烤箱　电话　电磁炉
交通工具类：火车　军舰　汽车　地铁　卡车　自行车

2. 练习二

两组学生指定1组在听到词语时要倒着复述，指定2组在听到词语时要重复词语即可，老师任意叫学生，学生按照规则快速说出正确的词语。

教室　有趣　活泼　愉快　可爱　尾巴　茂盛　牢固　清新　凉快
脚印　鸟窝　翅膀　喇叭　白云　太阳　蓝天　稻田　池塘　运动
电报　知了　雪花　介绍　培育　温度　寒冷　控制　纺织　化石
喝水　飞船　舒服　普通　必须　咳嗽　石子　桥洞　漂浮　花朵
暴躁　淹没　灌溉　风暴　毁坏　瞬间　打猎　黎明　海边　沙滩
蒸汽　清澈　湖水　欣赏　镜子　眼睛　叽喳　活跃　鸟巢

二、表征转换能力训练：我知道怎么连线

给每组学生发一张 A4 纸，每张纸上有 10 个词语，其中能吃的有 5 个词语，不能吃的有 5 个词语，将这 10 个词语打乱顺序，要按照第一个字的声母进行排序，给每人发两支彩笔（红色的和绿色的），其中能吃的用红色的笔连线（按照第一个字的声母"b，p，m，f，d"的顺序），不能吃的用绿色的笔连线（也是按照第一个字的声母"b，p，m，f，d"的顺序），看哪一组用的时间最短，且正确率较高。

第五次课程

【目标】

1）能够尽可能多地说出带数字的四字成语，增强反应灵活性。
2）能够正确判断汉字的声母和韵母，并根据语义组词。

【步骤与过程】

一、词语流畅性训练

将学生按照"1、2"报数的顺序分为两组，分别坐在桌子的两侧，让学生快速地说出带数字的四字成语，每组的学生按照顺序说，不会说的就过，然后下一个人说，看看在规定的时间内哪一组的学生说出的成语多。

二、语音意识训练：怎么读

给学生准备两个小箱子，其中一个箱子上写的是声母，里面是一些声母卡片；另一个箱子上写的是韵母，里面是一些韵母卡片，1 组同学抽声母箱里的卡片，2 组同学抽韵母箱里的卡片，每人都抽到卡片之后，老师就要给学生随机呈现有字的卡片，1 组和 2 组的同学要迅速地想该字的声母和韵母各是什么，然后拿有相应声母和韵母卡片的同学将卡片举起来，并且快速地用这个字组词。

第六次课程

【目标】

1）能够根据规则加工汉字的颜色、字义等多种表征。

2）能够正确区分多音字的不同读音，并根据不同读音组词。

3）能够同时加工词语的语音和语义表征。

【步骤与过程】

一、多维表征加工能力训练：火眼金睛

共分为4组，1组是给学生呈现一些字，让学生快速读出来；2组是颜色块，让学生说出颜色块是什么颜色；3组是颜色字，但是字的底色是其他颜色，让学生说出字是什么字；4组也是颜色字，字的底色是其他颜色，让学生说出字的底色是什么颜色。

二、语音意识训练：多音字

在电脑上每次呈现一个字，共24个字，每个字都是多音字，让学生快速说出这个字的不同读音，并且用不同的读音组词。

三、语音–语义灵活性训练：声母意识、褒（贬）义词

在A4纸上印有打乱顺序的一些成语，依据给定规则对成语进行连线，如"第一个字的声母是m的褒义词都有哪些，把它们连起来"。

附录三　听障儿童语音-语义灵活性训练课程

第一次课程

【目标】

1）能够用手语、口语、书面语表达特定词语，并能灵活转换表达方式。

2）能够同时加工汉字的语音、语义、字色等多维表征。

【步骤与过程】

分组：分组进行训练，根据听障儿童的数量，将儿童分为两组，按座位依次坐好。

一、热身训练

利用多媒体呈现训练内容。向儿童呈现一个表示动作的词语，如"敬礼"，然后让儿童集体展示。

要求：可分组进行比赛，看哪个小组反应最快，做出的动作最快。

呈现内容（动作）：敬礼、弯腰、单腿跳、张开手臂、高抬左腿、举起右手、回头看、蹲下、向前一步、坐下、举起左手、起立。

二、正式课程：

1. 一般领域认知灵活性训练：手口不一

规则：口头表述的数字（口语）要与手势表述（手语手势、日常数字手势皆可）的数字不同。

举例：第一个儿童说"1"，同时手势比划出"2—5"中的任何一个数字，那么下一个儿童要说"2"，同时手势比划出"1、3、4、5"中的任何一个数字。以此类推，依次报出"1、2、3、4、5"，到"5"后重新从"1"开始。顺序由教师随机指定。

共进行两轮，即"1—5"以及"6—10"，"6—10"的规则同上。

2. 转换训练

规则：利用多媒体呈现训练内容。向儿童呈现一个词语（汉字呈现），需要儿童用手语打出来，或者向儿童展示一个词语的手语手势图，需要儿童用口语表达出来或者写出来（书面语），口语表达有困难的儿童可以优先选择书写答案。汉字词语与手势图交替出现，让学生进行另一种语言的转换。内容选自中国聋人协会编制的《中国手语》。

举例：呈现"手机"一词，让儿童把它的手语打出来；呈现"手机"的手语手势图，让儿童用口语表达出来或写出来相应词语。

要求：可分组进行比赛，看哪个小组反应最快，做出的动作最快。

呈现内容：

钢琴	教师（手语）	太阳	面包（手语）	命令	蝴蝶（手语）
害羞	沉睡	乒乓球（手语）	驾驶	匆忙	春暖花开
熊猫（手语）	十全十美	希望（手语）	公共汽车	同意	橙色
失望（手语）	想象（手语）	认识	欢迎（手语）	咳嗽	正方形（手语）
努力	玫瑰花（手语）	国庆节（手语）	孔雀	枕头	讨厌
佩服（手语）					

3. 汉字纸牌

准备两组汉字纸牌（附图4）。

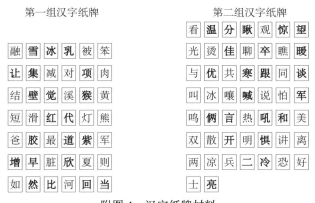

附图4　汉字纸牌材料

注：加粗表示字的颜色是红色的，不加粗表示字的颜色是绿色的

第一组规则：儿童分为两两一组，要求每组儿童抽选两张声母一样的纸牌，同时要求必须一张是绿色的，一张是红色的。

第二组规则：将儿童分为两两一组的，要求每组儿童抽选两张含义相同或相似的汉字，同时要求必须一张是绿色的，一张是红色的。

第二次课程

【目标】

1）能够同时加工词语的语音和语义表征。

2）能够熟练掌握新词汇的发音和语义，增大词汇量。

【步骤与过程】

分组：将听障儿童分为两组，按座位依次坐好。

一、课前小游戏：找一找

规则：利用多媒体呈现训练内容。给儿童呈现三幅不同的图片，每幅图片上包含不同的特性，要求儿童按照指定特性把符合的图片找出来。

举例：一幅图片中，请选出能在天上飞的事物并且指出不会飞的事物有哪些，并要求儿童正确说出事物名称。儿童口头进行解答，或者小组可以进行抢答。

二、正式课程

1. 语音-语义灵活性训练：按规则找词（一）

规则：以多媒体以及纸质方式呈现打乱顺序的数个词语（附图 5），让儿童根据首字声母、词义找出符合条件的词语。共进行两组。

被子　　　　鲍鱼　　　　盆栽　拖把
　　榨菜　桌子　报纸　　　　　　竹笋
菠萝　泡面　　　　土豆　茼蒿　白菜
　布丁　　瓢虫　　　　兔子
袍子　芭蕉　螃蟹　　　糖果
煮锅　　蔗糖　肘子　　　　辫绳
　葡萄　　　砖头　甜瓜　豹子
菠菜　汤勺　　　　　　　鸵鸟
　　　枇杷　脂肪　乒乓
苹果　桃子　　　琵琶　　　包菜
　　　排球　　贝壳
蒸饺　头巾　　　知了　　皮箱

附图 5　语音-语义灵活性训练材料（一）

举例：从下列词语中找出首字是以"b"开头的、能吃的东西。

要求：小组抢答形式进行游戏，答对一词得一分。

2. 语音-语义灵活性训练：按规则找词（二）

规则：以多媒体及纸质方式呈现打乱顺序的数个词语（附图6），让儿童根据首字拼音、词义找出符合条件的词语。

花生		请柬	西瓜	青豆	画板
情书	酸枣	洪水		篱笆	青菜
喜糖	花椒		酸菜	饼干	青菜
	算盘	请帖	吸管	李子	荔枝

附图6　语音-语义灵活性训练材料（二）

举例：首字是拼音"li"的、不能吃的东西。

要求：小组抢答形式进行游戏，答对一词得一分。

3. 后续巩固

对上述训练内容出现的新词汇以及有难度的词汇进行讲解（图、文、手语结合），并且着重进行发音训练。

第三次课程

【目标】

1）能够将手指语转换为相应拼音，将拼音转换为相应汉字，并且把拼音对应的四个声调的汉字写出来。

2）能够同时加工词语的语音和语义表征。

3）能够熟练掌握新词汇的发音和语义，增大词汇量。

【步骤与过程】

分组：分组进行训练，根据听障儿童的数量，将儿童分为两组，按座位依次坐好。

一、热身训练：用手指语打出 21 个声母，计时比赛，看谁打得又快又美观。

二、正式课程

1. 语音训练：看谁写得多

规则：由教师利用手指语向儿童打出一个完整的拼音，然后让儿童在 30 秒内尽可能多地写出该拼音对应的汉字。例如，手指语"bu"，能写出的汉字有哪些。

要求：小组比赛，看哪一组写得更多。

呈现内容：ma xi bei shou hong huang

2. 语音训练：挑一挑

规则：以多媒体以及纸质方式呈现数个词语（附图 7），要求儿童识别红色汉字的声调，让儿童根据指定声调要求选出词语。

镜子	敬业	惊慌	读书
浅显	粉色	演员	等待
汉语	宝贝	足球	材料
后来	停止	虾仁	而已
米粒	拌饭	温和	早晨
争取	孤独	几乎	勇敢

附图 7 语音训练材料

注：加粗表示字的颜色是红色的

举例：请找出红色字为四声的所有词语。

要求：小组抢答形式进行游戏，答对一字得一分。

3. 语音-语义灵活性训练：按规则找词

规则：以多媒体以及纸质方式呈现打乱顺序的数个词语（附图 8），让儿童根据首字声母、词义找出符合条件的词语。共进行两组。

豆角儿	哈密瓜	订书器	大白菜	面包酱
蘑菇汤	猫头鹰	定时器	黑芝麻	
千纸鹤	蛋炒饭	红苹果	灭火器	呼啦圈
电磁炉	青辣椒	豆腐脑	棉花糖	巧克力
摩托车	签字笔	刀削面	木梳子	
胡萝卜	秋黄瓜	冻豆腐	摩天轮	火龙果
蔓越莓	七巧板	猕猴桃	哈哈镜	呼啦圈

附图 8 语音-语义灵活性训练材料（三）

举例：从下列词语中找出首字是以"h"开头的、能吃的东西。

要求：小组抢答形式进行游戏，答对一词得一分。

4. 后续巩固

对上述训练内容出现的新词汇以及有难度的词汇进行讲解（图、文、手语结合），并且着重进行发音训练。

第四次课程

【目标】

1）能够正确列举同义词，增强反应灵活性。

2）能够在有干扰条件下（如多种词义、多种声母等），同时加工特定语音表征和语义表征。

3）能够熟练掌握新词汇的发音和语义，增大词汇量。

【步骤与过程】

分组：分组进行训练，根据听障儿童的数量，将儿童分为两组，按座位依次坐好。

一、热身训练：用手指语打出所有的韵母，计时比赛，看谁打得又多又快又美观。

二、正式课程

1. 语义分类训练：想一想

规则：呈现两个具有某种共同含义的词语（方式一：教师呈现；方式二：随机呈现），然后让儿童按照提示词语的语义列举更多具有相同含义的词语。

星期一、星期三、（　　　）、（　　　）、（　　　）、（　　　）、（　　　）、（　　　）

西瓜、葡萄、（　　　）、（　　　）、（　　　）、（　　　）、（　　　）、（　　　）、（　　　）

排球、乒乓、（　　　）、（　　　）、（　　　）、（　　　）、（　　　）、（　　　）

菜刀、果盘、（　　　）、（　　　）、（　　　）、（　　　）、（　　　）、（　　　）

鳄鱼、蝴蝶、（　　　　）、（　　　　）、（　　　　）、（　　　　）、（　　　　）、（　　　　）、
（　　　　）

讨论、倾听、（　　　　）、（　　　　）、（　　　　）、（　　　　）、（　　　　）、（　　　　）、
（　　　　）

2. 语音-语义灵活性训练：按规则找词

规则：以多媒体及纸质方式呈现数个打乱顺序的词语（附图9），让儿童根据指定声母、指定词义或者词性找出符合条件的词语。此次训练内容难度增加（有干扰项、属性重叠），出现多个声母、多种词义分类（食物、非食物）以及多种词性（名词、动词、形容词）。

葱花　　参加　　船只　　　冒险　　蚂蚁　　田鸡

梦想　　　排队　　促进　　　　马蜂　　爱护

豆芽　梅花　　管理　　　盗窃　　判断

保管　草莓　　埋下　　爆炸　　等待

松鼠　　青蛙　彩笔　　沐浴　　　播种

斑马　冬瓜　　丁香　　标本　　大雁

茉莉　电话　杜鹃　牦牛　　倒下

附图9　语音-语义灵活性训练材料（四）

举例：从下列词语中找出首字是以声母"m"开头的动词。

要求：小组抢答形式进行游戏，答对一词得一分。

3. 后续巩固

对上述训练内容出现的新词汇以及有难度的词汇进行讲解（图、文、手语结合），并且着重进行发音训练。

第五次课程

【目标】

1）能够集中注意力，并且筛选有效信息及快速做出反应。

2）能够快速加工词语，并同时按照多重规则加工词语的不同表征。

3）能够运用口语或者手语在特定时间内尽可能多地产生某类词语，增强反应灵活性。

【步骤与过程】

分组：分组进行训练，根据听障儿童的数量，将儿童分为两组，按座位依次坐好。

一、热身训练

规则：呈现几个片段，通过多媒体方式讲授或由教师讲授，当讲到表示或者描述颜色的词语时，学生就要去抓旁边的人的食指，同时，另一只手的食指要快速躲闪，以确保不被抓到。

呈现片段 1：夏姑娘走了，秋姑娘又来到了我们身边。她像一个魔法师，把苹果变红了，把梨变黄了，把葡萄变紫了……把枫叶变红了，把天气变凉快了

呈现片段 2：这地方的火烧云变化极多，一会儿红彤彤的，一会儿金灿灿的，一会儿半紫半黄，一会儿半灰半百合色。葡萄灰，梨黄，茄子紫，这些颜色天空都有，还有些说也说不出来、见也没见过的颜色。

呈现片段 3：在一个风和日丽的星期天，我们高高兴兴地来到了玉渊潭公园。我们来到堤桥，它把水平如镜的八一湖分成了东湖和西湖。中堤桥在柔软、碧绿的小草和一片片五彩斑斓的鲜花的衬托下，显得很娇柔。堤两侧的花儿有黄的，有粉的，有湛蓝的…它们都傲然挺立，水声、风声、欢笑声组成了一曲春的交响曲。

二、正式课程

1. 语音-语义灵活性训练：按规则找词

规则：以多媒体及纸质方式呈现数个打乱顺序的词语，让儿童根据指定声母或韵母、指定词性找出符合条件的词语。共进行两组（附图 10 和附图 11）。

事业	证据		甩开		丰富
		返回		闪耀	
	壮丽				浮躁
树枝			准确	繁琐	
		神圣			放飞
受伤			生动	发生	
	法律		服装		真实
		钟表		蛀牙	
子女		追赶		凝视	
			脑袋		

附图 10　语音-语义灵活性训练材料（五）

麻袋			答案		平安		倾听
	性能	踏实		灵活		领导	
		北方		克服		打扰	
			卡车				
拉伸					杂乱		把握
	停滞	冰箱		美好		精明	
			美貌				雷达
给予		背包			肥沃		
			得到				

附图 11　语音-语义灵活性训练材料（六）

举例：从下列词语中找出首字是以声母"f"开头的名词。

要求：小组抢答形式进行游戏，答对一词得一分。

2. 看谁打得快

规则：利用多媒体方式呈现内容。向儿童展示一个词语（汉字呈现），需要儿童用手语打出或者用口语说出该词语的反义词。

要求：小组抢答形式进行游戏，最快答出的小组得一分。

停	爱	远	重	浅	有	新	苦
香	穷	安静	高兴	危险	隐藏	安心	明白
失去	关闭	结束	喜欢	清楚	胜利	破坏	浪费
复杂	平坦	成熟	勇敢	缓慢	清澈		

3. 言语流畅性

训练 1：两小组进行比赛，分别在 1 分钟内说出或者用手语打出动物或者水果、家用电器或者学习用品。

训练 2：生字开花。两小组进行比赛，看哪个小组在 3 分钟内说出或者用手语打出带数字的四字词语最多。

4. 后续巩固

对上述训练内容出现的新词汇以及有难度的词汇进行讲解（图、文、手语结合），并且着重进行发音训练。

第六次课程

【目标】

1）能够同时加工词语的语音和语义表征。

2）能够熟练掌握新词汇的发音和语义，增大词汇量。

【步骤与过程】

分组：分组进行训练，根据听障儿童的数量，将儿童分为两组，按座位依次坐好。

一、课前讲一讲

规则：提前找三名儿童向大家讲解一个小片段，讲解后提出问题，让儿童进行回答。

训练目的：训练听障儿童集中注意力的能力及快速反应、理解的能力。

片段：有一天，一只老山羊爬山时把腿摔坏了，请毛驴把他背回家，毛驴向他要 10 斤山芋做报酬，老山羊只好一瘸一拐地走了。

过了一会，老山羊骑在牛大哥的背上缓缓走过来，毛驴于是问"牛哥，他出了多少山芋你背他？"

"千斤。"

毛驴冷笑道"10 斤山芋还不干呢！千斤，你可别做梦了！"

牛大哥认真地说："不是我别做梦了，而是你别糊涂了，10 斤山芋算得了什么，友谊的分量才重千斤呀！"

毛驴听了牛大哥一席话，站在那儿扇了扇长长的耳朵，垂下头不好意思地走了。

请问："千斤"是谁说的（　　　）A. 毛驴　B. 牛大哥　C. 老山羊

二、正式课程

1. 语音-语义灵活性训练

规则：以多媒体以及纸质方式呈现数个打乱顺序的词语（附图 12），让儿童根据不同的要求找出符合条件的词语（声母相同且词义或者词性相同）。

笑话	宣传	欣赏
咖啡	血液	
	家庭	渴望
奖杯	检查	
哭泣	口腔	计算

附图 12　语音-语义灵活性训练材料（七）

举例：请找出下列词语中声母相同的所有动词。

要求：小组抢答形式进行游戏，答对一词得一分。

2. 四字词语挑一挑

规则：向儿童呈现词语（附图 13），让儿童按照指定声母开头的褒义词、贬义词将词语进行分类。

孜孜不倦	一塌糊涂	奋不顾身
揠苗助长		狐朋狗友
招惹是非	十全十美	好事多磨
真心诚意	后起之秀	
虚情假意	一叶障目	糊里糊涂
厚颜无耻	和气生财	
与人为善	贼眉鼠眼	作恶多端
胡说八道 爱慕虚荣	焕然一新	专心致志
仗势欺人		
装模作样 自以为是	一鸣惊人	
助人为乐		
自强不息 好吃懒做	阴险狡诈	
一丝不苟 自私自利	言行一致	真才实学
落井下石		

附图 13　四字词语挑一挑训练材料（一）

举例：请找出下列四字词语中首字是以"h"开头的褒义词。

要求：小组抢答形式进行游戏，答对一词得一分。

3. 后续巩固

对上述训练内容出现的新词汇以及有难度的词汇（四字词语）进行讲解（图、文、手语结合），并且着重进行发音训练。

第七次课程

【目标】

1）能够根据特定声母、韵母说出相应词语，增强语音意识。

2）能够同时加工词语的语音表征和语义表征。

3）能够熟练掌握新词汇的发音和语义，增大词汇量。

【步骤与过程】

分组：分组进行训练，根据听障儿童的数量，将儿童分为两组，按座位依次坐好。

一、课前读一读

规则：向各位儿童呈现纸质版材料，用计时器计时，计时 2 分钟。此时要求儿童站立进行阅读，并进行判断正误。

二、正式课程

1. 语音训练

规则：按照指定要求说出词语（方式一：教师呈现；方式二：儿童呈现）。

举例：说出或者写出声母是以"t"开头的字。

说出第一个字的韵母是"ao"的动词。

2. 四字词语挑一挑

规则：向儿童呈现词语（附图 14），让儿童按照指定声母及词义（指定声母开头的形容环境、人物的词语）将四字词语进行分类。

倾国倾城		秋高气爽		天高云淡		白发苍苍
	白雪皑皑					面黄肌瘦
			千山万水			
		崇山峻岭		闷闷不乐		百花齐放
	冰天雪地		闭月羞花		眉清目秀	
				目不转睛		行云流水
悬崖峭壁	浓眉大眼		春暖花开			
		心花怒放			奔流不息	
	绿树成荫		泪眼汪汪			青山绿水
				伶牙俐齿		
碧水蓝天		兴高采烈			毛毛细雨	
			晴空万里			
	全神贯注			星光灿烂		绚丽多彩
		烈日炎炎			漫山遍野	

附图 14　四字词语挑一挑训练材料（二）

环境包括山、水、云、光、花等。

人物包括品质、心情、外貌、神态等。

举例：请找出下列四字词语中首字是以 b 开头的且形容环境的四字词语。

要求：小组抢答形式进行游戏，答对一词得一分。

3. 后续巩固

对上述训练内容出现的新词汇以及有难度的词汇（四字词语）进行讲解（图、文、手语结合），并且着重进行发音训练。

第八次课程

【目标】

1）能够用特定声母、韵母组字、组词。

2）能够根据语境选择符合语音、语义规则的词语。

3）能够熟练掌握新词汇的发音和语义，增大词汇量。

【步骤与过程】

分组：分组进行训练，根据听障儿童的数量，将儿童分为两组，按座位依次坐好。

一、正式课程

1. 语音训练：组一组

规则：准备两组卡片，一组卡片为声母，另一组卡片为韵母，两个儿童为一组，让儿童用抽到的声母和韵母组字、组词。

2. 语音-语义灵活性训练：填一填

规则：以多媒体以及纸质方式呈现数个打乱顺序的词语，让儿童按照指定规则从下列词语中选出最恰当的词语填到空白处。

请找出声母以"k"开头且最符合句意的一个词语。

每天早上，小王为了不迟到，都得（   ）跑去学校。

（   ）小燕子为春光平添了许多生趣。

这个小男孩（   ）笑起来。

我们在（   ）教室里学习。

请找出声母以"j"开头且最符合句意的一个词语。

花园里盛开着（   ）花朵。

白鹅总是（   ）挺直长长的脖子。

赵州桥的栏板上雕刻着（   ）图案。

蟋蟀把它（　　　）住宅整理得很平整。

苦恼地　可怕的　巨大的　静静地　骄傲地　迅速地　清楚地　奔腾地
开心地　娇艳的　惊慌的　自信地　飞奔地　细致的　美丽的　明亮的
快速地　精美的　粗大的　痛快地　可爱的　简朴的　宽敞的　灿烂地
威武地　飞奔地　翠绿的

3. 后续巩固

对上述训练内容出现的新词汇以及有难度的词汇（四字词语）进行讲解（图、文、手语结合），并且着重进行发音训练。

第九次课程

【目标及步骤】

1）统一讲解和巩固课程的词汇知识。

2）进行重复和巩固练习，总结语音-语义灵活性训练课程。